꿈꾸던
전원주택을
짓다

꿈꾸던 전원주택을 짓다

순서대로 따라 하면 완성되는 나의 집

건축가 이동혁 지음

메이트북스

각박한 세상 속 나 혼자인 듯한 외로움에
문득 어릴 적 살던 고향집이 생각났다.
비가 오는 날이면 처마 끝에 앉아 빗소리 들리는 마당을
하염없이 바라보았던 기억.
그 기억 자체로 위로 받았다.
혼잡하고 냉정한 이 도시에서 느낀 답답함은
지금의 내가 어디에 위치해 있는지 다시금 생각에 잠기게 한다.
획일화된 콘크리트 건물이 아닌
어릴 적 추억을 녹여낼 수 있는 공간.
그런 공간에서 다시 한 번 추억을 만들어낼 수 있을까?

맨발로 땅을 밟고, 나만을 위한 공간에서 산다는 것.
그곳에서 나와 내 가족의 추억을 시간에 녹여낼 수 있다는 것.
늘 꿈꾸기만 했던 집을 짓는 일, 지금부터 도전해 보고자 한다.

Prologue

Prologue

여러분, 집 짓지 마세요

"왜 집을 지으려고 하세요?"
건축주와 상담할 때 항상 하는 첫 질문이다.

'집을 지으면 10년이 늙는다'는 말처럼 집 짓는 일은 정말 쉽지 않다. 아파트처럼 대출부터 입주에 이르기까지 모든 것을 대신해 주는 것도 아니며 내가 일일이 쫓아다니면서 하나하나 챙겨야만 완공에 이를 수 있는 것이 바로 집짓기이다.

"집 짓지 마세요."
나는 집을 짓고자 하는 사람들에게 줄곧 말한다. '집을 짓는 건축가가 왜 자꾸 집을 짓지 말라고 하느냐'고 따지는 건축주도 가끔 있다. 물론 이유는 간단하다. 대부분의 건축주들은 핑크빛 환상을 가지고 집짓기를 시작하기 때문이다. 다시 말해 단점은 직시하지 않고 오직 장점에만 초점을 맞추고 있다는 뜻이다. 집을 짓기로 결정하였을 때는 '어떠한 순서'로 '어떤 집'을 '어떻게 구체적으로' 지어야 할지 충분히 검토한 뒤 시작해야 한다. 그래야 당황하지 않고 계획대로 진행할 수 있다.

명심해야 할 점은 집을 짓는 과정에서는 생각지도 못했던 여러 가지 문제가 발생한다는 것이다. 그렇기 때문에 자신의 땅에 대한 법적인 분석부터 혹시 모를 민원에 대한 부분까지 모두 챙겨가야 한다. 단순히 어디가 싸고 비싸고를 비교하는 것이 전부가 아니다. 상상 속의 집을 실제로 이 땅에 지을 수 있는지부터 고민을 시작해야 한다는 것이다.

    실제로 건축 상담을 하다 보면 답답할 때가 많다. 특히 땅을 잘못 매입해온 건축주의 경우. 억 단위의 땅을 사는데 아무것도 알아보지 않고 부동산 말만 믿고 덜컥 사 버린 사람들이 의외로 많다. **내 땅이라고 해서 무조건 집을 앉힐 수 있는 것은 아니다.** 집을 짓는 일은 어떻게 해서든 수정해가며 돌파구를 찾을 수 있으나 땅을 잘못 구매하면 되돌릴 수 없다. 집을 짓겠다고 마음먹었다면 지금부터 정신 똑바로 차리고 STEP 01부터 차근차근 잘 따라 오길 바란다.

Prologue

순서대로 따라 하면 완성되는 나의 집

건축업계는 예상보다 훨씬 보수적이다. 쉽게 발전되지 않는 분야 중의 하나이며 내가 가진 정보를 타인과 공유하기를 극도로 꺼려한다. 톡톡 튀는 아이디어로 승부하는 타 분야와 달리 건축 쪽은 이미 정해져 있는 기술들을 활용해 회사를 운영한다. 즉, 내가 할 수 있으면 남도 다 할 수 있는 내용이라는 것이다.

전작《스타 건축가 3인방의 따뜻한 전원주택을 꿈꾸다》의 기획 목적은 단 하나였다.

"불투명한 부분을 투명하게 밝힐 것."

하지만 '내가 지은 집에서 사랑하는 가족과 함께하고 싶은 마음'들에 하나라도 더 도움을 주고 싶은 욕심이 컸던지 크고 두꺼운 책이 되었다. 전원주택을 짓는 A부터 Z까지의 과정을 일목요연하게 정리한 책이라기보다는 핵심 정보 및 사례만 담다 보니 실질적으로 처음 집짓기를 접하는 사람들에게는 내용이 다소 어렵고 복잡했던 게 사실이다.

전작이 필요한 정보만 쏙 빼먹을 수 있는 집짓기 도서였다면 이번《꿈꾸던 전원주택을 짓다》에서는 순서대로 따라 읽다 보면 어느 새 나만의 전원주택이 완성될 수 있도록 하는 것이 주 목적이다.

건축가로서의 10년이라는 시간 동안 실제로 보고 듣고 배워온 사실 그대로의 정보를 나누고자 한다. 이 책에서만큼은 '이것, 저것, 그것만 일단 챙겨가세요'라며 진짜 도움이 될 수 있는 정보만을 이야기하고자 한다.

최근에 '이동혁 건축가의 집에는 철학이 없어'나 '이렇게 해서 건축상 하나 받을 수나 있겠어?'라는 질타를 받은 적이 있다. 결코 틀린 말은 아니지만 현장에서 내가 깨달은 점은 철학도 상도 아닌, 단 하나다.

내 욕심을 토대로 한 집이 아니라 건축주의 시각에 기반을 둔 집을 지어야 한다는 것.

한정된 예산으로 집을 지어야 하는 프로젝트에 무작정 고급 자재들만 들이밀 수는 없다. 조금 낮은 단계의 자재라도 단점을 커버할 수 있는 정도라면 감히 추천해 줄 수 있어야 한다. 특이하거나 개성이 넘치는 집이 아닌 무던한 분위기의 집. '이것도 하지 마시고, 저것도 하지 마시고, 포인트도 여기만 넣으시고' 이래도 되나 싶을 정도의 설계. 집의 본질적인 가치만을 중점적으로 설계한 집, 그런 집을 이야기하겠다.

"건축가님이 집을 짓는다면 어떻게 지을 건가요?"

건축가로서 가장 많이 받는 질문이다. 그리고 나는 단 일초의 망설임도 없이 대답한다.

"자재에 대한 고민은 하지 않을래요. 그저 비가 새지 않는 따뜻한 집으로만 짓겠습니다."

Prologue

집짓기   쉬울 줄 알았다

우리나라에 아파트가 성행하게 된 이유는 두 가지이다. 첫 번째는 재테크이고 두 번째는 편안함이다. 사놓기만 하면 가격이 올라가서 부를 축적할 수 있는 제1수단이었으니 사지 않을 이유가 없었겠다. 또한 계약금만 입금하고 기다리면 알아서 집을 지어 주고 입주하게 해 주니 이보다 편한 집짓기가 어디 있겠는가. 그러나 최근 들어 마음의 여유를 줄 수 있는 공간을 찾게 되는 사람들이 점점 많아져 단독주택에 대한 수요가 증가하기 시작했다.

현재 일본의 경우 단독주택을 짓는 데 도움을 줄 수 있는 금융권 지원이 잘 마련되어 있다. 일본의 단독주택시장은 한국보다 약 20년 정도 앞서 있기 때문에 결국 한국 건설시장은 일본을 답습하게 될 것이다. 한국은 2017년 부동산 정책 발표 이후 수도권을 제외한 아파트 가격이 뚜렷한 하락세를 보이고 있으며 빈 집이 속출하고 있다. 한국 건설시장은 이미 알고 있다. 인구는 계속해서 줄어들 것이며, 빈 집이 더 늘어날 것이라는 사실을 말이다.

서론이 장황하여 독자 분들은 걱정이 태산일 것이다. 이처럼 '겁주기' 아닌 '겁주기'를 한 이유는 다음과 같다. 국내시장 선호도 1위를 놓치지 않았던 아파트도 무너지고 있는데 단순히 힐링만을 위해 전원주택을 짓겠다는 생각, 전원생활에 대한 구체적인 계획과 아웃라인 없이 도전했다가 2년 만에 다시 도시로 돌아오는 사람들을 심심치 않게 보기 때문이다. 그만큼 전원생활은 쉽지 않고 전원주택을 짓는 일은 더 어렵다.

집을 짓기 위해 고민하고 있는 사람들에게 우선 말씀드리고 싶다.

"집 짓는 일, 쉽지 않습니다. 귀찮고 힘들고 혼란스러운 상황의 연속입니다. 아직 늦지 않았으니 마지막으로 한 번만 더 고민하고 결정하세요. 그럼에도 불구하고 집을 짓겠다고 마음먹었다면 뒤돌아보지 말고 후회하지 말고 나만의 집짓기를 시작하십시오."

Prologue
사기만 당하지 않으면   성공이다

집을 짓기 위한 준비단계에서 가장 주의해야 할 점은 무엇일까? 바로 사기 당하지 않기이다. '이래 봬도 인생살이 60년에 눈치가 빨라서 절대 사기 당하지 않습니다', '날 뭘로 보고 사기 당하지 말라는 거요?'라며 화를 벌컥 내는 사람도 간혹 있다.

하지만 하루에도 몇 번씩 다급한 전화를 받는다.
"공사가 중지되었다."
"시공사와 갈등이 있는데 어떻게 하면 좋을까요?"
"집에 물이 새고 있어요."
"목수가 망치 던지고 가 버렸어요."
"골조까지만 되었는데 이어서 해 줄 수 있어요?"
"업체가 부도났다는데 어떡하죠."

사기란 단순히 금전적인 면만 의미하지 않는다. 잘못된 계약도 사기에 해당하고 말로 대충 얼버무려서 계약부터 한 뒤 돈을 더 달라고 요구하는 방식 자체도 사기이다. 문제는 소송에 들어간다 하더라도 대부분 건축주가 진다는 데 있다. 여러 업체를 다니면서 견적 받는 건축주가 매우 많다. 여러 곳을 비교하는 것은 좋지만 설계도도 없이 무작정 시공사에 찾아가 견적부터 받는 것이 문제시된다. 설계도란 무엇인가. 어떻게 지을지 정리해 놓은 것이 바로 설계도다. 그런데 설계도 없이 견적을 받는다니. 게다가 땅 모양과 법규가 각각 다른데 최저가만 찾아 헤맨다.

건축주들이 소송에서 지는 이유는 간단하다. 집짓기 비용을 줄이기 위해 일단 부가세를 내지 않는 방법으로 계약서를 작성한다는 점. 즉, 정식 계약서가 아니라는 것이다. 이는 곧 직영공사를 해야 한다는 뜻이기도 하다. 그런데 직영공사의 경우 인부를 일일이 고용해 일용직으로 현장에 투입시키는 식으로 운영된다. '괜찮아요. 내가 현장에 매일 나가 있을 거니까 걱정 안 하셔도 돼요'라고 말하는 건축주도 있으나 인부들을 다루는 일은 보통 일이 아니다. 전문가인 내가 지시해도 말을 듣지 않는데 건축주의 경우는 어떠할까. 부가세 10%를 줄이겠다고 그런 위험부담까지 감당해야 하는지 고민해 보길 바란다. 이밖에도 사기 사례들이 정말 많다. '이렇게도 집을 계약할 수 있단 말이야?' 하며 경악하게 만드는 사례도 있다.

다시 한 번 말하지만 이 세상에 공짜로 손해 보면서 집 지어 주는 사람 없다.
돈에 현혹되지 말자.
어차피 들어가야 할 돈 다 들어간다.

Hit&HOT

집을 지으려고 하는데
뭐부터 해야 하나?

"계약을 진행할 때 중요한 것은 돈이지만 '집짓기'에 있어서만큼은 결코 최저가에 집착하면 안 됩니다. 각 업체마다 원하는 품질과 건축 지향점이 다르므로 무조건 '싼 것'을 찾아다니기보다는 내가 원하는 집의 포트폴리오를 가지고 있는지, 믿을 만한지를 고려해야 해요. '이 예산으로 최고의 자재를 사용해 집을 지어줄 수 있어요?'와 같은 단순한 질문이나 계약 따내기에 혈안이 된 업체들의 사탕발림 대신 정확한 식견과 판단으로 좋은 업체를 골라낼 수 있어야 하겠습니다."

정말 많은 고민 끝에 집을 짓기로 결정했다.
그런데 어디서부터 시작해야 할지 혼란스럽다.

우리가 얻는 정보의 99%는 인터넷을 통해서이다. 그렇다고 억 단위가 넘어가는 집짓기를 단순히 인터넷 정보에만 의존하기에는 부담감이 크다. 집을 짓기로 결정한 뒤 어떤 순서로 일을 진행해 나가야 할까? 그 핵심 포인트를 짚어보도록 한다.

1. 지인 찬스

아는 사람 통해서 집을 지으면 안 된다고들 한다. 틀린 말은 아니다. 하지만 물어볼 수는 있다는 점! 지인 찬스를 쓰는 것이 여러분이 해야 할 가장 첫 번째 임무이다. 지인 찬스를 쓸 때에도 단순하게 접근하면 안 된다. 막무가내로 '알아서 알려 주세요'보다는 최소 10개 정도의 애매한 문제점들을 정리해서 체계적으로 질문하는 것이 좋다. 그간 혼란스러웠던 부분들에 대하여 쉽고 빠르게 정보를 얻을 수 있다는 점이 지인 찬스의 최대 장점이다.

2. 검색하기

지인 찬스를 사용한 후라면 집에 대한 큰 틀이 조금은 정해졌을 것이다. 예를 들면 몇 평 정도를 지어야 하는지, 공법은 무엇으로 할지 등. 큰 틀이 정해진 다음에는 구체적인 인터넷 검색을 해야 할 시간이 돌아온다. 그동안에는 집짓기, 전원주택과 같이 큼지막한 키워드만 검색해 정보를 얻었다면 이제는 목조 주택, 30평 전원주택, 건축가, 전원주택 설계 등과 같이 조금 더 세부적인 키워드로 검색해 나가야 한다.

3. 세 군데 정하기

지인 찬스와 검색하기까지 진행했다면 이제는 본격적으로 업체 및 건축가를 직접 만나야 하는 시간이 왔다. 이론상으로 열심히 공부하는 것보다 직접 만나 자문을 구하는 게 훨씬 낫다. 혼란이 가중될 수 있으므로 무조건 많은 곳을 방문하기보다 평균 세 군데 정도에서 미팅을 진행하는 것이 좋다. 세 군데 업체를 선택하는 기준은 다음과 같다.

첫 번째, 내가 집 지을 곳의 지역 업체 중 한 곳을 선택한다.
두 번째, 지인이 추천해 준 곳을 선택한다.
세 번째, 내가 검색해 본 결과 가장 마음에 드는 곳을 선택한다.

4. 2차 미팅 진행하기

세 군데 업체를 정했다면 여러분의 생각이 자연스럽게 정리되었을 것이다. 지인에게 물어보고 인터넷을 검색하고 직접 만나 자문까지 구했다면 여러분은 나름 준전문가가 되어 있을 것이 분명하기 때문이다. 이제는 좀 더 구체적으로 들어가야 하는 단계이다. 미팅한 곳 중 모두 마음에 들지 않았다면 다시 세 군데 업체를 정해 미팅을 진행해야 하며, 미팅한 곳 중 마음에 드는 곳이 있다면 1차 미팅 때 궁금했던 점 혹은 설명이 미진했던 점을 2차 미팅을 통해 해결해야 한다.

5. 계약 진행

2차 미팅까지 끝냈다면 계약 여부가 고민될 것이다. 여러분들이 집을 짓기 위해 고민했다는 것은 땅은 이미 구해졌다는 이야기와 같다. 땅도 없이 집을 지을 수는 없기 때문에 위의 내용들은 모두 땅을 구입한 후 고민해야 되는 내용이라는 점!

건축 계약은 설계 계약과 시공 계약 두 가지로 구분된다. 따로 계약해도 되며 설계와 시공을 같이 계약해도 된다. 이는 자유이므로 상황에 따라 편안하게 선택하면 된다.

계약이 진행되면 그다음부터는 조금 편해진다. 계약한 업체가 알아서 대지 분석을 진행해 주며 법적인 부분도 함께 검토를 진행해 준다. 설계도는 내가 원하는 요소를 담아 3개월에 걸쳐 그려지며 설계가 완료되면 인허가를 접수하고 착공 미팅을 진행해 공사에 들어간다. 계약 이후에는 프로세스대로 단계를 밟아 나가면 되고 중간중간 해결해야 할 점들은 계약한 업체에서 미리 체크해 주니 크게 걱정하지 않아도 된다.

Contents

Prologue

여러분, 집 짓지 마세요 _ 006
순서대로 따라 하면 완성되는 나의 집 _ 008
집짓기 쉬울 줄 알았다 _ 010
사기만 당하지 않으면 성공이다 _ 012

Hit&HOT 집을 지으려고 하는데 뭐부터 해야 하나? _ 014

STEP 01 전원주택 짓기 전 기본 가이드
_환상 속 나의 집이 드디어 현실로

내가 꿈꾸던 집 ──────── 027
환상과 현실의 괴리감 ──────── 030
10년 폭삭 늙지 않으려면 어떻게 해야 할까? ──────── 032
엄마가 삼성, LG 가전제품만 사는 이유 ──────── 034
추가 공사는 왜 미리 이야기하지 않을까? ──────── 037
제주도에 집 지으려고? 이 정도는 확인하고 도전할 것 ──────── 040
Hit&HOT 집짓기 전 흔히 하는 질문들 _ 044

STEP 02 집짓기를 시작하다
_내 집 짓기, 어떻게 준비해야 할까?

돈은 얼마 있니? ──────── 051
아기돼지 삼형제의 집짓기 ──────── 057
예산 절약하는 집짓기 스케줄 ──────── 064
계약 시 속지 않는 방법 ──────── 068
여름 공사와 겨울 공사 괜찮을까? ──────── 071
안전한 건설회사인지 확인하기 ──────── 074

법으로 정해진 A/S 기간을 알아보자 ─── 078
전원주택 관리비, 아파트보다 더 들까? ─── 081
Hit&HOT 집짓기 준비부터 완공까지 _ 084
Hit&HOT 건축주가 생각할 수 있는 두 가지 계약 방법 _ 088

STEP 03 땅을 구입하다
_마음에 드는 땅 위에 내 집 짓기

내 땅에 몇 평까지 집을 지을 수 있을까? ─── 095
집을 지을 수 있는 땅이 따로 있다? ─── 099
좋은 땅 고르는 TIP 3 ─── 103
토지 계약서에 이 정도는 반드시 기입하기 ─── 108
땅 모양이 걱정된다면 ─── 111
땅 구입 실패 사례 ─── 115
전, 답에 집 짓는 방법 ─── 132
농가주택 짓는 조건 ─── 135
Hit&HOT 전원주택 짓는 것이 어려울 수밖에 없는 이유 _ 138
Hit&HOT 이 땅에 전원주택을 짓는 것이 맞을까? _ 143

STEP 04 토목 공사를 하다
_포클레인 부르기

측량은 어떻게 하지? ─── 151
땅이 경사졌다? ─── 154
성토한 땅에 바로 집을 짓는 것 괜찮나요? ─── 157
내 땅인데 왜 내 마음대로 못해? ─── 161
땅이 낮아 성토해야 하는데 절차는 어떻게 될까? ─── 163
지하에 주차 박스를 넣고 싶은데 가능할까? ─── 165
Hit&HOT 지진에는 안전할까? _ 169

STEP 05 가장 중요한 설계를 시작하다
_삶을 풍요롭게 하는 첫걸음

집을 짓는 사람들 ——— 179
공간에 대해 인식하기 ——— 183
외장재 종류 알고 가자 ——— 195
창호에 대한 고민 ——— 206
단열재 선택은 매우 중요하다 ——— 210
어떤 스타일로 집 지을래? ——— 213
건축신고와 건축허가 및 사용승인 ——— 218
Hit&HOT 1억으로 내 집 짓기 정말 가능할까? _ 222
Hit&HOT 여러분이 들고 있는 설계 도면은 어떻게 생겼는가? _ 225

STEP 06 드디어 공사에 들어가다
_시공, 이건 알고 가자

착공 전 챙겨야 할 5가지 조건 ——— 233
집 짓는 순서 정도는 알고 가자 ——— 236
공사 중 확인해야 하는 몇 가지 포인트 ——— 248
Hit&HOT 4인 가족 기준이면 몇 평을 지어야 할까? _ 253

STEP 07 취향대로 즐기는 인테리어
_우리 가족의 라이프스타일을 담은 집 꾸미기

조명 ——— 259
마루 ——— 264
벽지 ——— 268
타일 ——— 272
싱크대 ——— 279

STEP 08 세금을 내야 한다
_집을 지었다면 무조건!

토지 구입 세금/건축물 취득 세금/개발 부담금 ——— 290
Hit&HOT 다들 세금 안 내고 짓는데 왜 나만 내야 돼? _293

STEP 09 살기 좋은 집을 만들기 위하여
_기반시설 인입하기

물 ——— 299
오·폐수관 및 정화조 ——— 301
전기 ——— 302
가스 ——— 303
우수관 및 집수정(우수 그레이팅) ——— 304

STEP 10 마당을 가꾸며 산다
_집의 완성도를 결정하는 조경

데크 정도는 깔아 줘야 분위기가 살지 ——— 310
조경 공사비는 얼마를 잡아야 할까? ——— 312
Hit&HOT 조경 설계라는 것 _314

STEP 11 끝날 때까지 끝난 게 아니다
_완공 후 체크리스트

외부/내부/기타 ─── 320
Hit&HOT 전원주택의 수명은 몇 년일까? _ 328

 STEP 12 2018-2022 전원주택 트렌드

미니멀 라이프, 30평 미만 주택의 시장 선도 ─── 335
부수입은 필수! 수익형 주택의 탄생 ─── 342
1억 주택이라는 단어가 가지는 힘 ─── 349
자녀들과 함께 살래요! 캥거루 주택의 탄생 ─── 355
자투리땅을 찾아라! 협소 주택을 찾는 사람들 ─── 362
2층은 불편해? 단층 주택으로의 회귀 ─── 371
농가주택이라고 무시하니? 젊은 농부들의 집 ─── 379
주말에만 갈 거예요, 초소형 주택 시장의 활성화 ─── 386
부모님께 드리는 선물, 효도 전원주택 ─── 393

Epilogue

부록
우리는 집짓기에 왜 맨날 실패할까? _ 404
전원주택 내진설계 의무화 _ 411
내 집 짓기 동영상 강의 QR코드 _ 414

HOUSE MASTERCLASS

HOUSE MASTERCLASS 01

예산 잡기

HOUSE MASTERCLASS 02

토지 구입

HOUSE MASTERCLASS 03

설계하기

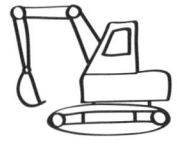

HOUSE MASTERCLASS 04

시공하기

HOUSE MASTERCLASS 05

인테리어

HOUSE MASTERCLASS 06

세금 정리

HOUSE MASTERCLASS 07

조경하기

HOUSE MASTERCLASS 08

완공하기

HOUSE MASTERCLASS 04
시공하기

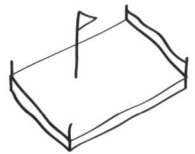

CLASS 01
기초 공사

CLASS 02
골조 공사

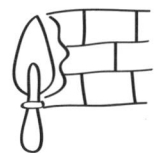

CLASS 03
외장 공사

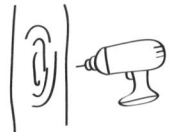

CLASS 04
내장 공사

CLASS 05
마무리 공사

현재 대한민국은 그 어느 때보다도 뜨거운 전원주택 열풍을 맞이하고 있다.
아마도 스스로를 조금은 내려놓을 수 있는 편안한 휴식처를 찾고자 하는 마음 때문일 것이다.
그 대표적인 휴식처가 바로 집이다.
불과 몇 년 전까지만 해도 집이라는 존재가 아파트로 충분했었다.
하지만 이제는 나와 우리 가족의 휴식공간을 마련하기 위해 전원주택 시장이 뜨고 있다.
어느 순간부터 잊고 살아왔던 우리 삶 속 정겨운 옛 기억들처럼 마음의 안식처를 찾는 과정이 다시금 '전원주택'이라는 존재로서 다가오고 있다.

전원주택 짓기 전 기본 가이드
환상 속 나의 집이 드디어 현실로

STEP 01

내가 꿈꾸던 집
-

집을 지으려는 사람들을 만나서 이야기 나눠 보면 각자 집에 대한 환상이 하나씩 있다.

"아담한 다락방이 하나 있었으면 좋겠어요.
거기에 천창을 하나 내고 밤하늘의 별빛을 밤새도록 보고 싶어요."

"아궁이가 있는 방이 하나 있었으면 좋겠어요.
어린 시절 아궁이 앞에서 장작을 때던 그때가 너무나도 그립답니다."

생각만으로도 기분이 좋아진다. 내가 상상하던 집이 현실로 이루어진다면 얼마나 행복할까? 너무 크지 않아도 되고 내 몸 하나 뉘일 수만 있다면 그곳이 어디든 충분할 것 같다.

각박한 세상살이에서 숨 쉬는 것조차 너무 버거울 때 '내가 꿈꾸던 집'은 어찌 보면 유일한 안식처일 것이다. 그러나 집을 짓고는 싶은데 어디서부터 어떻게 시작해야 할지 모르는 사람이 부지기수다.

"우리 동네에 새롭게 집을 지은 데가 있다는데 구경 가서 괜찮으면 그쪽 시공사에 맡겨볼까?"
"조카가 건축을 하거든요. 거기에 맡겨요."
"거참, 내가 아는 이장님한테 말하면 알아서 집을 지어준다니까."

이처럼 집을 짓는 방법에는 여러 가지가 있지만 모든 일에는 정석이 있는 법. 자, 그렇다면 정석대로 집 짓는 법은 무엇일까?

우리가 꿈꾸던 환상 속의 집을 짓기 위해서는 첫 번째, 머릿속에만 존재하는 집을 도면으로 구현해낼 수 있는 건축가를 찾아야 한다. 시공 계약부터 덜컥 해 버리는 게 아니라, 머릿속에 혼재되어 있는 내 생각을 구체적으로 정리해 줄 대행자가 필요하다는 것이다. 건축가를 찾기 위해서는 많은 사례를 검토해야 한다. 다양한 포트폴리오를 검토하고 내가 원하는 집과 가장 근접하게 설계한 건축가를 찾아야 한다. 그래야 환상을 깨지 않고 집에 고스란히 안착시킬 수 있다.

각자 꿈꾸는 집의 모습은 결코 추상적인 개념이 아니다. 충분히 현실에서 구현해낼 수 있으며 많은 비용을 들이지 않고 큰 효과를 낼 수 있는 방법이 무궁무진하기 때문이다. 대부분 설계 단계를 건너뛰고 바로 시공사를 통해 진행하다가 결국 내가 원하는 집이 아닌 시공사가 좋다고 하는 집에 입주하고 만다.

집은 일생에 한 번 이상 짓기 어렵다.
한 번 지을 때 정말 내가 원하는 집을 지어야만 살면서도 행복하고 후회가 남지 않는다. '값싼'에 현혹되지 않아야 하며 억 단위가 넘는 집을 애물단지로 만들지 말아야 한다.

환상과 현실의 괴리감
-

집을 짓는 일.
과연 환상일까, 현실일까?

내가 꿈꾸던 집을 짓기 위해서는 환상과 현실의 밸런스를 잘 맞춰 진행해야 한다. 환상을 버리게 되면 아무런 매력 없는 아파트 같은 집이 되고, 현실을 버리게 되면 상상을 초월하는 비용이 들어가는 집이 될 것이기 때문이다.

실제로 집을 설계할 때 '우리 가족에 맞는 집을 지을 것이냐' 아니면 '추후 매매할 것을 대비해 잘 팔리는 집을 지을 것이냐'라는 문제에 직면하게 된다. 어느 쪽이 정답이라고 말하기는 어렵지만 집을 지을 때 환상과 현실 사이에서 어디에 초점을 맞추고 진행할지 미리 생각해 둬야 한다.

처음 집을 짓겠다고 상담 오는 분들 중 몇몇은 이런 이야기를 한다.

"우리나라에는 마음에 드는 집이 하나도 없어요."
"해외에 나가면 정말 멋진 집들이 많은데 왜 그렇게 안 짓나 몰라?"

그렇다고 해서 이런 분들의 집이 해외 사례처럼 특별하게 지어지는 것도 아니다. 각 나라별 주택에 특색이 있는 이유는 나라마다의 법규와 환경이 다르기 때문이다. 예를 들면 동남아처럼 사시사철 더운 나라의 경우 추위를 걱정할 필요가 없기 때문에 창을 크게 낸다. 반면 추운 나라의 경우 창을 작게 내려고 한다. 창의 크기가 클수록 난방비가 증가하며 자재가 유리이다 보니 열을 많이 빼앗기기 때문이다. 아무리 집에 대한 로망이 있다 하더라도 추운 지방에서는 창이 큰 동남아의 풀빌라처럼 지을 수 없듯 현실적으로 고려해야 하는 부분들이 있다.

환상과 현실의 괴리.
여러분은 이 난제를 현명하게 풀어 나가길 바란다.

10년 폭삭 늙지 않으려면 어떻게 해야 할까?
-

예로부터 건축업계 관계자들 사이에 내려오는 말이 있다.

"집을 지으면 10년이 늙는다."

과연 그럴까, 싶겠지만 불행히도 사실이다. 그만큼 집짓기는 고된 과정이다. 집을 짓겠다고 마음먹은 사람들은 이 현실을 받아들이고 큰맘 먹고 시작하는 것이 좋다. 다만 조금은 덜 늙을 수 있는 방법이 있긴 하다.

그건 바로 프로세스의 숙지.
의외로 답이 간단하다고 느껴지겠지만 '프로세스의 숙지'는 우리들의 흰머리를 덜 나게 할 수 있는 가장 효과적인 방안이다. 예를 들어 서울에서 울산까지 차를 타고 간다고 해 보자. A차량은 최신 지도로 업데이트된 내비게이션을 달고 출발했으며 B차량은 내비게이션 없이 오로지 도로 간판만을 보고 출발하였다. 당연히 내비게이션을 달고 출발한 A차량이 압도적으로 빨리 도착했을 것이다. 또한 내비게이션이 가리키는 방향 따라 운전하기만 하면 되니 주변 여타 조건들을 신경 쓰면서 달리지 않아도 됐을 것이다. 도로 간판만을 보고 출발한 B차량은 어떻게 되었을까? 여러 차례 잘못된 길로 빠져 헤맸을 것이다.

집을 짓는 일도 마찬가지이다.
'당신을 믿습니다. 알아서 지어 주세요'라고 하는 건축주는 노골적으로 표현하자면 굶주린 하이에나의 타깃이 된 것과 같다. 집은 알아서 지어지지 않는다. 건축주가 프로세스를 얼마나 숙지하고 있는지, 단계별로 미리 준비를 하고 있는지에 따라 집의 퀄리티와 진행속도가 현저하게 차이난다.

프로세스에 대한 자세한 내용은 뒤에서 다루기로 하고 이 점 한 가지는 반드시 기억하자. 지금 공부하고 준비해 놓지 않으면 나중에 배로 힘들어진다는 사실을 말이다.

엄마가 삼성, LG 가전제품만 사는 이유

: A/S 검토하기

-

부모님의 가전제품을 바꿔줄 기회가 있었다. 당시 나는 가전제품 매장 한 군데에 방문해 여러 가지 제품과 브랜드를 검토하였다. 집에서 사용하는 전자제품은 삼성 아니면 LG였기에 이 세상에는 단 두 곳의 가전제품 브랜드만 있는 줄 착각할 정도로 나는 전공 분야 외에는 아무것도 모르는 서울 촌놈이었다. 전시된 제품 중에는 스펙은 동일한데 가격은 절반 이상 저렴한 브랜드들이 있었다. '옳다구나' 싶어 저렴한 브랜드 위주로 견적을 상담 받고 나왔다.

"고객님, 이번에 론칭한 제품인데 기존 제품보다 절반 가격이에요. 제가 고객님께만 특가로 제공해드릴 테니 어서 구입해가세요."

"진짜요? 상담원님 아니었으면 큰일 날 뻔했네요."

집에 돌아와 자랑스럽게 부모님께 견적서를 보여드렸더니 쓱 훑어보고는 분리수거함에 고이 넣어 버리셨다. 부모님께서 말씀하길 사람들이 많이 사용하는 제품에는 그만한 이유와 가치가 있다는 것이다. 조금 더 비싸게 주더라도 철저하게 A/S처리 해 주는 브랜드의 제품을 구입해야 나중에 문제가 발생하더라도 쉽게 해결할 수 있다고 했다.

건축 공사비의 경우 앞서 말했던 것처럼 같은 제품, 같은 품질을 유지하는 조건이라면 '비슷'이 아니라 '똑같다'고 해도 과언이 아니다. 그럼에도 불구하고 여러 방법을 제시하며 '이렇게 하면 더 싸고 저건 빼고 가도 상관없고……'라는 식으로 이야기하는 건축업계 관계자들이 있다. 물론 그들이 틀렸다는 것은 아니다. 그러나 다음과 같이 질문했을 때 확신을 갖고 대답해 줄 수 있는 사람이 몇이나 될지는 모르겠다.

"정말 이 방법이 합법적이고 문제가 발생되었을 시 보호를 받을 수 있나요?"

애프터서비스 즉, A/S는 설계가 끝난 뒤 시공사를 선정할 때 가장 유의해야 하는 부분이다. 대다수가 최저가만 찾다 보니 이 부분을 완전히 간과하고 넘어가는 경우가 많은데 다른 건 다 양보하더라도 A/S만큼은 절대 양보해서는 안 된다.

전원주택시장의 다양한 브랜드 업체가 보장하는 A/S 수준을 기본으로 하고 그다음을 비교·검토해 봐야 한다. 게다가 하자가 발생하여 A/S를 요청한다고 해서 바로 달려올 것 같은가? 천만의 말씀. 영세한 업체의 경우 잔금 받은 이후에 전화를 아예 받지 않는 곳도 있다. A/S는 법적으로도 해결할 수 있는 방법이 없어 반드시 꼼꼼히 따져야 한다.

마지막으로 한 가지 팁을 더 드리면 건설 업종에는 '하자이행보증증권'이라는 것이 있다. 종합건설면허가 있는 회사라면 전부 하자이행보증증권을 발행할 수 있다. 이는 기본적인 법적 보호 장치이며 서울보증보험 및 공신력 있는 증권·보험 회사들이 발행해 주는 증서이다. 이 증서만 가지고 있으면 자비로 먼저 하자를 처리한 뒤 보험 회사에 비용을 청구할 수 있다.

만약 '하자이행보증증권 안 해도 된다'는 업체가 있다면 '종합건설면허 좀 보여주세요'라고 요청할 것! 건축공사의 경우 5,000만 원 이상의 공사는 무조건 건설업 면허를 득한 후 진행하게 되어 있다. 기본적으로 제공되어야 할 것들을 줄 수 없다고 하는 것은 무언가 문제가 있는 것이므로 꼭 위에서 말한 내용들을 챙기길 바란다.

추가 공사는 왜 미리 이야기하지 않을까?
-

건축 예산을 잡을 때 주의 깊게 살펴보아야 하는 것이 바로 추가 공사(부대 공사)에 관한 건이다.

"우리 회사는 평당 ○○○만 원이면 집을 상급 수준으로 훌륭하게 잘 짓습니다."

자, 여기서 질문!
평당 ○○○만 원으로 집을 완공시킬 수 있을까?

정답은 'NO'. 박람회나 인터넷에서 말하는 평당 단가는 순수한 '건축 시공비'이다. 다시 말해 집을 짓는 데 필요한 수많은 항목 중 하나란 뜻이다. 집을 짓다가 건설회사와 싸우는 경우를 자세히 살펴보면 십중팔구 '추가 공사'와 관련된 내용을 처음부터 협의하지 않고 진행했다가 발생한 게 대부분이다. 그럼 추가 공사에는 어떤 것이 있고 왜 미리 이야기하지 않는 것일까.

"저는 총 예산으로 2억 원이 있습니다."

총 예산 2억 원. 그럼 건축비로만 2억 원을 사용해도 되는 것일까? 그렇지 않다. 대개 건설회사에서 상담할 때 예산이 2억 원이라고 말하면 딱 2억 원에 맞춘 견적을 제시해 준다. 즉, 집을 짓는 데 들어가는 수많은 비용 중에 건축 시공비만 2억 원을 잡아주는 것이다. 그래야 건설회사에서 많은 이

윤을 남길 수 있으며 추후 공사에 대한 내용은 나중에 공사하는 과정에서 추가적으로 제시하면 되니 미리 설명할 필요가 없다고 판단하는 것이다.

법적으로도 추가 공사와 관련된 부분은 건설회사에서 의무 고시해야 하는 명목상의 이유가 없다. 추가 공사비와 관련된 소송 대부분은 건축주가 지고 만다. 모든 법적인 부분은 건축 계약서를 기본으로 검토되며 이 안에서 정해진 항목만 건설회사에서 책임지면 되기 때문이다.

다시 원점으로 돌아와 정리하면, 총 2억 원의 예산이 있을 시 건축비로는 1억 7천만 원을 사용하고 최소 3천만 원 정도의 비용은 남겨 놓도록 한다.

추가 공사 비용 목록

① 건축 설계비
② 측량비
③ 등기비 및 세금
④ 토목 설계비 및 공사비
⑤ 기반시설 인입비(정화조, 전기, 가스, 수도 등등)
⑥ 가구비
⑦ 조경비

부대 비용이라고도 하는 추가 공사 비용은 평당 건축비라고 말하는 순수 건축 시공비를 제외하고 더 들어가는 비용이다. 어떠한가. 단순히 1-2백만 원으로 정리될 수준이 아니다. 30평 주택 기준 최소 3천만 원의 부대비용이 든다. 그렇기 때문에 예산을 잡을 때는 최소 3천만 원에서 넉넉하게는 5천만 원 정도의 여유자금을 뺀 나머지로 건축 시공을 완료해야 한다.

위에서 말한 일곱 가지 항목은 어떤 현장에서든 공통적으로 적용되는 부대 비용이므로 절대로 제외될 수 없음을 인지하고 집짓기를 시작하도록 한다.

제주도에 집 지으려고?
이 정도는 확인하고 도전할 것

-

TV 프로그램 〈효리네 민박〉으로 안 그래도 붐이었던 제주도 정착이 더더욱 불타오르고 있다. 한 달에 3번 이상 현장 검토하러 출장가고 일 년에 40번 정도 방문할 정도로 제주도에 자주 간다. 갈 때마다 좋은 곳이 바로 제주도다. 같은 한국인데도 이상하게 하늘이 더 예쁘고 해안도로를 달리고 있노라면 여기가 바로 천국이 아닐까 하는 생각도 할 만큼 진짜 좋다.

"제주도도 어차피 다 거기서 거기 아니에요?"
가끔 제주도를 평가 절하하는 사람도 있는데 천만의 말씀. 제주도를 매일같이 들락날락하는 사람으로서 그곳은 늘 내게 다른 모습을 보여준다. 제주도에 열광하고 그곳으로 이주하는 사람들이 공감되기도 한다. 경제적으로 여유가 된다면 땅을 구입해 놓고 싶을 정도니 말 다한 것 아닌가. 현실이 따라주지 않아 안타까울 뿐.

제주도 정착이 열풍이다 보니 제주도의 전원주택 시장도 활기를 띠고 있다. 물론 제주도 열풍 속에서 항상 좋은 부분만 있는 것은 아니다. 땅을 구입하고자 하는 사람들이 워낙 많다 보니 반대로 집을 짓지 못하는 땅을 구매하는 사건들도 덩달아 발생하기 때문이다. 내가 항상 '부동산 말만 믿고 땅을 사지 마라'고 조언하는 이유기도 하다.

"계약금 넣기 전에 꼭 지역 담당공무원에게 찾아가서 땅에 대해 물어보고 더 나아가 전문가에게 컨설팅을 받으세요."

건축은 집을 짓기 전이라면 잘못을 바로잡을 수 있는 기회가 주어진다. 하지만 땅은 그렇지 않다. 한 번 구매하고 계약금을 완납하면 그 이후부터는 모든 책임이 건축주한테 있다. 그만큼 땅 구입은 신중에 신중을 기해야 하나 아무리 주의를 줘도 10명 중 9명은 내 말을 따르지 않는다.

"괜찮아. 내가 잘 아는 부동산이야."
"이 바닥 최고의 전문가야. 의심하는 것은 예의에 어긋나."
"사람 믿고 가는 거지 뭐. 너무 걱정 말게."

냉정하게 들릴 수 있겠으나 난 '사실'을 믿을 뿐 '사람'은 믿지 않는다. 꼭 기억하자. 한두 번만 더 확인하면 사기 당할 확률을 절반 이상으로 줄일 수 있다. 계약금을 넣기 전에 딱 한 번만 의심해 보고 전문가에게 확인 정도만 받으라는 것이다.

제주도에 전원주택을 짓기 위해 주의해야 하는 3가지가 있다.

1. 허가 기간

제주도의 경우 내륙지역에 비해 인허가 기간이 상당히 길다. 예를 들어 내륙지역의 경우 특별한 결격 사유가 없으면 15-30일 안으로 집을 지을 수 있는 인허가가 난다. 하지만 제주도는 심의라는 단계가 있어 평균 2개월 이상의 인허가 기간을 잡아 놓아야 한다.

경험상 심의에 들어갔다가 한 번 보완이 떨어지면 평균 보름 이상은 인허가가 지체된다. 모든 땅이 심의 대상은 아니지만 내 땅이 바닷가가 보이는 곳 주변에 위치해 있다면 심의 대상이라고 생각하면 된다. 그렇기 때문에 도면 그리는 기간을 2-3개월, 인허가 기간을 2개월, 최소 4개월 이상을 설계 기간으로 잡아 놓아야 한다. 4개월은 최소 기간이며 평균적으로 6개월 정도는 잡고 진행한다.

2. 비용

제주도는 섬이다. 다시 말해 차로 모든 인력과 자재, 장비들이 갈 수 없다는 것을 뜻한다. 자재의 경우 모두 배를 통해 이동되며 인력은 비행기로 이동된다. 이는 공사비의 상승과 직결된다. 제주도는 평균 15-30%의 건축비 할증을 받는다. 내륙지역과 동일하게 받는 곳은 없다.

또한 시장 단가라는 것이 있다. 너무 싸도 문제며 너무 비싸도 문제다. 최저가만 찾다가 낭패 보지 말고 예산에 맞는 적정한 금액으로 진행하는 것이 가장 안전하고 좋은 방법이다.

3. 물

제일 중요하다. 제주도는 섬인 데다 지질이 현무암으로 구성되어 있기 때문에 비가 내려도 물이 고이지 않고 모두 아래로 흘러 내려간다. 아마도 한국에서 가장 물이 귀한 곳이 제주도일 것이다.

제주도는 지하수를 파서 집을 지을 수 없다. 집을 짓는 모든 인허가 조건에 상수도가 기본으로 포함되어 있으며 상수도가 없는 곳은 애초에 허가조차 넣을 수 없다.

기억해야 한다. 땅을 살 때에는 주변 시세보다 싸다고 덜컥 사지 말자. 쌀 땐 싼 이유가 있다. 특히 제주도에서는 조금 싸다 싶으면 거의 상수도가 들어오지 않는 땅일 경우가 크며 도로가 3m 폭 이상이 안 되는 경우일 것이다. 이런 땅의 경우 건물 자체를 지을 수 없기 때문에 사실상 맹지라고 봐도 무방하다. 실제로 제주도 상담의 10% 정도가 맹지를 구입해서 온다. 되돌릴 수 없다. 제주도에서 상수도 깔아줄 때까지 기다려야 한다. 아니면 본인이 수천만 원의 금액을 들여 상수도를 끌어와야 한다.

...

제주도는 지역적 특성상 생각하는 것보다 훨씬 집짓기 어렵다. 인허가 문제부터 인력, 비용 문제 등. 이를 감안하고서라도 제주도에 내려가 살고 싶다면 위 3가지 조건을 꼭 확인하고 실천해야 할 것이다.

Hit&HOT

집짓기 전
흔히 하는 질문들

 "집 짓는 일 어차피 어렵습니다.
그럼에도 불구하고 집을 짓기로 결정했다면
내가 지을 집에 대하여 최소한 7가지 정도의 위시리스트는 있어야겠죠?"

어느 날 전화 한 통이 왔다.

"네. 이동혁 건축가입니다."

"견적 좀 받으려고 하는데요. 2층 집이고요. 방은 3개고 주방이랑 거실은 컸으면 좋겠어요. 언제까지 견적 받을 수 있죠?"

"저기 죄송한데…… 천천히 다시 알려 주시겠어요?"

"저는 OOO동에 사는데요. 견적 좀 받아 보려고요."

"아. 그럼 설계는 받으셨어요?"

"아니요. 그냥 **대충** 얼마 드는지만 알려 주세요."

전원주택 짓기 관련 상담전화를 받으면 90% 이상이 위의 대화처럼 이루어진다. 물론 집짓기가 처음이기 때문에 잘 몰라서 그럴 수밖에 없다는 점에서 충분히 공감하지만 저렇게 해서는 절대로 원하는 답을 얻을 수 없다. 집이 지어지는 큰 틀 정도는 알고 문의해야 건축가로부터 제대로 된 답을 뽑아낼 수 있을 것이다.

내가 지을 집에 대하여
최소한 이 정도 내용은 정리하고 질문할 것

1. 무엇으로 지을 건가요?
[예시] 목조 혹은 철근콘크리트
----

2. 평수는 몇 평 정도로 지을 건가요?
[예시] 30평 혹은 40평
----

3. 건축의 사용용도는 무엇인가요?
[예시] 거주용 혹은 상업용
----

4. 몇 층으로 지을 건가요?
[예시] 1층 혹은 2층
----

5. 외장재는 무엇으로 하고 싶나요?
[예시] 스타코플렉스, 패널, 사이딩 등
----

6. 실내 구성을 어떻게 하고 싶나요?
[예시] 방은 O개, 서재 O개, 드레스룸 O개 등
----

7. 언제 지으실 건가요?
[예시] 8월 말~9월 초 정도에 착공

육하원칙 아래 글을 쓰듯이 집에 대해 질문을 할 때에도 7가지의 필수 요소들이 있다. 물론 이 7가지 요소로도 정확한 견적을 내기는 어렵다. 그러나 이 정도의 정보는 있어야 대략적으로나마 예산을 잡는 데 도움이 된다.

집 짓는 것 어차피 어렵다. 하지만 어려울 것 알고도 짓기로 결정했다면 제대로 준비하자. 나중에 집이 완공되고 입주할 때 지금의 고생이 이루 말할 수 없는 커다란 행복과 보람으로 다가올 것이다.

우리만의 이야기로 하나하나 채워지는 전원주택 라이프.
비가 새지 않는, 따뜻한 집이 가져다주는 여유와 행복.
이를 위한 집짓기 여정이 시작된다.

집짓기를 시작하다
내 집 짓기, 어떻게 준비해야 할까?

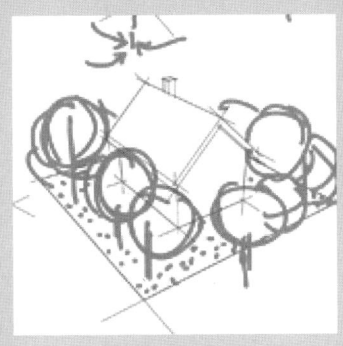

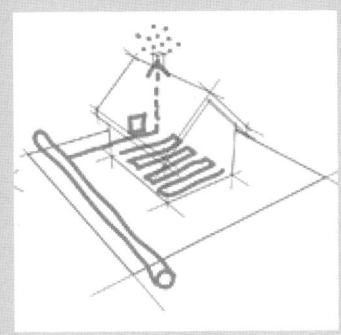

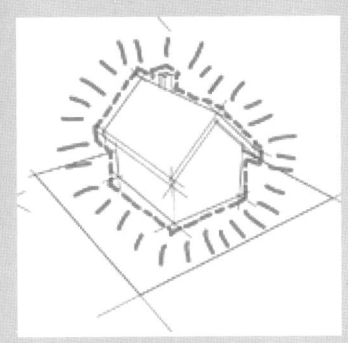

돈은 얼마 있니?

: 2018 집짓기 예산 잡기

-

집짓기에서 가장 중요한 것은 바로 '돈'이다.
예산을 꼼꼼히 잡고 진행해야 나중에 머리 아픈 일을 겪지 않을 수 있다. 첫 번째 저서 《스타 건축가 3인방의 따뜻한 전원주택을 꿈꾸다》에서 집짓기 예산 잡는 법을 이야기한 적이 있는데 시간이 지나면서 조금씩 가격에 변동이 생겨 현재 시세에 맞게 다시 이야기해 보도록 하겠다.

'돈은 얼마 있니?'라는 질문이 다소 불쾌할 수 있을 것 같다. 돈이 없으면 집 짓지 말라는 거냐며 의문을 품을 수도 있다. 하지만 현실적으로 집짓기에는 생각보다 많은 비용이 든다. 인터넷상에서 어떤 글은 '아파트 구입 대비 절반 비용으로 집을 지을 수 있다'고도 한다. 틀린 말은 아니지만 그렇다고 정답이라고 볼 수도 없다. 왜냐하면 어떤 지역의 아파트를 기준으로 하느냐와 밀접한 관련이 있기 때문이다. 예를 들어 서울의 아파트 30평대 시세는 7-8억 정도를 유지하고 있다. 비싼 지역의 경우 10억을 넘어가기도 한다. 이런 곳과 비교한다면 당연히 절반 가격에 땅을 사고 집도 지을 수 있다. 그러나 전국을 따져 보았을 때는 상황이 달라진다. 30평 아파트 평균 시세를 따져 본다면 경기권만 살펴보아도 3억 정도의 평균가를 기록하고 있다. 이와 비교하면 비슷한 비용이 들어가거나 넘어서는 경우도 심심치 않게 보게 될 것이다.

집을 짓고자 준비하고 있는 사람들을 위해 2018년 기준 집짓기 예산 리스트를 뽑아 보았다.

◆ ◆ ◆

2018년 집짓기 예산 리스트

* 기준: 100평 대지, 30평 주택

1. 대지 비용

집을 짓기 위해서는 땅이 있어야 한다. 땅은 생각보다 싸지 않다. 양평의 경우 대지 구입 평균 가격을 평당 300만 원 정도는 잡고 움직여야 하며 그 외 지역도 평당 100만 원 이상은 잡아야 한다. 내가 알기로는 그 이하 금액의 땅은 기반시설이 없거나 서울로부터 1시간 이내 거리가 아닌 경우가 많아 이번 예산 잡는 부분에서는 중간치인 평당 200만 원으로 잡고 계산하도록 한다.

※ 예전에는 토지 구입비를 잡을 때 평당 70만 원으로 잡고 진행했었다. 전국 평균가를 기준 삼았으나 현실성이 떨어진다는 의견을 반영하여 경기도권 기준, 서울 1시간 이내 진입 대지 기준으로 잡고 진행한다.

: 2,000,000원 X 100평 = 200,000,000원

2. 토지 취득세 + 등록세

땅을 구입하였으니 세금을 내야 한다. 이를 토지에 대한 취·등록세 비용이라고 한다. 농지 토지 기준 구입 비용의 3.4% 정도의 비용이 발생한다.

: *200,000,000원 X 3.4% = 6,800,000원*

3. 토목설계 및 인허가비

땅을 구입했으면 땅에 대한 설계를 받아야 한다. 그래야 내 땅의 경계면과 레벨의 차이를 알 수 있다. 이 작업이 선행되어야 집 설계를 앉힐 수 있다. 보통 토목측량설계사무소에서 대행해 준다. 100평 기준으로 진행했을 때 평균 5-600만 원 사이로 진행된다. 이번 예산 잡기 편에서는 500만 원을 기준으로 한다.

※ 지역마다 다르므로 최소 지역 업체 2군데 이상 견적을 받아본 후 진행하는 것을 추천한다.

: *5,000,000원*

4. 건축 설계비

땅에 대한 도면을 그렸으면 그 위에 내가 살 집을 그려야 한다. 이게 바로 여러분이 많이 알고 있는 설계 단계이다. 건축가인 내가 현재 받고 있는 금액 기준이다.

※ 허가용 도면 및 실시 설계 도면 포함 금액

: *150,000원 X 30평 = 4,500,000원*

5. 건축 인허가비

도면이 완성되었다면 지자체에 집을 지을 테니 허가를 내달라고 하는 절차가 있다. 이때 발생하는 비용이 건축 인허가 대행비다. 개인이 신청할 수 없으며 건축사사무소를 통해 진행하여야 한다. 평당 10만 원을 기준 잡고 진행한다.

: *100,000원 X 30평 = 3,000,000원*

6. 농지 전용 부담금

전이나 밭을 대지로 전용하였을 경우 농지 전용 부담금이 발생한다. 공시지가의 30%의 비용이 발생되므로 예산에 포함시켜 놔야 한다. 정확한 명칭은 농지보전부담금인데 한도액이 1㎡당 최대가 50,000원이다. 이 금액을 넘어서는 것들도 50,000원으로 계산된다. 이번에는 50,000원을 기준으로 한다.

: 50,000원 X 100평 X 3.3 X 0.3 = 4,950,000원

7. 건축 공사비

평당 공사비라고 불리는 부분이다. 건축주들이 받는 모든 견적은 부대 비용을 제외한 이 순수 건축 시공비라고 생각하면 된다. 2018년 기준 평당 건축 공사비는 부가세 포함 500만 원은 될 것이라 보고 있다. 평당 500만 원을 기준으로 한다.

: 5,000,000원 X 30평 = 150,000,000원(부가세 포함)

8. 기반시설 인입비

집만 지어 놓는다고 생활할 수 있는 것은 아니다. 집을 집답게 만들 수 있는 무언가가 필요하다. 이를 기반시설 인입이라 하며 전기나 수도, 가스, 정화조, 우수관로 등을 인입하는 비용이다. 택지지구처럼 모든 기반시설이 들어와 있다면 비용이 거의 들어가지 않는다. 하지만 이번에는 기반시설이 아무것도 없다는 전제하에 비용을 계산하기로 한다.

: 20,000,000원

9. 경계측량, 지적현황측량

지적공사에서 진행하는 것으로서 흔히 빨간 말뚝 박는 작업으로 많이 알고 있다. 이 작업을 통해 내 땅의 정확한 경계라인을 알 수 있다. 100평 정도 경계측량을 하면 80-100만 원 사이다.

: 1,000,000원

10. 가구비

싱크대, 붙박이장, 신발장 같은 가구 비용을 별도로 잡아 놓아야 한다. 대개 시공업체에서 그냥 해 주는 것으로 알고 있는데 세상에 공짜는 없다. 가구의 경우 한샘, 리바트 등의 브랜드가 많이 활성화되어 있어 최근에는 건축주가 직접 눈으로 보고 구입해 오도록 하고 있다. 가장 많이 사용하는 한샘 기준으로 평균 2,000만 원 정도 선에서 구입한다.

: 20,000,000원

11. 조경 공사비

전원주택의 꽃은 조경이라 할 수 있다. 이 부분이 은근 많이 들어간다. 바닥 조경의 경우 평당 10만 원 정도를 잡으면 잔디와 디딤석, 기본 식재 정도 시공되며, 담장의 경우 m당 10만 원 정도로 진행하는 것이 좋다. 이번에는 1,200만 원을 잡고 진행하겠다.

: 12,000,000원

12. 건축물 취득세

땅을 구입할 때 세금을 냈듯이 집 지을 때도 세금이 발생한다. 공사비의 2% 정도 비용이 발생한다.

: 150,000,000원 X 2% = 3,000,000원

13. 건축물 등록세

세금 부분이다. 공사비의 0.8% 정도 비용이 발생한다.

: 150,000,000원 X 0.8% = 1,200,000원

14. 교육세

이 또한 세금 부분이다. 건축물 등록세의 20% 정도 비용이 발생한다.

: 1,200,000원 X 20% = 240,000원

15. 농어촌특별세

마지막 세금이다. 취득세의 10% 정도 된다.

: 3,000,000 X 10% = 300,000원

이 15가지의 모든 항목을 더하면 100평 대지에 30평 집 짓는 비용은 **총 431,990,000원**(부가세 포함)이 된다.

◆ ◆ ◆

입이 떡 벌어질 만큼 돈이 많이 든다. 하지만 현실이다. 좋은 말로 포장하고 싶지만 현실을 직시한 다음 집짓기를 시작해야 한다. 물론 이번 예산 잡기 편에서는 각 부분 최대치 비용을 잡고 계산하였다. 예산은 최소가 아닌 최대로 잡고 진행해야 하는 것이다.

땅 값을 2억 원으로 잡았기 때문에 집을 지을 대지가 있는 경우 231,990,000원이 건축비로 소요될 것이다. 나는 항상 이야기한다. 집 짓는 거 쉽지 않다고. 게다가 전원주택은 추후 환급성이 떨어진다는 점도 반드시 알고 있어야 한다.

그럼에도 불구하고 다행인 점은, 이 책을 읽고 있는 건축주들이 시작 단계에서 예산을 어느 정도 산출해 볼 수 있다는 것이다. 예산을 정확히 잡지 않는다면 집을 짓는 과정에서 눈덩이처럼 추가적으로 불어나는 돈에 적잖이 당황할 게 눈에 선하다. 처음부터 꼼꼼히 잘 따져 보고 시작하자.

아기돼지 삼형제의 집짓기
: 무엇으로 집을 지을까?
-

옛날 옛날 먼 옛날 사이좋은 아기돼지 삼형제가 있었다. 첫째 돼지는 지푸라기로 만든 집, 둘째 돼지는 나무로 만든 집, 셋째 돼지는 벽돌로 만든 집에 살았다. 그러던 어느 날 마을에 늑대가 나타났다. 삼형제는 어떻게 되었을까?

아기돼지 삼형제는 아주 유명한 동화로 건축가의 관점에서도 흥미로운 이야기다. 먼젓번에 집을 짓기로 결정한 뒤 예산을 책정하는 단계까지 갔다. 그다음엔 뭘 해야 할까. '무엇으로 집을 지을지'에 대해 고민해야 한다.

길을 지나가다 보이는 건물들. 비슷비슷해 보이겠지만 똑같은 공법으로 시공된 것은 아니다. 각각 큰 틀에서 차이가 있으며 디테일한 시공 부분에서도 많은 차이를 가진다.

어떤 재료로 전원주택을 짓는지에 따라 라이프스타일 또한 달라지므로 각 공법의 장·단점을 정확하게 아는 것이 중요하다. 이제까지 단순 인터넷 정보만을 접한 채 무엇을 선택할지 고민이었다면 지금부터 알려 주는 포인트를 통해 내 집을 짓는 공법을 결정하길 바란다.

사실상 집을 짓는 공법에는 수천 가지가 있다. 특허청에 등록된 공법만 해도 그 가짓수가 엄청나다. 하지만 수천 가지의 공법이 완전히 다르다기보다는 기본 틀은 동일하되 조금씩 변형되고 파생되어 만들어진 것들이라고 보면 될 것이다. 집을 짓는 다양한 공법을 압축하여 핵심만 뽑아내면 총 4가지로 정리할 수 있다.

1. 철근콘크리트 주택

장점	· 보편화된 공법이다
	· 튼튼하다
	· 특별한 기술이 필요 없다
	· 하자율이 가장 적다
	· 기하학적 디자인이 가능하다
단점	· 비싸다
	· 춥다
	· 새집증후군이 발생한다
이런 사람이 철근콘크리트 공법을 선택해야 한다!	· 3층 이상 집을 지어야 한다
	· 100평 이상 집을 짓는다
	· 독특한 디자인이 필요하다
	· 단열이 크게 필요 없다
	· 카페나 상가를 운영하고자 한다
	· 높은 층고가 필요하다
	· 10m 이상의 기둥 없는 대공간이 필요하다
	· 콘크리트에 대한 맹목적 믿음이 있다

국내에서 가장 대중적인 공법이다. 길을 가다 보이는 3층 이상의 건물은 대부분 철근콘크리트 공법으로 지어졌다고 보면 된다.

그렇다면 철근콘크리트 공법은 어떠한 방식으로 진행되는 것일까?
인터넷상에서는 전문적인 용어를 사용하며 어렵게 설명되어 있지만 기본만 숙지하고 있으면 된다. 철근콘크리트의 영문 표기법은 'Reinforced Concrete, RC'이다(전문가들은 RC라고 요약해서 부른다). 그대로 해석하면 보강된 콘크리트라는 뜻인데 인장력이 약한 콘크리트를 보강하기 위해 철근을 배치해 보강한 것이라고 생각하면 된다. 간단하게 '보강된 콘크리트 공법' 정도로만 알고 있으면 충분하다. 그 이상의 지식은 머리만 아프게 할 뿐이다.

나는 철근콘크리트 공법을 선택하는 기준을 항상 100평으로 놓고 본다. 이 이상이 되었을 경우에는 인건비와 장비대가 낮아지면서 금액 면에서 득을 볼 수 있으나 100평 아래로는 현실적으로 금액 면에서 부담이 된다. 30-40평 정도의 전원주택을 지을 시 굳이 철근콘크리트 공법을 택할 필요는 없다.

2. 목조 주택

경량목구조	• 2X6 구조목을 사용하여 만드는 시공법이다 • 국내에서 목조 주택을 짓는다고 하면 80% 이상이 경량목구조다 • 내진 성능과 단열성이 뛰어나고 가공성이 높아 인기가 많다 • 성능 대비 가장 저렴한 공법이다
중목구조	• 기본 원리는 한옥을 생각하면 된다(두꺼운 나무 기둥을 세워 보를 걸치고 지붕을 얹혀 마감) • 최근에 중목구조로 '프리컷'이 대표되는데 공장에서 미리 목재를 가공하여 현장에서 철물과 앙카를 이용하여 조립하는 것이다 • 정밀성이 뛰어나고 이미 가공된 목재로 시공되기 때문에 실수 발생률이 낮다 • 시공기간이 타 공법에 비해 짧다 • 공사비는 경량목구조보다 비싸다(현재 시장가로 따진다면 평당 100만 원 이상은 비싸다) • 디자인적 한계가 있어 아직까지는 대중화되지 못하고 있다
이런 사람이 목조 공법을 선택해야 한다!	• 2층 이하의 집을 지어야 한다 • 30-40평 정도되는 거주 목적의 집을 계획하고 있다 • 친환경성을 중시한다 • 피부가 약하다 • 가성비가 높아야 한다 • 추위를 많이 탄다 • 빨리 집을 지어야 한다 • 함께 사는 자녀의 연령대가 낮다

목조 주택은 경량목구조와 중목구조 두 가지로 나뉜다. 최근 들어 포항과 경주 지진으로 내진 성능이 뛰어나다고 알려진 목조 주택에 대한 관심이 높아지고 있으며 급격하게 성장하고 있는 공법이기도 하다. 실제로 경남지역 목조 주택 인허가 건이 늘어나고 있다. 목조 주택이 인기를 얻으면서 가장 완벽한 공법인 것처럼 소개되기도 하는데 목조로 집을 짓는 이유는 의외로 간단하다고 할 수 있다. 다른 장점도 많지만 목조로 짓는 대표적인 이유는 단열 그리고 가성비. 이 두 가지가 핵심이다.

3. 스틸 주택

장점	· 내진 성능이 뛰어나다
	· 빨리 짓는다
	· 철근콘크리트보다 저렴하다
	· 건식 공법이다
	· 시공 때 발생하는 하자율이 적다
단점	· 디자인적 한계가 크다
	· 목조보다 비싸다
	· 곰팡이에 대한 위험성이 크다
	· 결로가 발생할 수 있다
이런 사람이 스틸 공법을 선택해야 한다!	· 목조의 안전성이 걱정된다
	· 벌레가 많이 나오는 지역에 집을 지어야 한다
	· 대지가 습하다
	· 빨리 집을 지어야 한다
	· 상가 겸용을 고려하고 있다

개인적으로 아쉬움이 많이 남는 공법이다. 나쁘다기보다는 이미 스틸 공법의 장점을 커버하는 공법이 있기 때문에 주생활 공간을 위한 전원주택 짓기 공법들 사이에서 점점 그 자리를 잃어가고 있다.

스틸 주택의 기본 원리는 스틸 프레임을 공장에서 미리 가공해 현장에서 조립하는 방식으로 시공된다. 내진 성능이 뛰어나며 철근콘크리트 공법보다 저렴하다. 다만 층고의 한계가 있고 디자인적 한계에 많이 부딪친다. 10년 전에는 시공 기간이 짧고 가격이 저렴하다는 장점 때문에 아주 잠깐 시대를 풍미했지만 목조 주택의 대중화로 점점 자리를 잃어 가고 있는 형국이다.

스틸 공법은 최근 주거 용도보다 아웃렛이나 상가 등 단열이 필요 없고 대공간이 필요한 곳에 많이 사용되고 있다. 빨리 지을 수 있고 쉽게 철거가 가능하기 때문에 아웃렛이나 식당 등을 고려하고 있다면 한 번쯤 검토해 볼 만한 공법이다.

4. 패시브 주택

장점	· 따뜻하다 · 단열 성능이 압도적으로 뛰어나다 · 만족도가 높다
단점	· 비싸다, 엄청 비싸다 · 보조기기가 필요하다 · 보조기기 가격도 비싸다 · 디자인적 제약이 크다 · 기하학적 디자인은 불가능에 가깝다 · 굴곡이 있으면 안 되며 거의 박스형으로 디자인된다
이런 사람이 패시브 공법을 선택해야 한다!	· 여유 자금이 있다 · 추위를 많이 탄다 · 서울 북부 산악지대에 집을 짓고자 한다 · 연평균 겨울 기온이 영하 30℃를 밑도는 지역에 있다 · 새로운 기술을 느껴보고 싶다 · 독일 패시브 주택에 로망이 있다

논란이 가장 많은 공법이다. 패시브 주택을 어렵게 설명해 놓은 정의를 본 적 있는데 기본 원리는 간단하다. 아이스박스처럼 두꺼운 단열재 안에 들어가서 산다는 개념이다. 외부의 공기도 내부로 들어올 수 없으며 내부의 공기도 외부로 나갈 수 없다. 완전히 밀폐된 주택이라 생각하면 된다. 물론 열 회수장치 및 여러 가지 보조수단들이 동반되어야 한다.

국내에 패시브 주택이 예상보다 잘 자리 잡지 못한 이유는 금액에 있다. 빌딩이나 상가 등은 단열이 그리 중요치 않다. 한여름에는 에어컨을 겨울에는 히터를 최대치로 가동시킨다. 그만큼 상업용 전기가 저렴하기 때문이다. 주거용으로 한때 유행한 적 있지만 시장 단가가 목조 대비 평당 300만 원 정도가 높다. 말이 평당 300만 원이지 독일에 있는 제품을 수입해 사용한다면 금액은 더 올라간다. 단열이 뛰어난 것은 잘 알겠는데 문제는 터무니없이 비싼 금액에 있다.

또한 우리나라의 평년기온이 해외처럼 영하 30℃ 밑으로 떨어지지 않는다. 남부지방과 제주도의 경우 한겨울에 그리 춥지 않으니 패시브 주택이 성행할 수 있는 지역은 경기 북부, 서울 북부에만 한정될 수밖에 없다.

최근에는 목조 주택이 준패시브급으로 단열 값이 상승하며 시장에서 자리를 더욱더 잃어가고 있다. 패시브 주택이 나쁜 것은 아니지만 내게 이 돈 주고 집을 지으라고 하면 쉽사리 도전할 용기가 생기진 않을 것 같다.

예산 절약하는 집짓기 스케줄

-

한국은 참 매력적인 나라이다. 한 곳에서 사계절을 전부 느낄 수 있기 때문이다. 전 세계를 여행 다녔어도 우리나라처럼 이렇게 멋진 사계절을 지닌 나라는 보지 못했던 것 같다. 다만 이 아름다운 사계절이 집을 지을 땐 문제가 된다.

"주변에서 공사하는 것 보면 1년 내내 하던데. 날씨에 크게 영향 받지 않는 것 같아."
"내가 결정만 하면 아무 때나 공사 들어갈 수 있는 것 아니야?"

틀린 말은 아니다. 주변에서 비가 오든 눈이 오든 1년 내내 공사가 진행되는 모습을 발견할 수 있으니까 말이다. 그런데 아무 때나 집을 지어도 된다고 생각하면 절대 안 된다.

집을 짓는 데 있어 일정 잡는 것은 매우 중요하다. 집을 짓겠다고 결정 내리고 나서 지금 당장 공사에 들어갈 수 있는 게 아니기 때문이다.

먼저 착공을 위해서는 설계 및 행정 처리를 거쳐야 하는데 이 부분이 생각보다 오래 걸린다. 나는 설계 및 행정 처리를 평균 6개월 전에는 시작하라고 한다. 집을 짓기 전 설계기간 최소 3개월, 준비기간 최소 1개월이 필요하다. 이것만 해도 벌써 4개월이 소요된다.

우리의 집이 지어지는 대지가 완벽한 상태로써 평탄화 작업이 되어 있다면 바로 시공이 가능하겠으나 그런 땅은 극히 드물다. 집이 있는 곳이면 철거를 선행해야 하며 땅을 성토해야 하는 곳은 개발행위허가를 득해 공사도 먼저 진행해 놓아야 한다. 다시 말해 설계가 끝난 뒤 인허가가 떨어지면 남은 2개월 동안 부지를 정리해야 한다는 뜻이다. 대다수의 사람들이 땅에 대한 정비기간을 모두 잊은 상태에서 진행하는데 이는 정말 중요한 부분이다. 예를 들어 내년 봄에 공사를 하겠다고 정했다면 최소 전년도 가을에는 시작해야 한다. 어차피 겨울에는 건축공사를 할 수 없다. 한겨울에 공사하는 일 자체가 이상한 것이지 당연히 할 수 있는 일이 아니다. 집을 짓고자 마음먹었다면 반드시 착공 기준일 6개월 전부터 준비하도록 하자. 솔직히 말해서 이렇게 해도 시간이 모자랄 때가 많다.

그렇다면 착공이 들어가는 시점은 언제일까?
나는 1년에 2번 착공에 들어간다. 안타깝게도 이 기간에 착공이 들어가지 못할 경우 애당초 계약 자체를 하지 않는다.

1년에 딱 2번, 공사에 적합한 착공 시기는 다음과 같다.

2월 말 - 3월 초	8월 말 - 9월 초
늦어도 4월 초 안에 착공이 들어가야 장마를 피할 수 있다.	늦어도 10월 초 안에 착공이 들어가야 겨울을 피할 수 있다.

건축공사는 목조의 경우 3.5개월이 소요되며 철근콘크리트의 경우 5개월 정도의 시간이 소요된다. 공사가 시작되면 기초를 치고 최대한 빨리 골조를 들어 올려 지붕을 씌운다. 그 후 창호를 시공해 내부에서 공사가 가능하도록

한다. 반드시 기억해 두자. 봄인 3월, 가을인 9월. 이때 무조건 착공시킬 것!

물론 여름에 비가 와도 공사를 할 수는 있다. 하지만 '내 집'을 짓는데 굳이 비를 맞히면서까지 공사하고 싶은지를 묻고 싶다. 새 차를 사도 비 맞지 않게 애지중지하며 지하주차장 안전한 곳에 세워 두는데 억 단위가 들어가는 새 집을 비 맞히면서 공사한다? 다시 한 번 진지하게 고민해 보는 것이 좋을 듯하다.

또한 목조든 철근콘크리트든 비가 오면 공사는 전면 스톱이다. 골조를 방수포로 덮어 놓기는 하지만 비는 위로만 내리는 것이 아니다. 옆으로 내리치는 비는 고스란히 집에 영향을 주게 된다. 겨울은 더 심각하다. 인테리어적인 부분으로 덮어버려서 건축주들이 모르는 것이지 뜯어보면 실금이 가 있는 모습을 발견하게 될 것이다. 영상 3℃ 이하로 기온이 떨어지게 되면 골조를 양생하는데 무리가 가해진다. 그러므로 골조 공사는 되도록 영상 3℃ 이상일 때 진행하는 것이 맞다.

정리하면 건축 착공은 봄인 3월과 가을인 9월에 들어가되 6개월 전에 미리 설계 및 인허가, 토목 공사 등을 모두 마무리해 놓아야 한다. 6개월이라는 시간은 생각보다 길지 않다. '아차' 하는 순간 지나가는 시간인 만큼 꼼꼼히 계획을 세워 진행해야 할 것이다.

계약 시 속지 않는 방법

-

5년 전만 해도 집을 전문적으로 짓는 회사가 많지 않았다. 건설회사라고 하면 아파트나 빌딩, 상가 등을 짓는 회사가 전부였으며 전원주택을 짓는 회사는 전무하다고 해도 과언이 아니었다. 최근 들어 전원주택 브랜드 회사가 많이 생겨났고 업체별 특색 있는 시스템으로 고객들을 관리하기 시작했다.

이렇게 전원주택 시장이 브랜드화되고 있는데 아직도 아는 사람을 통해, 동네 업체를 통해 주먹구구식으로 계약하는 경우가 있다. 그중에서도 아는 사람을 통해서 계약했으니 구체적으로 물어보는 것이 미안해 그냥 믿고 맡기는 유형이 가장 문제가 된다. 위험한 수준을 넘어 제발 자신에게 사기쳐 달라고 애걸하는 것과 같다.

다음 3가지를 필수적으로 챙겨 추후 문제가 발생하더라도 당당히 따지고 문제를 짚고 넘어갈 수 있도록 하자.

1. 시방서

계약을 할 때 보통 첫 질문이 '평당 얼마예요?'이다. 사기 당하기 적합하다고 표현할 수 있을 정도로 굉장히 무지한 질문이다. '어떠어떠하게 지을 건데 평당 얼마예요'라고 묻는 건 그나마 낫다. 어떤 식으로 지을지도 모르는데 평당 가격을 묻는 것은 근거 없는 배짱을 부린 거나 마찬가지다. 어떨 때에는 '바로 옆집이 전원주택을 짓기에 물어보니 평당 300만 원이라고 하던데. 여기서도 평당 300만 원에 지어줄 수 있어요, 없어요?'라고 질문하기도 하는데 한숨부터 나온다. 자재 따위는 안중에도 없고 오로지 가격만 맞추면 장땡인 것이다.

이러한 분들이 정직하게 잘 짓는 건축가를 만나면 다행이지만 세상이 그리 녹록지 않다. 대부분이 입에 발린 말을 잘하는 사기꾼, 중개인이 달라붙는 일이 많으니까 말이다. 여러분이 집을 짓기 위해 상담 받으러 가서 꼭 챙겨야 하는 첫 질문은 '제가 건축가님이 지은 집을 보고 찾아왔는데 그 집의 시방서를 볼 수 있을까요?'여야 한다. 아니면 최소한 '이 회사에서 주력으로 진행하는 기준 시방서를 볼 수 있을까요?' 정도는 질문해 줘야 한다. 각 회사별 기준이 되는 시방서가 무조건 있다. 없을 수 없다. 없다는 것은 시공의 기준이 없다는 것을 스스로 시인하고 있는 것과 같다.

브랜드 회사의 경우 건축법규와 본인들만의 품질기준을 맞추어 '기준 시방서'라는 것을 만들어 놓았다. '스펙서'라고도 하는데 이 시방서만 보더라도 각 회사가 어떠한 품질로 집을 짓고 있는지 확인이 가능하다.

2. 내역서

시방서는 부분별로 어떻게 집을 지어야 하는지에 대해 정리되어 있는 것이다. 내역서는 주로 어떠한 자재를 사용하고 원산지는 어디인지 어떤 브랜드를 사용하고 있는지에 대해 자세히 기술해 놓은 책이라 보면 된다. 예를 들어 같은 2등급의 나무를 사용한다고 해서 모두 똑같은 것이 아니라 나라마다 품질과 가격이 다르니 꼭 세부 내역을 확인해 보아야 한다.

3. 산출내역서

　마지막으로 산출내역서를 확인해 보아야 한다. 산출내역서는 가장 기본이 되는 기초 공사부터 외장재, 창호, 데크, 화장실 등과 같이 세부 추가 내역을 금액대별로 정리해 놓은 것이다.

　대부분의 업체들은 산출내역서를 통해 최종 공사비를 산정하게 된다. 계약 전에 미리 산출내역서를 달라고 해야 하며, 어떠한 공사를 추가할 경우에 얼마 정도가 추가되는지 꼭 확인해 보아야 한다.

　산출내역서를 미리 받으라고 하는 이유는 업체들이 여기서 장난을 많이 치기 때문이다. 처음부터 금액을 공시한 산출내역서를 받고 진행하면 추후 금액 때문에 싸울 일이 없는데 이것이 없다면 구두로 약속했던 모든 것들이 급기야 나중에는 '기억이 안 난다거나 그런 말을 한 적이 없다'로 결론나기 때문이다.

　수많은 회사들 중 어디가 좋고 어디가 나쁜지 확인할 수 있는 기준은 모호하다. 최종 계약을 염두에 두고 있다면 미리 선정해 놓은 3군데 업체에 연락해 기준 시방서, 내역서, 산출내역서를 미리 이메일 등으로 받아보고 싶다고 이야기해라. 이 3가지만 비교한 후 계약을 진행한다면 최소한 그 업체에 휘둘리거나 속아서 계약하는 일은 없을 것이다.

　시방서, 내역서, 산출내역서를 요청하는 것은 집 지을 고객의 당연한 권리이며 무조건 챙겨서 확인해 봐야 하는 기본 중의 기본이다. 만일 위 3가지 항목이 없다거나 줄 수 없다는 업체는 애초에 투명하게 진행할 수 없거나 그러한 시스템이 없는 회사라고 판단되니 조금 더 검토한 뒤 진행할 것을 추천한다.

여름 공사와 겨울 공사 괜찮을까?
-

비와 눈을 좋아한다. 특히 부슬부슬 내리는 여름비는 내가 가장 좋아하는 것 중 하나다. 그뿐인가. 겨울에 태어나서 그런지 내 생일날에는 꼭 눈이 내렸으면 좋겠다고 동심 어린 마음으로 소원 아닌 소원을 빌기도 한다.

여름과 겨울. 휴가가 있다는 이유만으로 여름은 아마 모든 이들이 손꼽아 기다리는 계절일 것이다. 겨울은 또 어떠한가. 나는 창밖으로 고요히 눈 쌓이는 모습을 커피 한 잔과 함께 하염없이 바라보는 일이 좋다. 그만큼 여름과 겨울은 개성이 뚜렷한 계절이다.

하지만 설계를 하는 건축가 입장에서 두 계절은 솔직히 좀 피하고 싶다. 상담을 하다 보면 많은 문의를 받게 되는데 그 중 하나가 다음과 같다.

"전세가 여름에 끝나서 그때부터 공사를 해야 할 것 같은데 괜찮을까요?"
"아이들 방학이 12월 중순에 시작돼요. 겨울에 진행해서 봄에 끝내려고 하는데 어때요?"

입장은 충분히 이해된다. 나 또한 쌍둥이 아빠로서 자녀들의 방학에 스케줄을 맞추고 싶어 하는 마음이 무척 공감되는 바이다.

"건축가님이 집을 짓는다면 여름이나 겨울에 지을 건가요?"
질문을 바꿔 누군가 위와 같이 내게 묻는다면 '2-3개월은 주변 월세를 얻고 생활하다가 여름이나 겨울이 지난 다음에 집을 지을 것 같습니다'고 답할 것 같다.

전문가들은 안다. 비나 눈이 오는 조건 아래에서는 공사가 정상적으로 이루어지지 않는다는 것을 말이다. 어쩔 수 없이 진행하는 것이지 좋아서 하는 것은 아니다. 건설회사 입장에서야 당연히 돈을 벌어 수익을 창출해야 되고 직원들 월급을 줘야 하니 겨울에도 안전하게 시공이 가능하다고 홍보한다. 그러나 그중 본인의 집을 여름 장마철이나 겨울 영하권 날씨에 짓는 사람은 없다. 이보다 솔직한 답이 있을까.

자, 전세가 끝나는 시점 혹은 아이들 방학에 맞춰 공사에 들어가고 싶은 마음은 충분히 이해한다. 하지만 지금부터 짓게 될 '집'이란 하루 이틀 살고 말 것이 아니라 적게는 10년 길게는 30년 이상 살아가야 하는 우리 가족의 보금자리이다. 이렇게나 소중한데 굳이 위험성을 갖고 갈 이유가 없다. 10년에서 30년을 함께할 집인데 고작 몇 개월 더 빨리 공사를 시작하는 게 뭐 그리 중요할까. 완벽해도 모자랄 판에 부족함을 안고 진행하는 것은 반대하는 입장이다.

어떠한 집이든 비를 맞으면 안 좋고, 양생 기간에 영하권의 날씨를 접한다면 알게 모르게 집이 상한다. 기간의 차이는 겨우 2-3개월이다. 차라리 조금 더 일찍 준비하여 완벽히 착공 날짜를 정해 놓고, 아이들 방학이나 전세가 빠져야 할 경우에는 2-3개월 주변 월세를 얻어 살 것을 조언한다.

그래도 여름 장마철이나 겨울 영하권에 집을 짓겠는가?
강행하겠다면 말릴 생각 없다. 하지만 그 책임에 대한 무게는 시공업체를 탓할 것이 아닌 결정을 내린 여러분이 직접 짊어지고 나가야 할 것이다.

안전한 건설회사인지 확인하기

-

내 집 짓기.
누구한테 맡겨야 할까.

아마 가장 어려운 선택이 될 것이다. 건설업체를 선정해야 할 시기가 오면 가족도 친척도 믿을 수 없는 단계가 온다. 이게 과연 소개 받아서 결정할 수 있는 일일까? 평생 살면서 가장 큰 비용이 들어가는 일에 단순 추천이나 소개 받아 업체를 선정할 것이냐고 묻는 것이다.

아무리 작은 집을 짓는다 하더라도 공사비는 '억' 단위를 넘어간다. 일반적으로 1억이라는 돈을 모으기 위해선 샐러리맨 기준 7년 정도가 걸린다고 한다. 무려 7년이다. 보통 집을 짓는 데 약 2억 예산을 잡고 움직이니 시간으로 따진다면 10년이 넘는 세월 동안 모은 돈을 한번에 투자하게 되는 것이다. 절대로 남의 결정에 의해 내 집을 맡길 수 없음을 뜻한다.

국내 수많은 건설업체 중 우리 집을 지어줄 곳이 안전한 회사인지 검토할 수 있는 기본 요소를 낱낱이 공개하도록 하겠다. '있으면 좋고'가 아니라 '필수로 있어야 하는 것'이므로 꼭 기억해 놓았다가 건설회사를 선정해야 하는 단계에 꺼내어 확인한 다음 계약을 진행할 것!

1. 종합건설면허

건축법에는 인테리어 공사의 경우 1,500만 원 미만, 건설 공사의 경우 5,000만 원 미만을 미미한 공사로 판단해 종합건설면허 없이 공사 가능하도록 명시하고 있다. 하지만 전원주택의 경우 대부분 5,000만 원 범위를 넘어서게 된다. 다시 말해 대부분의 전원주택은 종합건설면허가 있는 업체를 통해 지어야 한다는 것을 의미한다.

면허 없는 의사에게 진찰을 받는 상상을 해 보자. 무면허 의사에게 우리 가족의 진료를 맡길 수 있을까. 참고로 면허 없는 곳에서 일을 진행시켰을 시 문제가 발생해도 법적 보상을 받기 어렵다. 가끔 면허가 없는 업체를 선정해 집을 짓는 건축주의 이야기를 들을 때가 있는데 '부가세'를 내지 않기 위해 편법으로 시공을 진행하는 경우가 대부분이다. 부가세를 내지 않는 방법은 없다. 지금 입고 있는 옷에도 부가세가 포함되어 있는데, 집짓기야말로 어떻게 부가세를 내지 않고 정식 계약서를 작성한단 말인가. 게다가 계약서 자체가 정상적으로 작성된 게 아니다 보니 문제가 발생해도 따지지 못하고 법적인 소송에 들어가도 지고 만다. 이것이 현실이다. 종합건설면허는 필수다.

2. 하자이행보증증권

집을 짓고 난 후 아무 문제없이 잘 산다면 최고겠지만 집이라는 것이 사람 손으로 일일이 만드는 것이다 보니 잔손이 드는 하자가 계속해서 발생한다. 여기서 필요한 것이 A/S이다.

건설업체와 상담을 하다가 A/S와 관련된 내용이 나오면 다들 바로 뛰어가서 수리해 주겠다고 한다. 물론 정말로 바로 뛰어가 수리해 주는 분들도 있다. 하지만 사람 '말'만 믿고 우리 '집'을 맡기기에는 어려움이 있다.

그래서 꼭 집 계약을 할 때 '하자이행보증증권'을 발행해 달라고 해야 한다. 간혹 각서나 계약서 일부분에 서면으로 적어 주겠다고 하는 업체들이 있는데 절대 안 된다. 무조건이다. 여러분들은 무조건 하자이행보증증권을 받아내야 한다. 만일 발행이 불가능하다면 그 업체에서 계약을 진행하면 안 된다.

무슨 일이든지 간에 사실을 믿을 뿐 사람은 믿으면 안 된다. 1년 뒤에 무슨 일이 벌어질지 아무도 장담할 수 없다. 꼭 하자이행보증증권 챙겨 놓도록 하자.

3. 산재보험 의무 가입 여부

산재보험이라는 것이 있다. 우리 집을 지어 주는 분들에 대한 산재보험을 가입하는 것이다. 보험비가 생각보다 많이 나온다. 그래서 다들 가입하지 않고 그냥 진행하려고 하는데 집을 짓는 현장은 위험한 일투성이다. 아무도 다치지 않는 것이 좋지만 현장에서는 상상보다 훨씬 많은 사건사고가 발생한다. 그럴 때마다 여러분들이 일일이 보상금을 지급해 줘야 할까? 잘못하다가는 치료비 주다가 정작 집은 못 짓게 되는 경우가 생길 것이다.

그래서 건설업체가 인부들의 '산재보험'을 의무적으로 가입해 주는지에 대해 확인해 봐야 한다. 어떠한 업체는 건축주 부담으로 돌리는 곳도 있는데 산재보험은 건설회사 부담이 맞다. 본인 회사 직원인데 남에게 보험료를 내달라는 것이 이치에 맞지 않는다. 물론 상세 견적을 낼 때 포함시켜 놓을 수는 있다.

대부분의 건축주가 계약 시에 이 3가지 항목을 전혀 떠올리지 못한다. 업계 관계자가 아니니 당연히 그럴 수밖에 없다. 하지만 지금이라도 알았으니 이 글을 읽고 있는 여러분은 꼭 메모를 해 두고 해당 요건을 전부 만족시키는 회사를 찾아야 할 것이다.

법으로 정해진 A/S 기간을 알아보자

-

앞선 프롤로그에서 A/S의 중요성을 언급한 바 있다. A/S는 after service의 약자로 사후관리 및 공사 후 서비스라는 뜻으로 해석할 수 있다. 흔히 사용하는 핸드폰부터 가전제품, 더 나아가 입고 다니는 옷도 기본적으로 A/S가 되는 브랜드를 이용하고 있을 것이다. 그만큼 우리는 평소에도 A/S를 중요시하고 있다.

그런데 평생 A/S가 될 수 있을까?
많은 사람들이 A/S를 챙긴다고 하면서 정작 내 집에 대한 A/S가 몇 년 보장되는지 확인하진 않는다. 'A/S가 잘 이루어진다'로 끝맺음을 하는 것이 아니라 'A/S의 기간이 얼마 정도 돼요?'라는 물음으로 이어져야 한다.

건설업체와 계약을 할 때는 대부분 1년이나 2년이라는 기간을 명시해 놓고 있지만 정말 이 기간에만 A/S를 보장받을 수 있는지 의문이 들 것이다.

구분		하자의 범위	하자보수 책임기간	종료 시간
창호공사	창문틀 및 문짝공사	공사상의 잘못으로 인한 균열, 처짐, 비틀림, 들뜸, 침하, 파손, 붕괴누수, 누출, 작동 또는 기능불량, 접지 및 부착불량 건축물 또는 안전상 지장을 초래할 정도의 하자	1	
	창호 철물공사		1	
지붕 및 방수공사			3	
마감공사	마감공사		1	
	수장공사		1	
	철공사		1	
	도배공사		1	
	타일공사		1	
급배수 위생설비공사	급수설비공사		2	
	온수공급설비공사		2	
	배수통기설비공사		2	
	위생기구설비공사		1	
	칠 및 보온공사		1	
가스 및 소화설비공사	가스설비공사		2	
	소화설비공사		2	
	매연설비공사		2	
기둥내력벽			10	
보, 바닥, 지붕			5	

주요 부분 A/S 기간 안내

건축법에는 건축의 주요 부분에 대한 A/S 기간이 고시되어 있다. 물론 강제성은 없지만 법에서 명시해 놓은 만큼 여러분은 이 항목들을 챙겨가야 한다. 이미 잘 지키고 있는 회사들도 있지만 대충 뭉뚱그려 진행하는 회사가 더 많은 만큼 꼭 기억해 놓았다가 하자이행보증증권을 발급받을 때 위 내용을 같이 첨부해서 사인 받아 놓는 것이 좋다.

간단히 살펴보면 창호 및 마감공사의 경우 보증기간이 1년이다. 특히 마감공사의 경우 사용과 동시에 손때가 타고 잔 흠집 등이 발생하기 때문에 1년 정도 썼을 때 문제가 없었다면 기능적으로는 잘 시공됐다고 판단한다.

방수공사는 3년을 보증하며 설비공사의 경우 대부분 2년까지 보증한다. 그리고 가장 걱정되는 동시에 집의 가장 중요한 부분인 골조에 해당하는 기둥 내력벽의 경우 10년까지 보증이 가능하며 보·바닥·지붕의 경우 5년까지 보장된다.

위 내용을 언급하는 이유는 A/S 때문에 업체와 갈등을 빚는 사람이 의외로 많기 때문이다. 계약할 때 대개 이러한 A/S보다는 무조건 금액을 줄이기 위해 혈안이 돼 있는 경우가 많다. 하지만 싸게 계약했다고 끝난 것이 아니다.

완공 후 집이 애물단지로 전락하지 않으려면 꼭 A/S 부분을 챙겨가야 한다. 건설회사의 A/S 기간은 1년에서 길어야 2년이다. 물론 그것이 틀렸다고 할 수는 없지만 위의 내용을 기억해 놓았다가 첨부만 하면 각 부위별로 더 보장을 받을 수 있다.

한 번만 기억해내면 된다. 어렵지 않다. 단 한 번의 생각으로 내 집을 더 안정적으로 보장받을 수 있는 권리가 생기는 만큼 꼭 챙겨서 가길 바란다.

전원주택 관리비, 아파트보다 더 들까?
-

얼마 전 한 기자로부터 연락을 받았다.

"안녕하세요. OO 소속의 OOO 기자라고 합니다. 이번에 전원주택 관련해서 취재 중에 있는데 이동혁 건축가님께 자문을 구하고자 합니다. 사람들이 전원주택을 짓지 않는 가장 큰 이유 중의 하나가 관리비가 많이 들어간다는 점으로 조사가 되었습니다. …(생략)…"

그렇다. 사람들이 전원주택 짓는 걸 망설이는 이유 중의 하나가 바로 관리비적인 측면이다. 손도 많이 가고 신경도 많이 써야 하고, 거기에다가 돈도 많이 든단다. 솔직히 이 내용만 정리하면 집은 짓지 않는 것이 현명하다고 판단된다.

정말일까?
아파트 대비 전원주택 생활에서 관리비가 더 많이 들까?
내가 거주하고 있는 아파트의 관리비 부가 내역을 살펴보면 크게 7가지로 나뉜다(30평형 아파트 기준).

① 유지관리비: 일반관리비, 청소비, 소독비, 오물수거비, 승강기 유지비, 유선방송비
② 보수비: 수선유지비, 장기수선충당금
③ 경비비

④ 보험료: 화재/승강기 보험료
⑤ 전기료: 세대 전기료, 공동 전기료, 승강기 전기료, TV 수신료
⑥ 수도료: 세대 수도료, 공동 수도료
⑦ 난방비: 기본료, 세대 난방비, 공동 난방비, 급탕비, 도시가스비

계절별로 차이가 있으나 평균 관리비 25-30만 원 정도가 나온다. 지역과 아파트의 규모에 따라서도 조금씩 다를 수는 있지만 평균 30만 원 전후로 나온다는 것은 분명하다.

그렇다면 전원주택은 어떨까?
최근 1년 이상 전원주택에 거주한 건축주들을 대상으로 관리비를 조사했다. 아파트와 다르게 들어간 비용은 조경 관련 비용, 목재 데크의 오일스텐 칠하는 비용, 벽난로를 사용하는 집에서는 장작 비용 등이 추가되어 있음을 확인할 수 있었다.

30평형 주택 기준 전원주택 관리비를 1년 기준 12개월로 나누니 평균 25만 원 전후가 발생했다. 세세하게 따져 보니 난방비 부분은 아파트보다 많이 발생했다. 창문과 단열을 강화했더라도 4면이 모두 외기에 접해져 있기 때문에 아파트에 비해 열 손실이 많았던 탓이다.
대신 전기료 및 경비비, 유지관리비 등에서 현저히 적은 비용이 발생했다. 첫 1년차이기 때문에 오일스텐 및 조경 비용이 조금 더 들어간 것을 제외하면 2년차부터는 20만 원 내외로 관리비가 나올 것으로 예상된다.

결론적으로 관리비 부분만 놓고 보았을 때는 전원주택이 아파트보다 더 적게 나온다. 하지만 여기서 하나 빠진 부분은 건축주 본인이 직접 뛰어다

녀야 하는 개인 인건비 포지션은 잡지 않았다는 것이다.

 그렇다. 아파트가 편하고 비용이 적게 들어간다고 느껴진 이유는 월말에 관리비가 한 번에 청구되어 빠져나가고 본인이 세세한 내역을 신경 쓸 필요가 없기 때문이다. 또한 관리비를 안 내는 것이 아니라 알아서 보수해 주고 알아서 돈을 매달 빼가기 때문에 돈이 많이 나가고 있다는 사실을 자주 인지하지 못하고 있을 뿐이다.

 전원주택이 아파트보다 관리비가 적게 나온다. 다만 조경, 유지보수, 설비 보수 등 개인이 챙겨야 할 부분들이 많을 뿐이다. 이를 고생이라 생각하면 전원주택 생활을 할 수 없겠으나 이 모든 것을 전원주택 생활 자체에 녹여 낼 수 있는 사람이라면 힐링과 여유가 있는 삶에 더 가까이 다가갈 수 있으리라 믿어 의심치 않는다.

Hit&HOT

집짓기 준비부터 완공까지

"집을 지을 때 말이죠. 자료 수집부터 이사, 입주하기까지 전 과정은 총 23단계에 달합니다. 이것도 중간중간 행정적인 부분은 제외시킨 거예요. 인허가 및 사용승인(준공)의 경우엔 건축사무소에서 대행해 주는 부분이니 이런 게 있구나 하는 정도로만 알고 있으면 되겠습니다."

총 23단계. 이렇게나 많은 과정이 있다니 걱정부터 앞서는 사람도 있겠으나 '이런 것이 있었지' 수준으로 기억하고 있다가 필요할 때 꺼내보는 식이 가장 좋다.

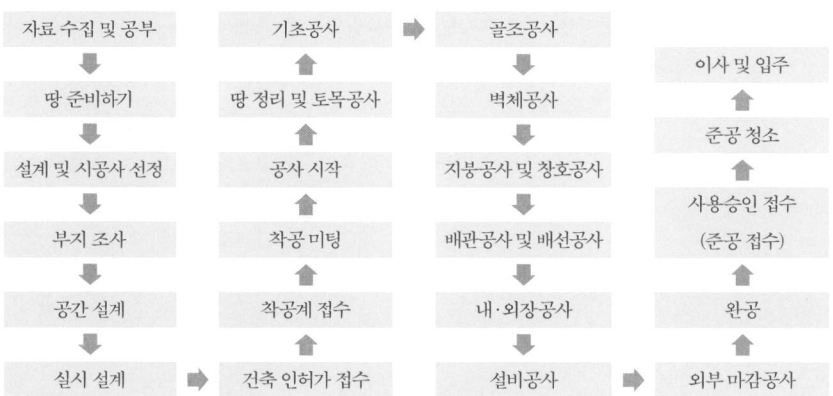

집짓기의 시작과 끝

1. 자료 수집 및 공부

집을 짓는 모든 사람이 초보자이다. 집을 한 번 지어봤다고 해서 전문가가 되지는 않는다. 자료 수집 및 공부는 필수이다. 많이 보고 많이 듣고 많이 찾아봐야 한다.

2. 땅 준비하기

집을 지을 땅이 있어야 하지 않겠는가? 땅은 신중히 선택해야 한다. 대신 지역과 기간을 정해 놓고 움직이는 것이 시간 낭비를 막을 수 있다.

3. 설계 및 시공사 선정

자료 수집 단계를 거치면 몇 군데의 업체를 이미 목록화해 놓았을 것이다. 만나 봐라. 그리고 자문을 구해라.

4. 부지 조사

설계 계약이 진행되었다면 건축가와 함께 부지 조사를 진행한다. 아마 본인이 분석한 것과 다르게 더 좋은 공간 배치를 제안해 줄 것이다.

5. 공간 설계

방은 몇 개가 필요하고 거실은 어디에, 그리고 주방과 식당은 어느 곳에 배치하면 좋은지 등을 구체적으로 그리는 단계이다.

6. 실시 설계

기본적인 공간 설계가 끝나면 본격적으로 집을 시공할 수 있는 디테일 도면이 그려진다. 보통 15일 정도 소요된다.

7. 건축 인허가 접수

건축가가 '세움터'라는 건축행정시스템을 통해 건축 인허가를 접수하게 된다. 내륙지방의 경우 특별한 보완사항이 없으면 15일 정도면 인허가가 나며, 제주도의 경우 최소 2달은 생각하고 진행하는 것이 좋다.

8. 착공계 접수

인허가 났다고 바로 공사 들어갈 수 있는 것은 아니다. '공사를 지금부터 하겠습니다'라는 착공계를 제출해야 한다. 일주일 정도면 착공계가 난다.

9. 착공 미팅

모든 담당자가 모이는 자리이다. 이 자리에서 추가 내역 및 변경 계약이 이루어진다. 이날 언제 공사를 들어갈지와 공정 부분에 대한 이야기가 이루어진다.

10. 공사 시작

목조의 경우 3개월, 철근콘크리트의 경우 5개월 정도 소요된다.

11. 땅 정리 및 토목공사

잡풀들이 자라 있거나 땅이 평평하지 않다면 이를 먼저 잡아주는 공사가 선행된다. 큰 문제가 없을 경우 하루 정도면 부지 정리가 끝난다.

12. 기초공사

터파기를 시작으로 기초공사가 시작된다. 보통 GL(땅의 '0'점)에서 아래로 300㎜, 위로 500㎜ 정도 기초가 앉혀진다.

13. 골조공사

목조 주택의 경우 15-20일 정도에 걸쳐 골조공사가 진행된다. 목조 주택의 경우 공기가 빠르기 때문에 한 달 정도면 외관이 거의 만들어져 있는 것을 확인할 수 있다.

14. 벽체공사

뼈대공사 이후 벽체를 본격적으로 만들어 간다. OSB합판*과 타이벡(Tyvek)** 등을 순차적으로 시공하면서 벽을 완성한다.

15. 지붕공사 및 창호공사

뼈대와 벽체가 완성되면 지붕공사와 창호공사를 바로 진행한다. 이 공정이 지나면 비가 오더라도 큰 문제없이 시공이 가능하다.

16. 배관공사 및 배선공사

콘센트 위치 및 전기선을 빼고 싶은 부분 등을 현장에서 같이 논의한다. 가구 배치에 따라 전기배선 위치가 달라지므로 건축주는 내부 마감 전 반드시 전기공사 협의를 진행해야 한다.

---

* 나무 파편을 모아 압착해 만든 인공 판재.

** 미국 듀폰사가 개발한 통기성 있는 투습방수지. 주로 목조 주택을 시공할 때 외벽 내장재로 사용.

17. 내·외장공사

집처럼 보이게 하는 인테리어 공사와 외부 마감공사가 진행된다. 이 공정 전에 3차례에 걸쳐 인테리어 미팅이 진행되며, 원하는 모든 것을 선택해 시공할 수 있다. 인테리어 미팅 때 아무 생각 없이 들어가면 집은 중구난방이 된다. 꼭 사전에 어떠한 느낌으로 무엇을 사용해 포인트를 줄지 생각해 놓고 가야 한다.

18. 설비공사

싱크대 배관 및 화장실의 도기(욕조, 세면대 등)가 설치된다. 이 부분이 완료되면 인테리어의 마무리이다.

19. 외부 마감공사

외부 포인트 공사를 마지막으로 건물 외관이 최종 마무리된다.

20. 완공

공사를 위한 틀을 철거하고 모든 가구를 세팅한 상황이다. 건물의 완공 단계이다. 이 단계에서는 무엇과도 비교할 수 없는 기쁨과 보람을 느낀다.

21. 사용승인 접수(준공 접수)

건축가는 준공서류를 꾸려 지역 담당 공무원에게 사용승인 접수를 신청한다. 집이 완공되었다고 해서 바로 거주할 수 있는 것은 아니다. 사용승인(준공)이 나야지만 집으로서 인정받는다.

22. 준공 청소

공사 시 발생되었던 먼지 및 자재들을 깔끔히 청소한다. 입주 이사 시 먼지가 다시 발생되므로 이사 후 한 번 더 전문 업체를 불러 청소해 주는 것이 좋다.

23. 이사 및 입주

드디어 이사 및 입주이다. 이제는 행복하게 살 일만 남았다. 집도 사람이 짓는 것이다 보니 살다 보면 조금씩 미흡한 부분이 보일 것이다. 그럴 땐 걱정 말고 시공사에 A/S를 접수하면 된다. 여기서 브랜드 업체와 소규모 개인 업체의 차이가 발생한다. 집 지었다고 끝인 줄 아는 사람들이 많은데 절대 그렇지 않다. 애물단지로 만들고 싶지 않으면 A/S 부분을 반드시 꼼꼼히 챙기길 바란다.

Hit&HOT

건축주가 생각할 수 있는
두 가지 계약 방법

"아무리 생각해도 어떻게 계약해야 할지 잘 모르겠죠? 돈과 관련된 거라 예민한 문제인데 인터넷에 검색해도 속 시원한 답변은 없고요. 그래서 아주 지극히도 개인적인 제 시각으로 한 번 이야기해 보겠습니다."

집을 짓기 위한 계약 방법은 단 두 가지로 의외로 간단하다.

1. 건설회사에 의뢰해 집을 짓는 계약 방법

집을 짓는 사람의 90%가 이 방법으로 진행한다. 복잡한 것이 싫고 계약한 후 완공되면 그때 문 열고 들어가면 되는 가장 편한 방법이기도 하다. 물론 어떠한 업체를 선정하느냐에 따라 편의성의 차이는 있을 수 있으나 브랜드 업체라고 한다면 대부분 시스템대로 움직이므로 믿고 따라가기만 하면 집이 완성된다.

다만 건설회사에 주는 대행 수수료가 있으므로 15-20% 정도의 비용이 추가로 들어간다고 생각하자. 1년에 많이 짓지 않고 10채 미만으로 짓는 업체의 경우 마진율이 30%에 육박하기도 하니 이 부분은 잘 따져서 계약하길 바란다. 물론 건설회사가 정답은 아닐 수 있다. 어떠한 업체를 만나느냐에 따라 품질도 달라지므로 최종 판단은 건축주가 얼마나 발품을 파느냐에 달려 있다.

2. 직영공사로 집을 짓는 계약 방법

예산이 부족하거나 직접 집을 지어 보고자 하는 사람들이 선택하는 계약 방법이다. 건설회사에 납부하는 20%의 수수료가 없는 계약 방법이다. 이론 상으로만 본다면 비용을 아낄 수 있는 최고의 방법이지만 희한하게도 직영공사로 집을 지었을 때 '싸게 잘 지었다'는 건축주들이 생각보다 없다. 여러분들은 지금부터 말하는 것을 잘 인지하고 있어야 한다.

① **인건비**: 직영공사는 일용직 계약으로 인건비가 지불된다. 다시 말해 하루만 지연돼도 엄청난 인건비와 장비대가 발생한다는 것을 뜻한다. 보통 건설업체의 경우 목조 주택 건축기간이 3개월 정도 된다. 직영공사의 경우 대부분 4개월을 넘어가고 있으니 한 달 이상의 인건비가 더 지출된다는 것을 알 수 있다. 또한 직접 인부들을 통솔해야 하니 본인의 인건비도 생각해 놓아야 한다.

② **관리**: 이 부분이 가장 문제이다. 건축가인 나조차 현장 인부들을 통솔할 때 말 징그럽게 안 들어서 화내는 경우가 허다하다. 본인이 현장에 나가 일을 시키면 인부들이 일을 할 것이라 생각하는데 천만의 말씀이다. 현장에서 일하는 분들은 속된 말로 '곤조'라는 것이 있어서 항상 해오던 방식대로 일을 한다. 게다가 건축주 대부분을 비전문가라고 생각해 더욱이 말을 안 들을 것이다. 여러분은 꼭 관리에 대한 부분을 어떻게 정리할 것인지 생각해야 한다. 대개 하다 하다 안 되니 결국에는 현장을 관리해 줄 현장소장을 찾게 되는데 그 사람이 공짜로 일할 리 만무하다. 결국에는 돈으로 해결해야 하니 비용이 점점 추가되는 것이다.

③ **자재비:** 건설회사에서 구입하는 자재비와 개인이 집 한 채를 짓기 위해 구입하는 자재비가 같을까? 여러분은 어떻게 생각하는가? 한 마디만 드리겠다. 도매가와 소매가는 분명히 다르다. 개인은 절대로 도매가로 자재를 구입할 수 없다. 억울해할 필요 없다. 상법이 그렇게 되어 있다.

④ **기간:** 우여곡절 끝에 어찌 되었든 기초공사를 시작했다. 기초공사 다음에 무슨 공사를 해야 하지? 시간이 또 흐른다. 시간은 '돈'과 연관될 것이다.

⑤ **통장:** 직영공사를 할 때 의외로 많은 사람들이 본인 명의의 통장을 직영공사 해 주는 소장에게 넘겨준다. 제정신인가? 무엇을 믿고 본인 명의의 통장을 넘겨주는 것인가? 직영공사의 시스템은 대부분 동일하다. 정상적인 계약이 아니기 때문에 일용직 계약을 한 다음 건축주 통장에 돈을 넣어서 달라고 한다. 그래야 추후에 세금적인 부분에서 걸리지 않고 문제가 발생돼도 책임을 회피할 수 있기 때문이다. 건축주들은 20% 저렴하게 공사할 수 있다는 점 하나 때문에 쉽게 본인 명의 통장에 돈을 넣어서 줘 버린다. 절대 안 된다. 돈은 항상 거래내역이 남게! 그리고 본인 명의의 통장은 절대 주는 것이 아니다.

⑥ **계약서:** 직영공사 할 때 많이 놓치는 것 중 하나가 '계약서를 정상적으로 적지 않는다'는 것. 문제가 발생하거나 인부들이 다쳤을 때 어떻게 해결하려고 하는 것인가? 한 사례로 일용직으로 고용한 인부가 현장에서 다쳐 실명하는 일이 벌어진 적이 있다. 인부가 어떻게 행동할 것이라 생각하는가? 노동부에 신고하고 치료비를 달라고 할 것이다. 모든 책임은 건축주에게 있다. 이러한 내용들을 꼼꼼히 계약서에 담아야

한다. 일용직이더라도 계약서는 필수이다. 또한 산재보험도 모두 들어 줘야 한다. 이렇게까지 말하고 싶진 않지만 현장에 와서 일부러 다치고 드러눕는 사람도 있다. 세상에는 정말 다양한 사람들이 존재한다.

직영공사로 집을 짓는 계약 방법에 관하여 너무하다 싶을 정도로 많은 걱정을 늘어놓았다. 하지만 사기 사례들을 살펴보면 100% 직영공사를 하다가 당하는 사례들이다. 안타깝다. 세상에 착한 사람들만 있는 것이 아니고 심지어 집을 지을 때는 가족도 믿지 말라고 하는데 무슨 심정으로 생판 모르는 사람들에게 내 집을 맡기고 돈을 맡기는지 솔직히 이해되지 않는다. 전 재산을 들여 짓는 집인 만큼 건축주 본인은 현실감각을 정확하게 짚고 가야 할 것이다.

직영공사에 대한 문제점들을 모두 안고 갈 수 있겠는가? 그렇다면 더 이상 고민하지 않아도 된다. 20% 비용을 줄이면서 할 수 있는 방법인데 왜 고민하고 있는가? 공부는 길게 하되 결정은 짧은 것이 좋다.

두 가지 계약 방법, 주관적인 입장에서 이야기하였는데 도움이 되었을 진 모르겠다. 최종 판단은 건축주의 몫이다. 후회 없는 판단을 하길 바라며, 최종 결정되었을 때는 더 이상 뒤를 돌아보지 말고 앞으로 쭉 밀고 나가길 바란다.

집짓기에 도전하는 사람들이 반드시 알아야 할 모든 것.
여기저기 발품 팔아 마음에 드는 땅을 겨우 발견해 구입했다.
내 땅이면 내가 원하는 스타일의 전원주택을 내 마음대로 지어도 되는 줄 알았는데……

땅을 구입하다
마음에 드는 땅 위에 내 집 짓기

내 땅에 몇 평까지 집을 지을 수 있을까?
-

"전 50평 정도 땅을 가지고 있는데 2층은 필요 없고 1층 50평 꽉 채워서 집을 지을래요."

내가 만난 건축주의 요청이었다. 많은 사람들이 착각하는 것 중 하나가 내 땅이면 마음대로 집을 앉힐 수 있고 공사도 허락 없이 진행해도 된다고 생각하는 것이다. 하지만 절대로 그렇지 않다. 땅 위에 흙을 가져다놓는 것조차도 개발행위허가라는 것을 득해야 가능하다. 또한 건축법이 정해 놓은 건폐율과 용적률에 따라 집을 앉히고 설계해야 한다.

옆집이 50평 땅에 30평을 앉혔다고 해서 나도 똑같이 앉힐 수 있는 것도 아니다. 왜냐하면 각 땅에 걸린 지역지구와 건축법규, 조례 등이 모두 다르기 때문이다. 간혹 비전문가가 구체적인 건축법규를 확인해 보지 않은 상태에서 옆 땅에 지은 집만 보고 판단해 구입해 오는 경우가 있는데 절대 안 된다.

내 땅에 몇 평까지 집을 지을 수 있는지 판단하는 것은 쉽게 확인 가능하다.

1. 토지이용규제정보서비스 접속하기

국토교통부는 '토지이용규제정보서비스(http://luris.molit.go.kr/web/index.jsp)'라는 웹사이트를 운영하고 있다. 이곳에서 쉽게 내 땅에 대한 정보를 확인할 수 있다.

2. 땅 주소 입력하기

웹사이트 첫 화면에 주소를 입력할 수 있는 창이 나온다. 이곳에 내가 확인하고자 하는 땅 주소를 입력하면 된다.

3. 「국토의 계획 및 이용에 관한 법률」에 따른 지역·지구등 에 있는 내용 확인하기

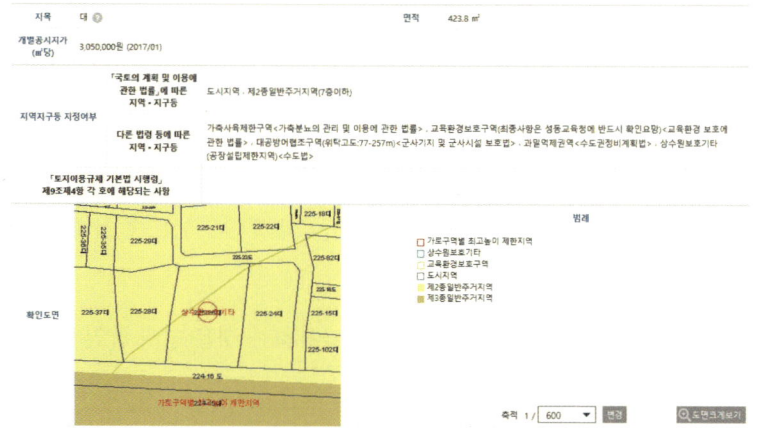

땅 주소를 입력하면 위와 같은 이미지를 볼 수 있다. 지적도상에 빨간 동그라미가 표시된 곳이 내가 확인하고자 입력한 땅이다.

내 땅에 몇 평의 집을 지을 수 있는지 확인하는 것이 가장 중요하므로 '지역지구등 지정여부' 항목의 「국토의 계획 및 이용에 관한 법률」에 따른 지역·지구등'에 적힌 내용을 확인해야 한다. 예시에는 '도시지역, 제2종 일반주거지역(7층이하)'라고 적혀 있다. 각 지역지구마다 정해진 건폐율과 용적률이 있는데 이는 다음 표에서 확인 가능하다.

용도지역		세분용도지역	건폐율	용적률
도시지역	주거지역	1종 전용주거지역1	50% 이하	100% 이하
		2종 전용주거지역	50% 이하	150% 이하
		1종 일반주거지역	60% 이하	200% 이하
		2종 일반주거지역	60% 이하	250% 이하
		3종 일반주거지역	50% 이하	300% 이하
		준주거지역	70% 이하	500% 이하
	상업지역	중심상업지역	90% 이하	1500% 이하
		일반상업지역	80% 이하	1300% 이하
		유통상업지역	80% 이하	1100% 이하
		근린상업지역	70% 이하	900% 이하
	공업지역	전용공업지역	70% 이하	300% 이하
		일반공업지역		350% 이하
		준공업지역		400% 이하
	녹지지역	보전녹지지역	20% 이하	80% 이하
		생산녹지지역		100% 이하
		자연녹지지역		100% 이하
관리지역	보전관리지역	-	20% 이하	80% 이하
	생산관리지역	-	20% 이하	80% 이하
	계획관리지역	-	40% 이하	100% 이하
농림지역	-	-	20% 이하	80% 이하
자연환경 보전지역	-	-	20% 이하	80% 이하

확인한 땅이 2종 일반주거지역이기 때문에 표에서 2종 일반주거지역 란을 확인하면 된다. 여기서는 건폐율 50%에 용적률 150%로 되어 있다. 정리하면 이 땅은 423.8m^2(128.2평)의 대지 면적 중 50%인 64.1평을 1층에 지을 수 있고, 150%인 192.3평까지 연면적을 지을 수 있다는 뜻이 된다.

모든 면적은 집의 내벽 기준이 아닌 처마 끝선을 기준으로 한다. 물론 위 내용뿐만 아니라 세세한 조례 등을 살펴보아야 정확한 면적을 확인할 수 있다. 하지만 위의 '토지이용계획 확인원'처럼 쉽게 기본적인 정보를 파악할 수 있다는 것 또한 알아두어야 한다.

이렇게 쉬운 방법으로 확인할 수 있는데 예상보다 많은 사람들이 모르고 있다. 여러분은 이 글을 읽은 순간부터 기본적인 건폐율과 용적률에 대해 마스터한 사람이 되는 것이다. 친척이나 친구 등 주변에서 집을 짓겠다고 하면 위의 토지이용계획 확인원을 통해 기본적인 분석을 해 주면 큰 도움이 될 것이다.

집을 지을 수 있는 땅이 따로 있다?

-

"아무 땅이나 사도 되는 거야?"

땅을 사려고 하는데 문득 의문이 든다. 내 집을 지어 줄 설계회사와 시공회사는 인터넷상에서 포트폴리오를 보고 쉽게 파악할 수 있으나 땅은 그렇지 않다. 이때 필요한 것이 바로 토지이용규제정보서비스! 앞장에서 설명했듯이 내 땅의 정보를 볼 수 있는 곳이다.

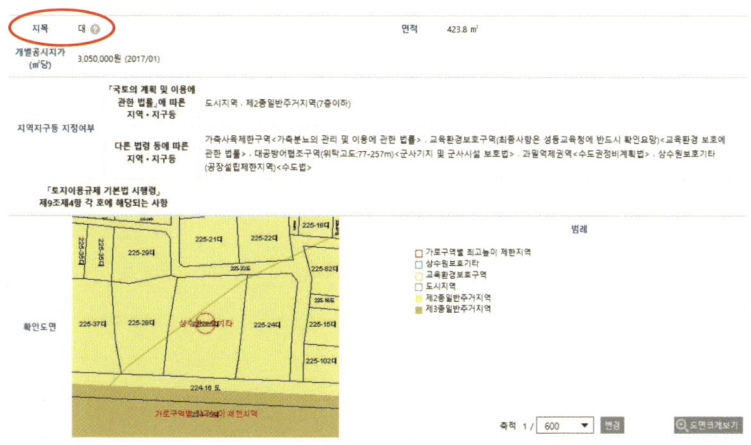

국토교통부에서 제공하는 토지이용규제정보서비스 웹사이트에서 내가 원하는 땅의 주소를 적고 확인을 누르면 위와 같이 내 땅의 상세한 정보를 볼 수 있다. 빨간색 상자로 표시된 '지목'이란 부분이 내 땅의 현 상태다.

지목은 건축법에 따라 구분되는데 그 종류를 자세히 살펴보도록 하자.

1. 대

이미 건물이 지어져 있다는 것을 뜻한다. 즉, 허가가 나 있는 토지로 집을 짓는 데 아무런 문제가 없는 것을 의미한다. 하지만 오래된 마을이나 도심 기준 도로가 4m 이상 나오지 않을 경우 신축이 불가능한 곳도 있으므로 대지라고 무턱대고 구입하지 말고 상세한 법적 자문을 받아야 한다.

2. 전

물을 상시적으로 이용하지 않으며 곡물, 묘목, 관상수 등의 식물을 주로 재배하는 토지를 뜻한다. 특별한 사유가 없으면 지목 변경을 통해 집을 지을 수 있다.

3. 답

물을 상시적으로 직접 이용하여 벼, 미나리 등의 식물을 주로 재배하는 토지다. 물을 항상 이용하면 답, 그렇지 않으면 전이라고 생각하면 된다. 물을 사용하던 땅이기 때문에 땅의 지내력이 약한 경우가 크다. 답으로 이용되었던 땅은 성토가 대부분 필수이며, 기초 보강이 필요한 경우도 많이 발생한다. 답을 구입할 경우 토목공사에 대한 비용을 별도로 잡아 놓아야 한다.

4. 과(과수원)

사과, 귤나무 등 과수류를 집단적으로 재배하는 토지이다. 특별한 규제 사항이 없으면 과수원도 지목 변경을 통해 집을 지을 수 있다. 특히 제주도 지역에서 과수원에 집을 많이 짓는다.

5. 목(목장)

축산업 및 낙농을 위해 조성된 토지이다. 목장으로 되어 있을 땐 대부분도로가 정확하게 나 있는 경우가 드물어 내가 목장을 운영한다면 모를까 그렇지 않다면 크게 추천하는 지목은 아니다.

6. 임야

산림을 중심으로 수림지, 암석지, 황무지 등의 토지이다. 쉽게 말하면 산을 뜻한다. 최근 전원주택 열풍을 타고 경기권 산악 지형에 토지를 많이 개발한다. 전원주택 단지의 경우 대부분 임야를 개발해 분양하는 편이다. 산을 깎아 만드는 대지인 만큼 땅에 경사도가 심해 땅을 평평하게 해 주는 토목공사가 필수이다.

7. 광(광천지)

지하에서 온수, 약수, 석유류 등이 발생되는 토지이다. 이 땅에는 집 못 짓는다.

8. 장(공장)

공장으로 허가가 난 땅을 의미한다. 공장으로 허가가 난 땅의 경우 주변도 공장 지대일 경우가 커 개인적으로 이 땅은 피하는 것을 추천한다.

9. 차(주차장)

주차에 필요한 독립적인 시설을 갖춘 부지를 뜻한다. 개인 소유의 토지에 지목 변경을 하여 임시적으로 주차장으로 활용했던 땅은 집을 짓는 데 문제없지만 법으로 지역마다 주차장으로 정해 놓은 토지의 경우 지목 변경이 불가능하므로 집을 지을 수 없다.

10. 도(도로)

가장 중요한 지목 중의 하나이다. 도로로 지목이 되어 있다면 이는 변경이 애초에 불가능한 토지이다. 집을 짓기 위해 같이 구매하는 것은 괜찮지만 이 땅만 별도로 구입해 집을 짓는 것은 불가능에 가깝다. 가끔 지방에 토지 경매로 올라오는 것을 자세히 보면 도로부지가 절반 이상 걸쳐져 있는 땅들인데 내 땅이라고 해도 도로로 되어 있는 곳은 집을 지을 수 없으므로 유의해서 구입해야 한다.

이외에 철도, 제방, 하천, 창고, 학교, 구거, 유지, 양어장, 수도용지, 공원, 체육용지, 유원지, 종교, 사적지, 묘지, 잡종지 등이 있다. 대부분 집을 지을 수 없는 특수 지목들이다. 잘 살펴보고 대지를 구입할 때 후회하는 일이 없어야 하겠다.

좋은 땅 고르는 TIP 3

-

전원주택 짓기 좋은 땅을 고를 때 주의해야 하는 3가지가 있다. 하지만 의외로 많은 건축주들이 놓치는 부분이기 때문에 주의해야 한다.

1. 환급성을 고려한 대지 선정

집을 짓고 평생 행복하게 살면 좋겠지만 교육적인 부분이나 건강상의 이유로 다시 팔아야 할 때가 종종 발생한다. 평균 10년 주기로 집을 팔고 이동한다고 한다. 그렇다면 10년 뒤에 이 집의 값을 얼마만큼 받고 팔아야 하는지에 대한 고민을 처음부터 해야 하지 않을까?

전원주택은 아파트와 다르기 때문에 짓는 순간부터 집의 값어치는 계속해서 떨어지게 된다. 아마 10년 뒤에는 잘 짓든 못 짓든 건축비가 얼마 들었든 간에 상관없이 주변 대지(땅) 값만 받고 팔게 될 것이다.

땅 고르기 첫 번째 포인트는 '환급성'이다. 10년 뒤니까 나중에 생각하자고 판단할 수 있겠으나 생각보다 10년이란 시간은 금방 지나간다. 그러므로 처음에 땅을 고를 때 과연 추후에 이 집을 구입하고자 하는 수요층이 충분할 것인지를 꼼꼼히 따져 봐야 할 것이다.

2. 성토 여부 파악 후 대지 선정

좋은 땅을 고를 때 고려해야 할 점은 '이 땅을 구입했을 때 내 집이 안전하게 앉힐 수 있는가'와 '건축비가 추가로 들어가는가'이다. 이 부분을 확실하게 검토해야 한다.

내가 구입할 땅이 성토된 땅인지 파악해야 하는 이유는 땅의 '지내력'에 그 포인트가 있다. 성토된 땅은 3년이 지나기 전에는 원 지반처럼 단단한 지내력을 가지기 어렵다. 다시 말해 성토된 땅은 두부처럼 말랑말랑하다는 뜻이다. 그 위에 집을 앉히게 되면 당연히 기초가 틀어지거나 주저앉게 된다. 이러한 침하 현상을 막기 위해서 기초 보강이라는 것을 진행한다. 두 가지 방법이 있는데 첫 번째는 줄기초를 시공하여 단단한 지반까지 기초를 내려주는 방법이고, 두 번째는 파일기초라고 해서 땅에 구멍을 원 지반(단단한 지반)까지 굴착하여 원통형의 파일기초를 만든 후 그 위에 집을 올리는 방법이다.

보통 30평 기준 평균 700만 원 정도의 기초 보강 비용이 들어가며, 깊이가 깊은 경우 1,000만 원이 넘어가는 경우도 발생한다. 그러므로 성토된 땅인지, 기초 보강이 필요한 땅인지 판단한 후 대지에 대한 금액을 따져 보길 바란다.

3. 기반시설 유무 확인 후 대지 선정

마지막으로 제일 중요한 부분이다. 바로 기반시설의 유무이다. 기반시설은 집을 집답게 만들어 주는 가장 중요한 부분으로 전기, 가스, 수도, 정화조 등 생활과 밀접하게 관련되어 있다.

 전원주택 단지처럼 모든 기반시설을 깔아놓은 곳은 도로에서 내 집까지만 끌어당기면 되니 큰 비용이 들어가지 않지만 전, 답처럼 아무런 기반시설이 없는 곳에서 집을 짓는다고 한다면 오로지 내 집 하나만을 위해 이 모든 기반시설을 설치해야 한다. 기반시설을 모두 설치해야 한다고 가정했을 경우 적게는 1,500만 원에서 많게는 2,000만 원까지 들어간다. 결국 비용이 들어가는 문제이므로 이 부분도 땅을 구매하기 전 싸다고 덜컥 계약하지 말고 꼼꼼히 따져 봐야 할 것이다.

 한 가지 더 팁이 있다면 최근 들어 제주도로 이주해 전원생활을 하고자 하시는 사람들이 부쩍 많아졌다. 제주도의 경우 은근히 사기를 당하는 사례들이 많아 계약서에 도장 찍기 전에 최소한 이 땅에 내가 원하는 건물을 앉힐 수 있는지 정도는 확인해 보는 것이 좋다.
 제주도는 일단 지하수를 팔 수 없다. 기본 허가조건은 3m 이상의 포장된

도로에 상수도시설이 가능한 곳으로 제한되어 있다. 생각보다 이 조건을 만족하는 땅이 많지 않기 때문에 유의해야 한다. 땅 값이 싸면 싼 이유가 있고 안 팔리고 있으면 안 팔리는 이유가 분명히 있을 것이다. 집을 못 짓는 땅을 구매한 후 답을 찾아달라고 한들 되돌릴 수 있는 방법은 현실적으로 전무하다. 그러므로 땅을 구입하기 전에 이런 부분들을 반드시 체크해야 할 것이다.

토지 계약서에 이 정도는 반드시 기입하기
-

집을 짓는 것도 어렵지만 내 집이 지어질 땅을 구하는 것이 생각보다 어렵다. 땅이 마음에 들면 너무 비싸거나 구입 직전까지 갔다가 땅 주인이 마음을 바꿔 구입하지 못하는 경우도 허다하다. 평균적으로 짧게 1년, 길게 5년 이상 내가 정착할 땅을 찾아 헤맨다. 그래서일까. 고생해서 내 마음에 드는 땅을 발견하면 묻지도 따지지도 않고 바로 계약을 진행하려고 한다. 내가 원하는 땅은 남이 보기에도 좋다고 생각하기 때문에 마음이 급해지는 걸게다.

하지만 땅 계약은 신중해야 한다. 한 번 계약금이 입금되고 나면 모든 책임은 계약자 본인에게 있기 때문이다. 실제로 오랜 기간 동안 땅을 찾아 헤매다가 원하는 땅을 발견해 서둘러 계약한 후 설계를 하겠다고 찾아오는 분들이 있다. 나 또한 반가운 마음에 빨리 땅을 확인해 보는데 이를 어쩔까. 땅을 구입해서 오는 분들 중 10% 정도는 집을 지을 수 없는 땅을 사온다. 정말 안타깝다.

무엇보다 아주 큰 오해 중의 하나가 내 땅에 내 마음대로 집을 지을 수 있다고 생각하는 것이다. 그러나 땅에 걸려 있는 법규와 지역지구 등에 따라 '집을 짓고 못 짓고'와 '어느 정도의 공간을 앉힐 수 있는지'가 크게 차이 난다. 가장 난감할 때가 농림지역이나 문화재 보존지역의 땅을 구입한 경우이다. 군사지역 같은 땅도 있지만 그나마 나은 편이다.

농림지역의 경우 농지원부가 없는 일반인은 집을 지을 수 없다. 아무리 좋고 배산임수가 빼어난 곳이어도 농지원부가 없으면 말짱 도루묵이다. 농지원부란 여러 가지 조건에 의해 발행되는 서류인데 본인 수입의 일정 부분이 농사를 통해 발생되어야 한다는 점이 주 특징이다.

최근에 한 사례를 보면 건축주가 정년퇴임을 한 후 1년 동안 열심히 농사지어 수입의 일정 부분을 창출했다고 판단한 뒤 농지원부 신청을 했는데 생각지도 못한 개인연금에서 문제가 발생했다. 농사를 통해 거둔 수익보다 연금으로 나온 수익이 배로 컸던 탓에 농지원부 발급 조건에 부합되지 않아 발급이 취소된 것이다.

또 다른 사례는 이미 땅이 '대'로 되어 있었고 도로도 잘 닦여진 곳을 구입했는데 집을 못 짓게 되었다. 이는 개발시행사가 도로를 기부하는 조건으로 해당 시청이 허가를 내주었는데 개발시행사에 부도가 나면서 땅은 '대지'로, 도로는 '개인도로'로 남아 이도저도 하지 못하는 상태가 되어 버린 것이다. 건축주는 이러한 내용을 모르는 상태에서 부동산만 믿고 덜컥 계약했다가 결국 집도 못 짓고 도로가 해결될 때까지 기다리는 수밖에 없는 사태가 벌어졌다.

이 사례들처럼 땅은 정말 어떠한 문제가 발생될지 아무도 모른다. 어찌 되었건 내가 토지 계약서에 사인하는 순간 모르고 계약한 내 잘못이지 그 잘못을 부동산이 대신 책임져 주지 않는다. 이런 사태에 대비하기 위해 나는 한 가지 아이디어를 생각해냈다. 부동산은 싫어하겠지만 계약서에 다음과 같은 특약사항을 하나 추가하는 것이다.

특약사항: 지금 구입하고자 하는 OO리 OOO-OO번지는 단독주택(전원주택)을 짓기 위해 구입하는 땅이므로 20**년 **월 **일까지 단독주택(전원주택) 관련 인허가가 나지 않을 경우 모든 토지 계약을 무효로 한다.

어떠한가. 왜 이런 내용을 적는지 이해가 가는가? 부동산은 땅에 얽혀 있는 문제까지 알려줄 의무가 없다. 문제가 발생해도 '모르고 계약한 사람의 잘못'일 뿐이다. 하지만 특약사항을 적게 되는 순간 부동산도 쉽게 빠져나가지 못할 것이다. 이런 특약사항 추가를 요청하면 대다수의 부동산은 기겁한다. 왜 이런 조항을 적게 하느냐며 항의전화가 올 정도다.

그런데 한 가지 유념해야 하는 것은 부동산은 공짜로 일해 주는 곳이 아니란 점이다. 우리는 토지를 구입할 때 중계수수료를 낸다. 다시 말해 돈을 받고 일하는 곳인 만큼 그 땅을 중계하는 책임을 같이 져야 한다는 것이다. 세상에 공짜가 어디 있는가. 돈 낸 만큼 여러분은 모든 정보를 얻어낼 권리가 있다.

개인이 그 땅에 얽혀 있는 세세한 문제까지 파악하기는 현실적으로 어렵다. 게다가 정말 좋은 땅이라면 당장 내일 다른 사람에게 팔릴 수도 있다. 오랜 기간 동안 찾다가 발견한 땅. 내 마음에 쏙 드는 땅. 그런데 정말 안전한 땅인지 걱정되는 그런 곳. 그렇다면 특약사항을 꼭 적은 후 토지계약서를 작성하기 바란다.

땅 모양이 걱정된다면

-

 "남겨진 삼각형 땅에 집을 지어 주세요!"

돈은 없고
땅은 갖고 싶고
그 위에 집까지 짓고 싶다.

    전원주택 열풍에 맞춰 요새 자투리땅이란 것이 유행하는 것 같다.
    문제는 땅 모양이 이상하게 생겼다는 것!

    그렇다면 일반적 땅 모양이 아닌 곳에 어떻게 집을 지을 수 있을까? 단독주택을 열망하는 사람들이 찾아 헤매는 땅이 바로 삼각형 자투리땅이다. 우리가 흔히 생각하는 땅은 반듯반듯한 정사각형 모양인데 삼각형 땅에 집을 지으려 하니 어떻게 해야 할지 막막하기만 하다.

    다음 대상지가 최근에 내가 진행한 삼각형 땅의 모양이다.

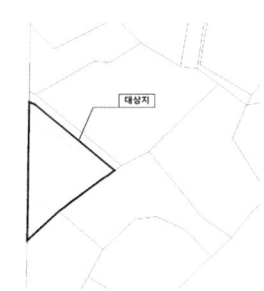

    솔직히 일반적인 형태가 아닌 유니크한 땅이 의뢰 들어오면 나뿐만 아

니라 우리 프로젝트 팀 전체가 긴장을 하기 시작한다. 잘못 해석하고 풀어 냈다가는 정말 죽도 밥도 안 되는 형태가 나와 버리기 때문이다. 우리 팀은 한 문제씩 풀어 가면서 대지를 해석하기로 했다.

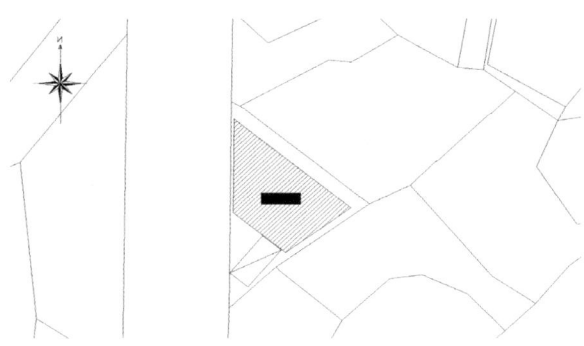

뒷집과의 법적 이격거리를 띄우고 주변으로도 기본적인 이격거리를 띄운 뒤 최대한 모든 면적에 집을 배치하는 방향으로 프로젝트를 진행시켰다. 땅이 워낙 좁았기 때문에 면적을 최대한 다 찾아먹는 방법을 택해야만 했다.

▲ 1층 평면도

길 쪽으로 최대한 붙이되 가벽을 통해 자연적인 담장이 형성될 수 있도록 하였다. 어찌 보면 가장 적은 비용으로 큰 효과를 낼 수 있는 방법을 찾은 것이었다. 거실과 식당 공간은 위압감이 들지 않도록 최대한 직선을 이용하여 공간을 구성하였고 주방과 다용도실을 자연스럽게 각도를 주어 데드 스페이스 없이 모든 공간을 활용할 수 있도록 하였다.

땅이 이상하다고 느끼지 않게 하기 위해서는 현관을 통해서 집에 들어왔을 때 느끼는 첫 번째 시각을 최대한 거부감 없이 잡아 주어야 한다는 데에 있다. 이번 설계 프로젝트에서는 현관으로 들어왔을 때 최대한 오픈된 공간감을 주어 경사로 꺾여 있는 면을 위압감이 들지 않게 하였으며, 주방과 다용도실이라는 공간을 자연스럽게 연결시켜 자투리땅이 아니라 마치 일반적인 사각형 땅에 집이 앉혀진 느낌이 들 수 있도록 하였다.

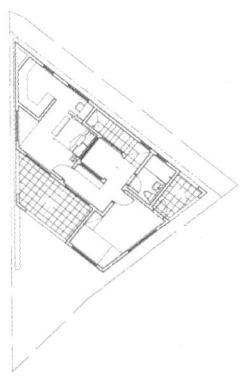

▲ 2층 평면도

계단을 통해 2층에 올라오면 작은 복도를 통해 각 방으로 진입할 수 있도록 동선을 구성했다. 경사가 있는 곳에는 굴곡이 있어도 어색하지 않은 드레스룸이나 책상, 발코니 등을 구성하고 여타 방은 사각형 형태로 구성하여 평생 사용해 오던 공간과 차별성이 느껴지지 않도록 했다.

위 도면이 실제로 어떻게 완성되었을 것 같은가. 삼각형 땅 위에 앉혀졌으니 내부도 좁고 이상할 것 같을지는 여러분 눈으로 직접 확인해 보길 바란다.

땅 구입 실패 사례
-

1. 도로 주인이 누구야?
SOLUTION *- 최종 토지 계약서에 서명하기 전 건축 담당공무원을 꼭 만나라!*

　오랜 시간 찾아 헤맨 끝에 도로가 잘 닦여진 곳의 땅을 구매하기로 최종 결정했다. 막다른 골목 끝에 있는 집이었지만 지목도 '도로'로 되어 있고 포장까지 되어 있어 큰 걱정 없이 땅을 구매하게 되었다. 가장 걱정이었던 도로 폭도 4m가 되어 최종 계약서에 사인했다. 문제는 생각지도 못한 곳에서 발생했다. 설계를 받기 위해 찾아간 설계사무소 직원은 건축주에게 물었다.

"건축주님. 저기, 이 도로 확인해 보고 사신 것 맞나요?"

"그럼요. 도로 폭도 확인했고 포장까지 돼 있는 것 확인하고 샀어요."

"이 포장된 도로 진입하기 바로 전에 1평도 안 되는 땅이 껴 있어요."

　막다른 골목길이 약 30m 정도 뻗어 들어가는 길의 마지막 땅이다 보니 진입로 초입 부분까지 지적도를 확인하지 않은 것이 화근이었다. 평균적으로 내 땅 주변 지적도만 확인하고 진입로를 따라가면서 '개인도로(사도)'가 껴 있는지에 관해선 건축주들 대부분은 확인하지 않는다.
　하지만 그 땅의 내력을 잘 알고 있는 담당공무원은 신축을 위해 진입로 중의 한 부분인 '개인도로' 주인에게 '도로사용승낙서'를 받아오도록 지시할 것이다. 이 승낙서가 없으면 애초에 인허가 접수를 할 수조차 없다. 나중에 알고 보니 이 주변만 땅 값이 저렴한 이유가 도로의 주인에게 도로사용승낙서를 받지 못해 몇 년 동안 신축 건물이 하나도 들어서지 못하고 있었던 것이다. 건축주는 내용을 확인한 후 부동산에 찾아갔다.

"아니. 왜 집을 짓지도 못 하는 땅을 판 거예요? 계약 파기하고 내 돈 돌려주세요."

"사장님, 무슨 소리세요. 집 지을 수 있는 땅이에요. 도로는 내 책임 아니에요. 그리고 이미 지목이 대지로 되어 있는 땅이에요. 도로는 나에게 묻지 말아요."

부동산이 이렇게 나오면 할 말이 없다. 100% 틀린 말도 아니기 때문이다. 20년 전 지적이 제대로 정리되기 전에 지어진 집들은 약간의 지적상 문제가 있어도 이미 살고 있는 건물들이었으므로 지목을 '대지'로 모두 변환해 주었다. 최근에 이런 일이 있다면 애초에 집을 못 짓게 하겠지만 정말 오래된 주택이나 땅에는 이렇게 생각지도 못한 문제점이 발견되기 마련이다.

또한 도로에 대한 문제도 법이 정비되기 전에 지어져 있던 집은 그대로 인정되었지만 그 후에 짓는 집부터는 현 도로법이 적용되기 때문에 꼼꼼히 살펴보아야 한다. 다시 말해 포장도 다 돼 있고 집도 이미 지어져 있어도 '개인도로' 부분에 대한 '도로사용승낙서'를 받지 못하면 현 도로법에 의해 신축이 불가능하다는 것이다. 예전부터 사용해 왔다고 우긴다고 될 문제가 아니다. 어차피 담당공무원은 죽었다 깨어나도 허가 안 내준다.

그나마 다행인 점은 원래 땅 주인분이 어느 정도 이 부분을 이해해 주었다는 것이다. 1,000만 원의 위약금을 받고 계약을 파기시켜 주었다. 거듭 강조하지만 한 번 계약한 순간부터는 절대 되돌릴 수 없다.

2. 내 땅을 침범한 옆집
SOLUTION - *땅 살 때 측량 필수!*

서울과 경기권 내의 집은 그나마 양호한 편인데 충남 아래쪽으로 넘어가면 넘어갈수록 지적과 관련된 부분들이 명확하지가 않다. 최근 '2천만 원으로 농가주택 살아보기' 같은 테마가 유행이다 보니 오래된 농가주택을 구입해 리모델링하거나 신축해 주말 세컨드 하우스로 사용하고자 하는 사람들이 많다.

농가주택의 경우 대부분 지어진 지 20년이 넘어가는 경우가 허다하다. 즉, 있는 그대로를 보존하면서 사용하는 데에는 문제가 없지만 이를 허물고 짓는다 가정하였을 경우에는 해당 건물이 지어졌을 당시의 건축법을 적용받는 것이 아니라 신축하는 오늘 날짜의 건축법을 적용받는다는 것이 문제가 된다.

또한 지적상 정리도 내가 지적도를 떼어 보는 것과는 차이가 발생할 수 있다. 지적공사를 통해 측량을 해 보기 전에는 그 어떠한 것도 확신해서는 안 된다.

정년퇴임을 앞두고 고향인 충북 제천에서 주말 세컨드 하우스를 구하고 있었던 건축주는 큰 어려움 없이 마을 이장을 통해 빈 집 하나를 소개받았다. 대지 계약은 일사천리로 진행되었고 오랜 시간 비워져 있던 집이기 때문에 조금의 손보기가 시작되었다. 2년 정도 생활한 후 주말 세컨드 하우스가 아닌, 이젠 고향에 완전히 내려와 거주해야겠다고 결심했다. 그러나 18평짜리 이 집은 오래돼 불편한 점이 많아 철거 후 신축하기로 결정했다.

동네 지인을 통해 마음에 드는 도면을 넘겨받고 본격적으로 일을 진행하고자 할 때 문제가 발생했다. 본격적인 설계를 하기 위해 선행되는 현황 측량에서 자신이 원하는 위치에 집을 앉힐 수 없다는 결론이 나온 것이다. 건축주는 깜짝 놀라 이게 무슨 일인지 사태를 파악하기 시작했다.

원인은 잘못된 지적정리에 있었다. 30년 동안 새로 지은 건물 없이 간단한 수리 정도만 하면서 살아왔던 오래된 동네였다. 살펴보니 건축주가 알고 있었던 경계라인과 실제 측량상의 경계라인이 달라 난감하게도 실제로는 옆집이 절반가량 자신의 땅을 차지하고 있던 상태였던 것이다. 사연인즉슨 옆집의 원 건물은 더 안쪽에 있었는데 전 집주인의 허락을 받아 증축했었다고 한다. 그 이후 담벼락이 쌓이면서 자연스럽게 시각적으로 보이는 경계라인의 혼동이 왔을 거라 판단된다. 솔직히 이런 경우 어떻게 할 방법이 없다. 내 땅에 걸쳐 있는 집을 마음대로 허물 수 없기 때문이다. 충분한 보상이 이루어진 후에 철거하면 모를까 오랜 기간 살아왔던 집을 내 땅 위에 있다는 이유만으로 허물 수 없다는 것이다. 서로 상황이 좋아 집을 새로 지으면 모를까 어려운 형편에 신축은 불가능한 상황이었다. 결국 건축주는 신축을 포기하고 기존 주택을 리모델링만 하기로 해서 이 문제를 일단락했다.

이번 사례를 보면 눈으로 보는 것과 실제 지적상의 차이가 생각보다 크다는 것을 확인할 수 있다. 전국에 이러한 땅이 정말 많다. 최근 경기도 양평에서도 이러한 땅 때문에 문제가 불거졌던 적이 있다.

땅을 구입할 때 건축주의 90%는 측량을 하지 않은 상황에서 부동산의 말과 본인 눈만 믿는다. 하지만 비용이 조금 더 들더라도 측량을 반드시 해본 후 구입해야 한다. 한 번의 측량으로 지적 문제를 완벽히 파악할 수 있는 만큼 오늘의 조언을 꼭 기억해 놓았으면 한다.

3. 큰 도로가 있다고 안심했지?

SOLUTION - 내 땅이라고 마음대로 할 수 없다. 특히 제주도는 그 땅에 걸려 있는 조례 등을 꼼꼼히 읽어 봐야 한다.

제주도에는 일주도로라는 것이 있다. 제주도를 뺑 둘러 바닷가 쪽으로 나 있는 넓은 도로를 뜻한다. 이 도로를 기준으로 주변에 식당과 카페 그리고 리조트 등이 배치되어 있다. 그러므로 일주도로 주변의 땅은 인기가 높을 수밖에 없다.

여러분들은 아는지 모르겠지만 제주도 원주민들은 절대 바닷가 근처에 살지 않는다. 바람이 워낙 많이 불기 때문에 실생활에 불편을 주기 때문이다. 현재 바닷가 근처에 거주하는 사람 대부분은 외지인이다. 솔직히 나 또한 제주도에서 살게 되면 하늘 아래 푸른 바다와 함께하기 위해 바닷가 근처로 정착지를 선택하리라 다짐했다. 하지만 불행 중 다행히도 제주도로 출장 다녀보니 어머어마한 습도와 바람은 차마 견딜 수 없어 나중에 제주도에 정착할 때는 내륙 쪽으로 가게 될 것 같다. 바다야 좀 걸어 나가서 보면 되는 것이니까 말이다.

바로 앞에 바다가 보이는 제주 땅을 알아보러 다닌 건축주가 있었다. 알아보러 다닌 기간만 무려 3년이었다. 최종 계약 단계에서 갑자기 계약을 안 한다고 말을 바꾸거나 금액을 올리는 경우가 허다해 정착하고자 한 기간보다 3년이 늦어졌다는 것이다. 그런데 때마침 좋은 땅이 나와 그날 비행기 타고 날아가 바로 계약을 해 버렸다.

땅 구입 후 설계를 의뢰하기 위해 상담을 시작했다. 땅은 정말 좋았다. 개인적으로 이런 곳에 집 짓고 살면 정말 좋겠다는 생각도 들었다. 설계 미팅을 2시간 정도 하고 있을 때 한 가지 문제가 발생하였다.

땅에 집을 짓는 것은 문제가 없는데 건축주가 생각하고 있는 1층 상가, 2층 임대, 3층 주인 거주의 계획이 불가능한 땅이었기 때문이다. 또한 건축주가 원하는 건물의 디자인은 포카리스웨트 CF에 나오는 파란 지붕의 지중해풍 주택 디자인이었다. 건축주는 땅을 구입할 때 건축물만 올릴 수 있는 조건이면 마음대로 집을 디자인할 수 있는 줄 알았다.

또한 땅의 용적률을 이미 확인하고 구입하긴 했으나 제주도의 경우 바다가 보이는 곳은 경관심의라는 단계가 있어 그 땅에 걸려 있는 조례 등과 디자인 가이드라인을 꼼꼼히 읽어 봐야 한다.

① 둥그런 파란 지붕의 지중해풍 디자인은 불가능하다.
② 3층까지 원했으나 법규상 2층까지만 지을 수 있다.
③ 음료나 숙박에 대한 제한이 걸려 있다. 그러므로 카페, 민박 사업도 불가능하다.

위 내용은 지적도상만으로 확인 가능한 것이 아니다. 이번 사례는 '집을 짓고 못 짓고'가 아니라 내가 원하는 건물을 '이 땅에 지을 수 있느냐 없느냐'로 판단되는 문제였다.

혹자는 묻는다.
"부동산에서 이런 세부 내용을 알려 줘야 하는 것 아닌가요?"

그렇지 않다. 부동산은 위와 같은 문제에 대해서 책임지지 않아도 된다. 집을 지을 수 있는지 없는지 정도는 부동산에서 확인해 줄 수 있지만 세부적인 내용까지 확인해 주어야 할 의무는 없기 때문이다. 다시 말해 모든 책임은 확인을 하지 않은 건축주한테 있다. 결국 이번 사례의 건축주는 2층짜리 단독주택만 지어 주생활 용도로만 건물을 사용하고 있다.

제주도에 지어지는 건축물은 제2의 인생을 위한 투자 의도가 대부분이다. 실제로 나에게 들어오는 의뢰 중 제주도 사례를 검토하면 70% 이상이 상가 주택이다. 1층은 상가를 운영해 기본적인 생활을 유지하고 2층에 거주하면서 제주도의 자연을 즐기기 위함인 것이다. 만약 제주도에서 제2의 인생을 꿈꾸고 있다면 땅을 최종 결정하기 전에 비용이 조금 들더라도 전문가에게 자문을 받는 등 세부적인 내용까지 반드시 체크해야 할 것이다.

4. 물이 없다

SOLUTION - 땅을 구입하기 전 현장답사를 통해 주변 주택이 물을 어떻게 사용하고 있는지, 지하수를 판 집이 있는지 확인할 것!

전기, 가스, 수도, 정화조…… 우리가 집에서 살 때 필요한 것들이다. 이를 기반시설이라 부른다. 이 중 하나만 없어도 기본 생활이 불가능하다.

그런데 집에 물이 없다?

도로도 있고, 임야에 땅이 위치해 있으나 토목공사를 하면 충분히 집을 지을 수 있는 곳이었다. 현장답사 당시 주변에 집이 없고 도심과 조금 떨어져 있다는 점이 걱정되었지만 자연경관이 좋아 큰 어려움이 없을 것으로 판단했다. 3개월에 걸친 설계를 마치고 기반공사 중 하나인 지하수를 팔 때 다급한 연락이 왔다.

"건축가님. 땅 세 군데나 팠는데 물이 안 나와요."

"네? 물이 안 나온다고요? 대공으로 좀 더 깊이 파고 들어가면 안 되나요?"

"이미 그렇게 하고 있는데 오늘은 날이 저물어서 반장님이 내일 다시 뚫어보시겠대요."

건축가로서 10년 넘게 일하는 동안 지하수가 안 나온다는 것은 처음 겪는 일이었다. 제주도 같은 곳이야 물이 귀하다는 점을 늘 염두에 두고 공사를 진행하지만 내륙에서 이러한 일이 발생하니 당황하지 않을 수 없었다. 당시 겨울부터 봄 그리고 여름 초까지 극심한 가뭄이긴 했다. 다음날 총 4개의 관정을 더 뚫어 보았지만 농업용으로 사용할 수 있는 약간의 물은 나왔지만 식수로 가능한 물은 결국 확보하지 못했다.

답이 없었다. 지하수를 확보하지 못했으니 바로 앞 도로에 상수도가 깔릴 수 있도록 군청에 요청을 하는 게 차선책이었다. 담당자를 만나 자초지종 설명하였고 집 앞 큰 도로에 상수도가 설치될 계획이 있는지 물어봤다.

"큰 도시도 아니고 그쪽에 상수도 까는 데 예산을 집행할 만한 정도의 돈이 없어요."

이렇게 차선책도 무용지물이 되었다. 그나마 다행인 것은 집 앞 도로가 4차선 도로에 다른 마을로 연결되는 구간이었기 때문에 2, 3년 정도 뒤에 예산이 마련되면 상수도 들어갈 가능성이 있다는 점. 건축주와 긴 협의 끝에 지금 당장 집을 짓는 것은 무리이며 그렇다고 되팔기도 어려우니 상수도가 설치될 때까지 기다리기로 하였다.

최종적으로 땅을 구입하기 전 현장답사를 통해 주변 주택이 물을 어떻게 사용하고 있는지, 지하수를 판 집이 있는지 가볍게 확인해 두는 것이 좋고 만약 주변에 인가가 없다면 꼭 군청 앞 지하수 업체에 들러 지하수 개발 가능 여부를 논의해 놓아야 이번 사례와 같은 불상사를 겪지 않게 될 것이다.

5. 계획도로로 잘려나간 내 땅
SOLUTION - 몇 평을 지을지 생각하고 땅을 구입해야 한다.

지적도를 보다 보면 굵은 빨간 선으로 현재는 존재하지 않지만 추후 진행될 계획도로가 표시된 것을 본 적이 있을 것이다. 이 굵은 빨간 선이 내 땅에 있다고 걱정할 것은 아니지만 혹 이 땅에 집을 짓는다고 한다면 고려해야 하는 부분이 조금은 있다.

"부모님이랑 같이 살 집을 지으려고 땅을 알아봤는데요. 주변 시세보다 저렴하게 나온 데가 있더라고요. 고민 없이 구입했습니다."

건축주는 지적도상의 빨간 선이 걱정되긴 했으나 '빨간 선 안의 땅은 지자체에서 보상해 줄'이라는 부동산 업자 이야기를 듣고 시청에 직접 들어가 보상 문제에 대한 내용을 확인했다.

땅을 구입하는 과정에서는 아무런 문제가 없었다. 다만 이곳에 '어느 정도 규모의 집을 지을 것인지'를 검토하지 않았던 것이 화근이었다. 건축주가 짓고자 하는 집은 부모님, 결혼을 앞둔 남동생, 본인 가족 총 3가구가 독립적으로 거주할 수 있어야 하는 형태여야 했다. 3가구가 들어가기 위해서는 각 가구당 최소 25평씩 총 75평 정도의 연면적이 나와야 한다. 건축주 또한 이 부분을 검토하지 않았던 것은 아니다. 다만 빨간 선이 있는 부분, 보상을 받을 수 있는 부분을 제외하고 정확하게 연면적을 계산해 보지 않은 것이 문제였다.

도로 이격거리 포함해 이것저것 다 떼고 나니 실제로 지을 수 있는 연면적은 45평밖에 되지 않았다. 땅 자체가 워낙 좁았던 데다 계획도로로 잘리기까지 했으니 실제 지을 수 있는 면적이 얼마 남지 않았던 것이다. 용적률이 충분하다고 해서 용적률대로 지을 수 있는 것은 아니다. 조례라는 것이 있고 얼마만큼의 높이까지 지을 수 있는지 등의 법규도 다양하기 때문에 꼼꼼히 살펴야 한다. 결국 결혼을 앞둔 남동생은 아파트로 세를 얻어 나가기로 했고 2가구만 거주 가능한 공간으로 설계를 진행했다.

집을 지을 수 없는 땅을 구매했을 때만 실패한 게 아니다. 이번 사례처럼 내 땅에 내가 원하는 면적으로 집을 짓지 못하게 되었을 때도 어찌 보면 땅 구입 실패에 속한다는 것을 알아야 한다.

6. 농작물은 누구 것?
SOLUTION - *집짓기 전년도 겨울부터는 경작을 금하세요.*

"땅을 샀는데 누가 농작물을 심어 놓았더라고요."
하지만 건축주는 대수롭지 않게 생각했다. 내 땅인 게 명확하고 허락 없이 심은 사람이 잘못이니까.

문제는 1년 뒤 여름에 생겼다. 집을 짓는 데 들어가는 돈을 버느라 땅을 산 다음 바로 집을 짓지는 못하는 상태였다. 여름에 찾아간 그 땅에는 생각보다 많은 작물이 심어져 있었다. 건축주는 포클레인 업자를 불러 올 가을에 집을 지을 예정이니 농작물을 전부 밀어달라고 요청했다.

"사장님. 이거 함부로 밀어버리시면 큰일 나요."

"네? 제 땅인데요? 이것들은 제 허락도 없이 심은 거예요."

"그래도 이거 함부로 밀어버리시면 피해보상 하셔야 될 수도 있어요."

"흠. 그럼 잠시만요. 이장님에게 물어보고 올게요."

허락 없이 재배하였다고 해도 농작물의 권리는 심은 사람에게 있다. 이 내용을 알게 된 건축주는 즉시 농작물 주인을 수소문하기 시작했다.

"죽었다 깨어나도 가을까진 농사를 지어야겠는데요."

찾아 헤맨 끝에 만나게 된 농작물 주인은 나이가 지긋한 할머니였다. 건축주는 30만 원을 줄 테니 농작물 걷어내면 안 되겠는지 물어보았으나 할머니는 200만 원은 받아야겠단다. 이쯤 되면 감정싸움으로 이어진다.
건축주는 자금 문제 때문에 무조건 가을에 집을 지어야 하고, 할머니는 돈을 주든가 아니면 기다리든가 둘 중 하나만 선택하라고 하고. 이 일을 겪어보지 않은 사람은 속이 타들어가는 당사자의 기분을 알 수 없다. 이러한 상황을 미연에 방지하기 위해서는 땅 구입 즉시 '경작 금지'라는 팻말을 설치하자. 하지만 이도 법적인 효력을 발휘하지 못한다.

가장 좋은 것은 '경작 금지' 팻말과 더불어 끈으로 진입을 금하도록 하는 조치이다. 오랫동안 비어 있는 땅이면 마을 사람들이 자연스레 농작물을 심고 가꾼다. 이것이 하루 이틀이면 괜찮지만 몇 년 동안 이어지면 그 땅에 대한 권리가 본인한테 있는 줄 착각하는 사람들이 생겨난다.

혹 여러분이 구입할 땅에도 농작물이 심어져 있는가? 그렇다면 겨울 시기에 맞추어 농작물을 다 걷어가게 한 후 '경작 금지' 팻말을 설치해 더 이상 농작물을 심지 못하게 해야 한다. 그래야 위와 같은 사례를 겪지 않게 될 것이다.

7. 내 도로 이용하려면 4,000만 원 내놔!

SOLUTION - *도로가 명확하지 않다면 도로사용승낙서를 잔금 전 필히 받아 놓아야 한다.*

"제 땅은 가장 안쪽에 있는 땅이었어요."

건축주가 구매한 땅은 개인이 개발한 땅으로서 한 개의 큰 땅을 6개의 필지로 분할하여 분양하고 있었다. 그중에서도 그가 구매한 땅은 가장 안쪽에 위치해 길이 끝나는 지점에 있었다. 구입 당시에는 큰 문제가 없는 땅이었다. 도로가 포장되어 있진 않았지만 길로서 다져놓은 상황이었으며, 현황상으로도 차로 진입이 충분히 가능하다고 판단되었기에 큰 걱정 없이 계약서에 서명을 했다.

문제는 2년 뒤 은퇴한 후 집을 짓기로 하면서 발생했다. 어찌 보면 건축주의 문제가 아닐 수 있으나 이 같은 상황에 맞닥뜨리게 되면 집 짓는 것을 포기해야 하는 지경까지 이를 수 있다.

전원주택 단지로서 개발된 것이 아닌 개인 농지를 순차적으로 분할해 판 땅이다 보니 처음에는 가장 안쪽의 건축주 땅을 팔 당시만 해도 큰 문제는 없었는데 최종 맨 앞의 6번째 땅을 판 후에 문제가 발생했다.

땅을 팔 때 지적상으로 도로를 정리해서 팔았어야 하는데 맨 앞쪽 땅 면적의 20평 정도가 도로에 속해 있었던 것이다. 건축주가 2년 뒤 회사생활을 정리한 후 본격적으로 집을 짓기 위해 나에게 설계를 의뢰하여 지적도와 현장을 방문한 뒤 문제점을 발견하게 되었다.

"건축주님. 저쪽 앞에 진입도로 부분 있잖아요. 혹시 도로사용승낙서 받아 놓으셨어요?"

"네? 그게 뭔데요?"

"저쪽 앞에 진입도로 일부분을 지나서 이쪽으로 들어와야 하잖아요. 그런데 저 부분이 사도(개인도로)예요. 담당공무원도 이 부분에 대한 도로사용승낙서 받아오라고 할 거예요."

2년 전에 땅을 사고 집을 바로 지은 것은 아니지만 시간 날 때마다 이곳에 들러 전원생활을 꿈꿔왔는데 집을 못 지을 수도 있다니 그에게는 마른하늘에 날벼락 같은 소리였다.

건축주는 급히 이곳저곳에 연락을 하기 시작한다.

"저 2년 전에 땅 구입한 사람인데요. 혹시 기억하세요? 그 땅에 이런저런 문제가 발생했는데 이거 어떻게 하실 거예요?"

그나마 다행인 것은 땅을 중개했던 공인중개사가 책임감 있는 분이었다는 점. 전화한 후 30분 뒤에 현장에 오신 후 나와 건축주와 같이 여러 이야기를 했다. 내용을 설명하니 바로 알아들으셨다.

"근데 문제가 하나 있어요. 2년 전에 땅 파신 분이 지금은 돌아가시고 안 계세요. 아마 그 집 자녀분들이 재산 정리하면서 나머지 땅도 처분한 것 같아요."

"일단은 제가 한번 연락해 보죠."

현장 방문 당일에는 더 이상 진전이 없어 헤어진 후 다음 미팅을 기약하기로 했다. 일주일 뒤 전화를 받았다.

"건축가님 안녕하세요. 그 도로 속해 있는 땅 주인하고 이야기했는데요. 주변 시세의 10배인 4,000만 원을 달라네요."

"좋게 해결되길 바랐는데 어렵게 되었네요."

그랬다. 1차적으로 땅을 판 주인의 자녀들은 이 문제에 대해 법적인 문제가 없으니 미팅조차 거부했다고 한다. 솔직히 현황만 보면 원 주인의 자녀들에게 책임을 묻기는 어렵다. 그렇다면 남은 방법은 도로 지분을 가진 땅 주인과 만나 금액적 협의를 보는 것이다.

건축주가 물어봤다.

"건축가님 저 도로에 대해서 승낙서 받으려면 어느 정도의 비용을 줘야 할까요?"

"개인적인 생각으로는 주변 상황을 따져 보았을 때 300-400만 원 정도는 생각하셔야 할 것 같아요. 그분도 도로사용승낙서를 주는 순간 그 부분을 도로로서 완전히 내놓아야 하는 것이니까요. 되도록이면 싸우지 마시고 땅 주인이 원하는 방향으로 인정해 주세요."

하지만 상대방 측에서 10배가 넘는 금액을 요구해 왔고 건축주는 소송에 들어갔다.

이런 문제는 특히 경기도 외곽 지역에서 많이 발생한다. 전문 개발회사들이 땅을 분할하면 도로부터 확보하기 때문에 문제없지만 개인이 개발하는 땅의 경우 전체적인 마스터플랜을 확립한 후 이루어지는 게 아닌, 되는 대로 순차적으로 분할해서 팔아버리기 때문에 이러한 일이 빈번하게 발생하는 것이다.

나는 건축주에게 조언을 드렸다.

"정말 아쉽겠지만 소송에 들어간다 해도 이길 가능성은 희박합니다. 선례를 보면 대부분 법원은 재산권을 가장 우선순위에 둔 상태에서 협의를 보라고 판결할 것입니다. 만에 하나 이긴다고 해서 끝나는 것도 아니죠. 항소하게 되면 기간은 또 길어지게 됩니다. 결국 승자 없는 싸움으로 치닫게 되는 것이죠. 지금은 감정이 격해져서 서로 마음을 닫은 상태인 것 같은데 조금만 시간을 가지신 뒤 다시 한 번 협의해 볼 것을 추천드립니다."

그렇다. 무조건 싸운다고 해서 답이 나오는 것이 아니다. 이미 감정싸움으로 넘어갔기 때문에 대화가 불가능한 것이다. 이 싸움은 아직까지도 해결되지 않고 있다.

이런 문제를 방지할 수 있는 방법은 집을 바로 짓지 않더라도 주변 지인이나 전문가들에게 땅에 대한 분석을 사전 요청하는 것이다. 물론 공인중개사가 1차적으로 파악해 줄 테지만 땅을 확인해 줄 뿐 건물을 짓는 것까지 확인해 주지는 않는다. 특히 가장 염두에 두어야 할 것은 주변에 집이 있으니 내 집도 당연히 지을 수 있을 거라고 스스로 판단을 내리는 것이다. 바로 옆 땅에 집이 지어져 있어도 내 땅은 안 될 수도 있는 것이 집짓기이다.

...

지금까지 실패 사례를 살펴보았다. 이렇게 많이 실패하냐며 깜짝 놀랄 것 같기도 하다. 그러나 실제 실패 사례는 훨씬 더 많고 일일이 소개하기엔 지면이 부족하여 '이것만은 꼭 알고 가자' 하는 부분만 특별히 선정한 것이므로 반드시 기억해 두어야 한다.

이 글을 읽고 있는 여러분은 토지구입 실패 사례들을 한 차례 파악했기 때문에 같은 일들은 겪지 않길 바라며 행복한 집짓기 프로젝트를 무사히 완수하길 바란다.

전, 답에 집 짓는 방법
-

전, 답에 집을 짓고 싶은 건축주가 문의하는 내용은 아래 4가지 정도로 정리된다.

"집을 짓기 전에 형질변경을 해 놓으려고요."
"땅이 대지로 되어 있어야 집을 지을 것 아니에요."
"일단 설계는 나중에 하고 대지로 변환만 시켜 주세요."
"대지로 변경된 땅이 비싸게 팔린다고 하더라고요. 설계 말고 대지만 변경해 주세요."

그러나 전, 답이 말처럼 쉽고 빠르게 대지로 전환할 수 있는 것이 아니다. 전, 답에 집을 짓기 위해 차례대로 행해야 하는 순서가 있다.

① 전, 답을 구매한다.
② 설계사무소를 찾아간다.
③ 설계사무소에서 토목측량사무소를 통해 현황측량을 진행한다.
④ 현황측량도 위에 집을 배치한다.
⑤ 구체적인 공간 설계를 진행한다.
⑥ 설계가 끝나면 토목과 같이 건축 인허가를 복합민원으로 접수한다.
⑦ 인허가 단계에서 발생하는 각종 세금을 납부한다.
⑧ 인허가가 나면 공사를 할 수 있는 착공계를 넣는다.
⑨ 착공계가 떨어지면 기초공사부터 차근차근히 진행한다.
⑩ 4개월에 걸친 공사가 마무리되면 각 부분의 필증과 서류를 취합해 사용승인을 접수한다.
⑪ 15일 정도 기간을 거쳐 사용승인(준공)이 떨어지면 등기를 접수한다.
⑫ 법무사를 통해 관련 행정을 정리하면 최종 전, 답이 대지로 변경되며 개인주소가 만들어진다.

전, 답을 구매한 다음 공사 진행, 최종 사용승인(준공)까지의 프로세스가 총 12개 단계로 이루어진다. 여기서 우리가 알아야 할 점은 '전, 답이 처음부터 대지로 변경되는 것이 아니라 집이 다 지어지고 사용승인까지 떨어져야 대지로 지목변경이 된다'는 것이다. 그러므로 이번 편 도입부에서 소개한 건축주의 4가지 문의가 애당초 말도 안 되는 질문들이었던 것이다. 전, 답에 집을 짓기 위해서는 12개 단계를 순차적으로 반드시 거쳐야 한다.

각 단계들이 다소 복잡해 보이는데 실상 개인이 처리할 수 있는 범위는 거의 없다. 땅을 구입한 후 현황측량부터 인허가 접수, 사용승인까지 설계사가 대행해 준다. 추후 등기 문제는 법무사를 통해 일사천리로 마무리되며 토목 관련 문제들도 토목측량사무소에서 모두 대신 처리해 준다. 건축주는 비용만 지불하면 된다. 다만 올바른 절차를 숙지하고 있어야 일을 잘 시킬 수 있다는 점! 위에서 알려 준 총 12가지 단계를 숙지한 다음 혼란스러워하지 말고 순서대로 차근차근 시행하길 바란다.

농가주택 짓는 조건
-

시골에 짓는 집 대부분이 농가주택에 해당할 것 같지만 생각보다 농가주택 조건이 까다로워 맞추기가 쉽지 않다. 농가주택은 '농업인'의 요건을 갖추고 자경(自耕)하는 자에게 집을 지어 각종 정부지원 및 세제혜택을 받을 수 있게 하는 정책이다. 농가주택을 짓기 위해서는 다음과 같은 농업인 기본 요건을 갖추어야 한다.

① 1,000㎡ 이상의 농지를 경작 또는 재배하는 자
② 농지에 330㎡ 이상의 온실, 비닐하우스 등 경작 또는 재배하는 자
③ 소 2마리, 돼지·양 10마리, 닭, 오리, 거위 100마리 이상 또는 꿀벌 10군 이상을 사육하는 자
④ 1년 중 90일 이상 농업에 종사하는 자
⑤ 1년 중 120일 이상 축산업에 종사하는 자
⑥ 농업경영을 통한 농산물의 연간 판매액이 120만 원 이상인 자

농업인 기본 요건을 갖추었다면 농업인 신청을 통해 농업인 등록을 해야 한다.

농업인 신청절차는 첫째, 농촌으로 주민등록을 이전할 것 둘째, 농지원부를 작성할 것 마지막으로 농업경영체로 등록하는 순으로 이루어진다.

다만 농업인으로 등록이 끝났다고 해서 농가주택을 바로 지을 수 있는 것도 아니다. 다음 조건을 기본적으로 갖추어야 한다.

① 농가주택을 지을 수 있는 자는 세대주에 국한한다(무주택자가 아니어도 가능).
② 농가주택은 부지 660㎡(약 200평) 이내로 지어야 한다(농업진흥구역에서도 가능).
③ 농가주택은 전체면적 150㎡ 이내로 건축이 가능하다(100㎡ 이하 시 세제혜택).
※ 농지가 2,000㎡일 경우 660㎡(200평 안쪽)으로만 농지전용이 가능하다.

농업인 등록과 농가주택 짓는 조건을 모두 만족했다면 다음과 같은 혜택을 받을 수 있다.

첫째, 양도 시 1세대 1주택 비과세 혜택.
농가주택과 일반주택을 각 1채씩 총 2채를 소유하고 있는 경우 보유기간 2년 이상 유지할 때 일반주택을 1세대 1주택으로 인정한다.

둘째, 양도소득세 감면.
농지 소유자가 8년 이상 재촌, 자경한 농지를 양도하면 1년간 1억 원(5년간 3억 원) 범위 내 양도소득세를 감면받을 수 있다.

셋째, 농지보전부담금.
농지 전용 시 농지보전부담금은 전액 면제되지만 농지전용 후 5년 이내 일반인에게 양도/용도변경 할 수 없다.

넷째, 취득세 및 재산세 절감.

주택에 대한 취득세 및 재산세를 절감해 준다.

농가주택의 가장 큰 혜택은 취득세 및 재산세 절감이다. 평균적으로 30평 기준으로 했을 때 300-400만 원 정도 절감 혜택을 볼 수 있다고 보면 된다.

마지막으로 신고와 허가에 대해서 궁금해하는 사람이 많은데 쉽게 말해 도면의 차이라고 보면 된다. 도면을 허가용으로 전부 다 그려서 접수할 것이냐, 아니면 신고용으로 하여 약식으로 접수할 것이냐의 차이밖에 없다. 어차피 여러분은 집을 지어야 하는 입장이기 때문에 신고용 도면으로는 집을 지을 수 없다. 허가용 도면과 실시설계도면까지 모두 그려야 하기 때문에 신고냐 허가냐를 고민할 필요가 없다. 어차피 다 그려야 한다.

Hit&HOT

전원주택 짓는 것이
어려울 수밖에 없는 이유

"집은 설계가 90%!
설계 단계에서 모든 것을 완성한다는 생각으로 시작해야지 까딱하다가는 집 짓다 공사 중단됩니다."

건축 관련한 상담을 하다 보면 건축에 대한 역사부터 사적인 이야기까지 정말 다양한 내용들이 오간다.

여러 번 이야기한 바 있으나 집을 지으면 하나같이 10년은 늙는다는 말. 하지만 이쯤 되면 편하게 지을 때도 되지 않았나 싶은 것이다. 건축가로서 집을 짓는 입장으로 10년을 지내다 보니 나조차도 어느 순간부터 건축주의 입장에서 생각하기보다는 '당연히 이런 것은 이렇게 해야지'라는 고정관념이 있었던 게 아닐까 하는 의문이 들기 시작했다.

집을 짓는 일.
왜 어려울까?

나는 집을 짓는 것이 어려울 수밖에 없는 이유를 두 가지 관점으로 본다.

1. 아파트
우리 부모님 세대부터 지금까지 우리는 집이라고 하면 아파트를 가장 먼저 떠올렸다. 부의 상징이며 재테크 수단 1순위였기 때문에 돈을 모으면 당연히 아파트를 사야 한다고 생각하고 살아왔다.

여기서 문제가 발생한다.
아파트는 어떻게 구입하는 것일까?

"아파트는 당연히 청약을 넣은 다음 모델하우스 구경하고 분양 받으면 되는 거 아닌가요?"

맞다. 대부분의 사람들이 청약을 넣고 모델하우스를 구경한 다음 아파트를 구입한다. 아파트 구입이 쉽게 느껴졌던 것은 애당초 우리에게 선택의 권한이 없었기 때문이다. 아파트가 지어지기도 전에 모델만 보고 구입하고, 다 지어진 뒤에는 몸만 들어가 사는 시스템. 얼마나 간편한가. 우리는 이러한 시스템에 30년 이상 길들여져 왔다.

그러나 집을 짓는다는 것은 이러한 관습에 완전히 역행하는 시스템이다. 하나부터 열까지 내가 챙겨야 하며 대지 구입부터 설계, 시공, 조경, 토목에 이르기까지 신경 써야 할 것들이 어머어마하다.

이제 조금 알겠는가.
집을 짓는다는 것은 도무지 편할 수가 없고 쉽지 않은 일인 것이다.
집을 짓는다는 것은 나에게 완전히 맞춘 공간을 만들어내는 과정이다. 기성품 아닌 주문 제작만이 가지는 최고의 장점을 누릴 수 있다. 많이 힘들고 어려울 테지만 그 과정을 고통이 아닌 추억과 행복으로 가지고 가는 것이 여러모로 좋다.

"저는 잘 모르니까 알아서 잘 지어 주세요."

간혹 이렇게 이야기하는 건축주들이 있다. 그럴 때마다 나는 정색하면서 책 한 권씩 드리고 다시 공부하고 오라고 한다. 공부도 하지 않은 상황에서 편안히 집을 짓겠다고 하는 것은 나에게 사기 쳐 달라는 것과 동일하다.

많이 공부해야 한다. 그리고 많이 봐야 한다. 정말 많은 집을 보고 공부한 다음 결정하는 것이 따뜻한 전원주택에서 행복하게 살 수 있는 방법이 되어줄 것이다.

2. 설계

집을 짓는 것이 어려울 수밖에 없는 두 번째 이유는 본인이 어떤 집을 짓고 싶은지 그림조차 그리지 않는 데에 있다. 첫 번째 이유가 아파트 구입에 대한 시스템적인 문제였다면 두 번째는 건축주 본인에 대한 문제이다.

유치원생에게 '여러분이 커서 살고 싶은 집을 그려보세요'라고 하면 본인이 살고 싶은 집을 구체적으로 그려낸다. 그런데 우리는 어떻게 하고 있는가?

"집을 짓고 싶다. 그런데 알아보기는 귀찮다. 누군가 알아서 해줬으면 좋겠다. 그런데 돈은 들이기 싫다."

이것이 가장 큰 문제다. 우리는 알고 있다. 나 또한 귀에 딱지가 앉을 정도로 설계의 중요성을 강조했으니 집을 짓기 위해서는 설계가 선행되어야 한다는 것쯤은 누구나 알고 있다.

그런데 왜 설계를 하지 않는 걸까.

"어떤 곳은 공짜로 설계 그려 주던데 여기는 아닌가 봐요. 배가 불렀네."

"설계비를 받는다고요? 세상 물정 모르는 분이네."

"무슨 도면 그리는 데 3개월씩이나 걸려요. 발로 그려도 하루 이틀이면 되겠는데."

"도면도 안 그려 줄 거면 나에게 뭘 상담해 준다는 거예요?"

세상에 공짜로 설계해 주는 곳은 없다. 설사 해 주는 곳이 있다 하더라도 그 설계가 정상일지 의심해 볼 법하다. 심지어 공짜 설계 중 어떤 것은 평면만 달랑 그려 놓은 것들도 있다.

집은 설계가 90%다.
설계 단계에서 모든 것을 완성한다는 생각으로 시작해야지 까딱하다가는 집 짓다 공사 중단된다. 만일 대충 설계해서 어떻게든 다 지어졌다고 해도 A/S가 발생되면 책임소재를 논하기가 매우 애매하다.

그만큼 설계가 중요하다. 집은 설계도만 꼼꼼히 그려 놓으면 시공 단계에서 그대로 지어지는지 확인만 하면 된다. 복잡하고 귀찮아서 설계 단계는 대충 넘어가고 시공 단계에서 꼼꼼히 확인해 가며 진행하겠다는 분들이 있는데 그렇게 해서는 절대 안 된다. 뭘 그려 놓은 것이 있어야 확인을 하든 말든 하지, 검토할 기준이 없는데 대체 무엇을 보고 집을 확인하겠다는 것인가.

집은 안전하게 그리고 행복하게 지어져야 한다. 어려운 길 가겠다고 결정했으면 최소한 그 과정을 즐겼으면 좋겠다. 그래야 이 집이 애물단지가 아닌 보물단지가 되어 나에게 돌아올 것이다.

Hit&HOT
이 땅에 전원주택을
짓는 것이 맞을까?

"제가 수년 전에 우연히 사 놓은 땅이 있는데, 이 땅에 집을 지어도 괜찮은지 봐주실 수 있으신가요?"

"저는 땅에 대한 조언은 드리지 않습니다. 단순 위성사진이나 지적도만으로 땅을 판단하는 것은 매우 어리석은 일이기 때문이에요."

집을 지을 때 중요도 1순위는 땅이다.
땅만 정확하게 잘 해결된다면 나머지 설계 및 시공은 상대적으로 큰 문제라고 보기도 어렵다. 그만큼 땅을 선택하는 일은 정말 중요하다. 땅은 한 번 잘못 선택하는 그 순간부터 지옥의 연속이다. 설계 같은 경우 마음에 안 들면 다시 그리면 그만이지만 땅은 되팔기가 굉장히 어렵다. 다시 말해 땅 잘 고르는 것이 집을 짓는 전체 과정 중 50% 이상의 중요도를 보인다고 할 수 있다.

내 경우 위성사진이나 지적도만 보고 건축주의 땅에 대해 조언하는 일 따위 하지 않는다. 설계 계약이 되면 가장 먼저 땅을 방문하고 그 주변 마을 전체를 돌아본다. 내 집만 튀거나 말도 안 되는 디자인으로 설계할 수 없기 때문이다. 또한 조금 못생긴 땅이라고 해서 집을 짓기에 안 좋은 땅이라고 판단하기도 어렵다. 최근에 자투리땅에 집을 지어 방송에 여러 번 소개되는 집들을 보면 땅을 잘 분석하여 설계를 잘한다면 얼마든지 효용성 있는 대지로 변화되기 때문이다.

그렇다면 내 집을 지을 땅, 어떻게 판단해야 할까?

첫째, 땅에 대하여 120%의 확신이 없으면
　　구매하거나 집을 지어서는 안 된다.

땅을 사서 집을 짓겠다는 것은 적어도 10년 이상은 그곳에 정착하여 살겠다는 것을 의미한다. 아파트처럼 투자의 가치가 있는 것이 아니기 때문에 집을 짓는 순간부터 내 집의 가치는 하락하게 된다. 10년 뒤에 집을 판다는 것은 땅 값만 받고 판다는 것에 가까우므로 집값을 제대로 받겠다는 생각은 버리는 것이 좋다. 경기도권에서 각광받고 있는 양평에도 빈집과 매물들이 넘쳐난다.

둘째, 땅 모양이 애매하다면
　　비용이 들더라도 설계를 받아보아라.

전문가들도 구체적으로 도면을 그려보기 전까지는 이 땅에 공간을 어떻게 배치하고 어떠한 느낌으로 디자인해야 할지 확답하지 못한다. 공짜로 답을 구하려고 하지 말 것. 스스로 판단이 어렵다면 전문가에게 자문을 받는 것이 좋다.

셋째, 3번 이상 고민했는데도
　　아닌 것 같다면 과감하게 팔아라.

고민, 고민, 또 고민. 그래도 확신을 못 하겠는가? 그렇다면 이 땅은 아니다. 집을 짓는 이유가 무엇이라 생각하는가? 강연에서 내가 하는 말이 있다.

"집을 짓는 이유는 단 하나. 행복해지기 위해서이다". 행복하지 않다면 집 지어선 안 된다. 사서 고생할 필요 있는가? 편하게 살려면 아파트가 최고다. 전원주택을 짓고 살겠다는 것은 아파트에서 누리지 못한 무언가를 찾아서 누리겠다는 것이다. 나는 그 무언가가 바로 행복이라고 생각한다.

땅도 마찬가지이다. 고민이 있다는 것은 추후 행복하지 않을 무언가가 존재할 수 있다는 것을 가정하는 것이다. 그러면 답은 하나다. 과감하게 팔고 다른 땅을 찾아 나서야 한다.

넷째, 혼자 은거 생활을 할 것이 아니라면
    집이 최소 20채 이상이 있는 마을의 땅을 선택하라.

간혹 도심 속 생활에 지쳐 나 혼자 기거할 집을 짓겠다고 하시는 분들이 있다. 충분히 이해하고 공감한다. 나도 도심 속 생활이 싫어 창문을 열면 산이 보이는 곳으로 집을 정했기 때문이다. 다만 '안전'은 꼭 생각해야 한다. 전원주택을 짓고 사는 사람들의 가족 구성원을 보면 4인 가족이 압도적으로 많다. 해가 지면 가로등조차 없는 외딴 곳에 덩그러니 집을 짓는 것은 위험할 수 있다. 그래서 가급적이면 마을이 형성된 곳에서 땅을 구하는 것이 좋다.

다섯째, 밤에 그 땅에 꼭 가 보아야 한다.
    낮과 밤의 분위기가 완전히 다르다.

전원주택은 화려한 도심 속에 지어지는 집이 아니다. 한적한 농촌에 지어지는 경우가 대부분인데 이럴 경우 낮과 밤의 모습이 180도 다르다. 낮에는 한적하고 고즈넉해 보이기만 했던 땅이 해가 지고 불빛 하나 없는 곳으로 변하게 되면 포근함보단 음산한 분위기가 두드러질 수도 있다. 낮과 밤에 한 번씩 땅을 검토해 보는 것은 필수 중의 필수이다.

여섯째, 행복할 것 같다는 희망보다

불행할 것 같다는 불안이 더 크다면 집짓기는 포기해라.

집을 짓는 순간부터 생각지도 못한 다양한 잡일들이 발생된다. 아파트처럼 알아서 관리해 주는 사람은 없다. 전부 내가 처리해야 하는 일들뿐이다. 오죽했으면 전원주택 생활 3년차면 어지간한 목공과 전기일은 다 해낼 수 있다는 말이 있을 정도이다.

이런 잡일들은 전원주택이 가지는 또 다른 매력일 수 있다. 하나씩 내 손길이 닿아 가면서 집이 완성되는 것이기 때문이다. 하지만 잡일들을 스트레스로 받아들이는 사람도 많다. 이미 여러 번 말했지만 집은 행복해지기 위해서 짓는 것이다. 그런데 행복과 기쁨보다 걱정과 불안이 더 많아지면 집 짓는 일은 포기하는 게 옳다.

건축가가 집을 짓지 말라고 재차 이야기하니 어리둥절할 수도 있을 것 같다. 하지만 현실적으로 이야기하는 것이 진정한 건축가라고 생각한다.

집 짓는 일은 어렵다.

하나부터 열까지 건축주가 챙겨야 할 것들이 산더미다. 다만 체계화된 시스템을 가지고 운영하는 회사가 많아진 만큼 시행착오를 최대한 줄이면서 갈 수는 있다. '이 땅에 전원주택을 짓는 것이 맞을까' 고민하고 있다면 위의 6가지 항목을 잘 생각해 본 다음 하나라도 마음에 걸리는 것이 있으면 과감히 땅을 팔고 옮기길 추천한다.

땅은 인연이라고 했다.

인연이 닿아야 만날 수 있는 것이 땅이다.

서두르지 마라.
꼼꼼히 세세하게 따지고 들어가라.

모든 것을 생각해 보았는데도 이 땅이 좋다면 그때는 그만 고민하고 집짓기에 과감히 도전해라.

집짓기의 정석.
전원주택은 아파트가 아니다.
알아서 잘 지어지는 일은 없다.
하나하나 꼼꼼하게 챙겨야 한다.
많이 공부하고 많이 보고 많이 물어봐야 한다.

이것이야말로 사기 당하지 않고
꿈꾸던 전원주택을 안전하고 즐겁게 지을 수 있는 길이다.

토목공사를 하다
포클레인 부르기

측량은 어떻게 하지?

-

집을 짓기 위해서 가장 먼저 땅을 정비해야 한다. 그렇다면 땅을 정비할 때 선행되어야 하는 일은 무엇일까? 바로 내 땅이 정확히 어디서부터 어디까지 인지 경계점을 찾는 것이다. 이처럼 내 땅의 경계점을 찾는 일을 측량이라 부른다.

측량은 현황측량과 경계측량 두 가지로 나뉜다.

현황측량	지상 구조물 또는 지형·지물이 점유하는 위치 현황을 실측하여 지적도 또는 임야도에 등록된 경계와 대비하여 표시할 때 실시하는 측량.
경계측량	현황측량을 마치고 실시하는 측량으로서 지구경계를 결정하고 지구 총면적을 산출하기 위해 실시하는 측량. 흔히 빨간 말뚝을 박는 측량이 여기에 속한다. 경계측량은 지적공사에서 진행한다.

현황측량은 지역의 '토목측량설계사무소'를 통하면 간단하게 진행 가능하다. 1-2시간이면 현황측량이 끝나기 때문에 큰 어려움 없이 처리할 수 있다. 경계측량은 개인에게 맡기는 것이 아닌 '지적공사'에 의뢰를 하는 것이다. 신청하면 보통 15일 정도의 시간이 소요되는 만큼 미리 신청해 놓는 것이 좋다.

지적공사의 경계측량의 경우 다음과 같은 절차로 진행된다.

① 지적측량 의뢰서를 작성하여 한국국토정보공사(www.lx.or.kr/lx/index.jsp)에 접수한다.

② 한국국토정보공사 웹사이트에 들어가면 지적측량서비스 바로가기 버튼이 있다.

③ 우측 상단에 지적측량서비스 바로가기와 지적측량수수료계산 바로가기까지 있기 때문에 정확한 비용을 사전에 파악할 수 있다.

※ 구비서류: 측량수수료, 측량 의뢰인 신분증, 인허가서 등 관련 서류

※ 측량신청은 등기상 소유자만이 가능

④ 지정된 가상계좌로 수수료를 납부한다.
⑤ 측량 일이 정해진다.
⑥ 현지 측량을 실시한다(건축주 입회).
⑦ 지적측량결과부가 발급된다.

측량을 신청하는 일은 매우 간단하다. 대행도 가능하지만 너무 간단하기 때문에 직접 하는 것이 더 편하다.

경계측량을 진행할 때 조그만 빨간 말뚝을 박아두거나 빨간 페인트로 동그라미를 쳐서 경계점을 확보한다. 경계점이 확보되면 그대로 두지 말고 긴 파이프나 각목으로

해당 위치에 깊게 박아 놓는 것이 좋다. 비가 오거나 장비들이 왔다 갔다 할 때 말뚝이 많이 유실된다. 유실되면 어쩔 수 없다. 또 돈 내고 다시 해야 한다. 측량은 서둘러 하기보다는 설계사와 협의해서 일정을 조율하는 것이 좋고 보통 공사 들어가기 한 달 안으로만 진행하면 큰 문제없이 공사가 가능할 것이다.

땅이 경사졌다?

-

한국은 산이 많은 지형이라 조금만 평평하면 아파트를 짓고 조금만 괜찮은 입지면 상가를 짓는다. 그럼 내가 살 만한 전원주택은 어디에 지어야 할까?

없다.

내가 봐도 좋은 곳은 남들이 봐도 좋은 곳이다. 이미 건물들이 들어섰거나 주인 있는 땅들이 대부분이다. 이게 바로 산 초입에 전원주택 단지가 많이 형성되어 있는 이유다. 그런데 산은 경사져 있는데 집을 어떻게 짓지?

어찌 되었건 집을 지으려면 평평한 공간은 필수 조건이다. 경사지를 이용한 스킵플로어(skip floor)* 형식도 있지만 평평한 곳에 지어야 한다는 것이 원칙이다. 땅이 경사져 있다면 다음 3가지 방법 중 하나를 선택해 집을 앉혀야 한다.

1. 성토와 옹벽을 통한 대지 평탄화

현재 가장 많이 사용되고 있는 토목공사 방법이다. 그나마 흙 값이 저렴하고 옹벽을 통해 토압을 안전하게 막을 수 있다는 장점이 커 산악 지형에 단지 개발을 하는

---

* 건물 각 층의 바닥 높이를 1층 높이만큼이 아닌, 각 층계참마다 반층차(半層差) 높이로 설계하는 방식.

곳에 많이 사용된다.

2. 필로티 공법을 이용한 대지 평탄화

바다가 보이는 절벽 지대에 많이 사용되고 있는 토목공사 방법이다. 옹벽 자체를 쌓을 수 없는 경우에 필로티 기둥을 단단한 지반까지 고정한 뒤 그 위에 집을 짓는다. 필로티 공법은 구조보강비가 많이 들어가기 때문에 특별한 경우 외에 거의 쓰지 않는다. 국내에서 필로티 대표 건축물은 아파트와 빌라 정도다. 1층을 모두 들어 올려 주차장으로 사용하는 건물을 떠올리면 된다.

3. 지하 주차 박스를 이용한 대지 평탄화

도심지 전원주택 단지에 가장 많이 적용되고 있는 토목공사 방법이다. 땅은 좁은데 주차도 해야 하고 마당도 확보해야 하니 지하주차장을 필수로 시공해 그 위의 공간을 모두 사용해야만 하는 상황에서 사용된다.

...

이미 대중화된 토목공사 방법이고 시공 업체도 쉽게 구할 수 있지만 문제는 공사비가 너무 많이 든다는 점이다. 만약 100평 대지를 성토하고 옹벽까지 쌓아야 하는 경우에 비용이 얼마가 들어갈 것 같은가? 2m를 기준으로 잡고 계산했을 때 어림잡아도 최소 2천만 원이 넘어가는 금액이 소요된다. 공사의 난이도와 보강 정도에 따라 금액은 더 올라갈 수 있다.

평지보다 경사진 임야를 더 싸게 파는 이유는 분명히 있다. 주변경관도 좋고 땅이 싸다고 해서 경사진 것쯤 토목공사 하면 된다며 대수롭지 않게 여겼다가는 토목공사비로 돈이 더 들어갈 지도 모른다. 실제로 토목공사비 때문에 예상 외로 돈이 많이 들어 집 자체를 못 짓는 분들도 많다. 성토에 옹벽공사, 지하 주차 박스까지 넣는다면 5천만 원은 우습게 넘어가 버린다.

혹시 경사진 땅을 고려하고 있다면 3가지 토목공사 방법과 주의사항을 고려해 예산 초과로 당황하는 일이 발생하지 않도록 하자.
참고로 토목공사의 경우 절대 평당 단가가 계산되지 않는다. 토목 도면이 그려진 후 상세 견적을 받아야 하므로 대충 얼마 드는지 물어보지 않아도 된다. 토목 도면 없이 말하는 금액은 정확하지 않을 뿐더러 예산 잡는 데 오히려 방해만 되니 토목공사가 필요한 경우에는 서둘러 토목 도면을 그린 뒤 세 군데 업체를 비교·검토하여 최종 결정할 것을 추천한다.

성토한 땅에 바로 집을 짓는 것 괜찮나요?
-

예전에 일본에서 열린 세미나에서 발표를 한 뒤 질문 하나를 받은 적이 있다.

"이동혁 건축가는 한국인만이 가지는 특징을 아시나요?"

"특징이요? 잘 모르겠습니다."

"허허, 모르고 계셨군요. 한국인들만이 가지는 특징은 바로 '과시욕'입니다."

아! 반론하고 싶었지만 이상하게 공감이 가는 답변이었다. 그렇다. 한국인은 유독 과시욕이 심하다. 과시욕이라고 표현해도 될는지 모르겠으나 집을 짓다 보면 옆 땅보다 내 땅이 높아야 하고, 집 기초도 높게 해야지만 직성이 풀리는 사람들을 간혹 보게 된다. 심지어 건축가인 나도 현장답사 때 앞집보다 높게 기초를 잡아 달라고 조언했으니 나 또한 알게 모르게 과시욕을 드러내고 있었던 모양이다.

현장에서 성토를 하다 보면 옆집과 마찰이 일어나는 경우가 많다. 내가 올리면 옆집이 더 올리고, 옆집이 올리면 앞집은 더 높게 올린다. 결국 토목공사 비용만 많이 들고 서로 원하던 것은 얻지 못한 채 끝이 나고 만다. 알다시피 전원생활은 나 혼자만의 생활이 아니다. 공동체 생활이며, 같이 어울려 살아가는 터전이다. 과시보다는 이웃 간에 서로 양보하는 관계가 훨씬 낫다.

무엇보다도 이웃집과 경쟁하며 성토하는 일보다 우리가 신경 써야 하는 훨씬 중요한 것이 있다.

자, 성토한 땅에 바로 집을 짓는 일. 괜찮을까?

보통 성토라고 하면 최소 50cm 이상을 하게 된다. 흙이 가라앉는 것을 고려한다면 대부분 1m는 성토를 진행한다. 이 흙은 절대로 가만히 있지 않는다. 시간이 지나면 지날수록 계속 가라앉을 것이다.

또한 성토한 땅에는 지내력이 거의 없다. 굵은 자갈을 넣고 다짐을 한다고 해도 집을 안전하게 받칠 만한 지내력은 생성되지 않는다. 그렇기 때문에 성토한 땅에 바로 집을 짓는 데는 무리가 있다.

결론적으로 성토를 한 땅에는 두 가지 방법 중 하나를 선택하여 기초 보강을 해야 한다.

① 파일기초: 일정 간격으로 두꺼운 파일을 지반까지 박아 그 위에 집을 앉히는 방법이다.
② 줄기초: 지중보기초의 테두리 부분을 지반까지 그대로 내려주는 방법이다.

두 방법 모두 검증된 기초 보강 공법이므로 현장 상황에 맞추어 진행하면 된다. 많은 분들이 현장에서 급작스럽게 기초 보강이 이루어지는 줄 아는데 절대로 그렇지 않다. 토목 공사가 이루어졌다면 개발행위가 들어갔다는 것이고, 설계사가 이미 그 내용을 알고 있기 때문에 설계도면에 기초 보강 도면을 미리 그려 넣어 놓는다.

성토를 한 후 기초 보강을 안 해도 되는 기간은 보통 3년이다. 3년이 지났다고 무조건 보강할 필요가 없다는 것은 또 아니다. 3년이 지났어도 지내력이 생성되지 않았을 때는 기초 보강을 해야 한다.

간혹 성토한 후 지내력이 걱정되어 3년을 기다린다는 건축주도 있다. 그러나 3년을 기다려 공사비 상승폭을 감당할 바에야 기초 보강 공사비를 떠안고 지금 공사하는 것이 건축비적으로 훨씬 이득이다.

평균적으로 30평 정도 기초 보강을 하게 되면 약 500-600만 원의 비용이 발생한다. 이는 원 지반 깊이에 따라 물량이 달라질 수 있으므로 비용에 대한 부분은 사전에 견적을 받길 추천한다.

성토한 땅에 바로 공사를 하는 것은 불가능하다. 위에서 알려 드린 기초 보강을 한 후 꼭 집을 앉혀야 한다. 집의 무게는 여러분들이 상상하는 것보다 무겁다. 집이 기울어지거나 틀어질 수 있으므로 기초는 튼튼하게 공사하도록 해야 한다.

  성토는 '마사토'라는 물이 잘 빠지는 흙으로 해야 하며, 흙 받을 때에는 꼭 건축주가 옆에 입회하여 잘못된 흙이 들어오지 않는지 꼼꼼히 검토해야 한다. 흙을 공짜로 준다 해서 좋다고 받지 말고 폐자재나 쓰레기가 섞여 있지 않은지 잘 살펴야 한다. 생각보다 좋지 않은 흙이 들어와 다 퍼낸 적도 있으니 유의해야 한다.

내 땅인데 왜 내 마음대로 못해?
: 가설건축물

-

시골에서 공사를 진행하다 보면 웃지 못할 일들이 가끔 벌어진다. 얼마 전 뉴스에 부모님 장례를 치르고 산소로 이동하던 중 마을 주민들과 이장이 장의차량을 막고 통행료 500만 원을 달라고 요구한 사건이 보도된 바 있다. 결국 공갈 혐의로 경찰 조사를 받는다는 소식을 끝으로 아나운서는 뉴스를 마무리 지었지만 아직도 일부 마을에서는 마을발전기금이라는 명목으로 수백만 원의 돈을 요구하기도 한다.

전원생활의 꿈을 안고 들어간 제2의 고향에서 시작부터 이러한 문제가 발생하면 살 맛 나지 않을 것 같다.

"아니, 그럼 내 땅인데 내 마음대로 못해?"
믿기 어렵겠지만 이렇게 반문하는 사람도 있다. 이런 분들을 위해 한 가지 예시를 들어보고자 한다.

어떤 사람이 코스트코에 갔다가 2평 정도 되는 창고를 100만 원도 안 되는 금액에 팔고 있는 모습을 봤다. 그렇지 않아도 농사지을 때 잡다한 짐들 넣을 공간이 필요했는데 잘됐다 싶어 바로 구매하였다. 하루 정도 걸려 창고 조립을 완료했고 두 달 뒤 공간이 다시 비좁아져 창고 하나를 더 사가지고 왔다. 이번에는 바닥에 콘크리트 기초를 친 다음 그 위에 창고를 올렸다. 두 창고가 나란히 있으니 집처럼 보이기도 한다.

과연 이 창고는 건축법상 문제가 없을까?

이는 건축법상 위법이다. 농막처럼 작은 규모로 짓는 것은 괜찮다는 분도 있으나 틀린 정보다. 땅에서 50cm 이상 지붕이 덮여 있는 것은 크기와 상관없이 가설건물로 본다. 안 걸렸으니 다행이다? 요즘은 위성으로 찍어서 자동으로 벌금고지서가 날아온다. 게다가 벌금 낸다고 끝이 아니다. 원상복구도 진행해야 한다.

내 땅이라고 함부로 무언가를 하면 될 줄 알았는가?
오두막 하나를 지어도 신고를 해야 한다. 창고는 더더욱 신고 대상이다. 신고하는 것 어렵지 않다. 시·군청에 가서 접수만 하면 된다. 어렵다면 건축사사무소를 통해 대행 접수하면 된다.

이렇게까지 경고했는데도 불구하고 '이 동네는 원래부터 이렇게 해 왔으니 괜찮다'는 사람들 한 명씩 꼭 있다. 하지만 예상보다 벌금이 세다. 내 땅이라고 해서 아무 건물이나 들여놓아서는 안 된다. 작으니까 괜찮다는 생각도 금물이다. 내 땅에 어떠한 행위를 할 때에는 신고를 하고 진행해야 한다.

건축사사무소나 시·군청에 방문해서 접수하기만 하면 이 모든 일들이 금방 해결된다. 모르면 물어보자. 심지어 담당 직원이 친절하게 전 과정을 다 알려줄 것이다.

집짓기라는 복잡하고도 힘든 과정 다 겪어가며 전원주택을 다 지어놨는데 코스트코 같은 곳에서 창고 하나 사다가 세우려는 생각은 하지 말자. 건축신고 한 번이면 불법이란 오명은 쓰지 않아도 된다.

땅이 낮아 성토해야 하는데 절차는 어떻게 될까?

: 개발행위허가

-

땅을 성토할 때는 '개발행위허가'를 꼭 알고 가야 한다. 내 땅이면 내 마음대로 땅을 올리고 내리고 할 수 있을 거라 생각하지만 땅을 건드리는 일은 만만치가 않다. 하다못해 단순히 땅만 올리고 싶다 치더라도 모든 허가 절차에는 정확한 목적이 필요하다. 시청에 가서 땅 올리는 것만 허가 넣을 수 있는 것이 아니다. 왜 땅을 올리고 어떠한 목적으로 개발하는지에 대한 내용이 허가 서류에 포함돼 있어야 한다.

	내용	특이사항
개발행위 허가대상	건축물의 건축 또는 공작물의 설치, 토지의 형질 변경, 토석 채취, 도시지역 안에서의 토지분할, 물건적치 행위.	※ '성토'는 건축물을 짓기 위해 하는 행위 중 일부분이므로 대상 중 건축물의 건축에 해당한다.
근거법령	국토의 계획 및 이용에 관한 법률 제58조 및 시행령 제56조.	
구비서류	1. 대상 토지에 개발행위를 할 수 있음을 증명하는 소유권 2. 어떠한 목적으로 성토를 하는지에 대한 목적이 적힌 사업계획서 3. 성토한 후 토지에 지어질 건축설계도서 4. 당해 건축물의 용도 및 규모를 기재한 서류(토지의 형질변경 후 건축물을 건축하는 경우) 5. 개발행위의 시행으로 폐지되거나 대체 또는 새로이 설치할 공공시설의 종류, 세목, 소유자 등의 조서 및 도면과 예산내역서	※ 허가 서류에 모두 첨부되어야 한다. 대부분 토목측량사무소와 건축사사무소에서 대행해 주니 너무 걱정하지 않아도 된다.

	내용	특이사항
허가 처리절차	1. 허가 신청서를 제출(토목측량사무소에서 대행) 2. 개발행위허가 기준 검토 진행(지역 담당공무원): 허가신청서 접수 검토, 현지 조사(공무원 진행), 타 허가 부처 간 협의 진행 3. 허가, 불허가, 조건부 허가 처분: 신청인에게 허가서 통보(불허가가 떨어지면 사유를 확인해 보완 후 다시 접수) 4. 각종 제반 수수료(면허세, 지역개발 공채, 원상복구 예치금 등) 세금 관련 납부 후 허가증 발급	

성토를 위한 개발행위허가 절차

토목공사가 껴 있는 허가 접수의 경우 기간이 오래 걸린다. 평균 한 달 정도 잡고 진행하는 것이 좋다. 지역의 담당공무원이 현장에 방문해 보완사항이 있으면 보완서류를 재요청하며, 보완하여 다시 허가 접수하면 짧게는 일주일 길게는 보름 이상 가기도 한다.

절차가 상당히 복잡하지만 너무 고민하지 말고 지역의 토목측량사무소나 건축사사무소에게 자문을 구한 후 진행할 것을 추천한다. 업체에 대행을 맡기더라도 우리 스스로 절차나 상세 내용에 관해 잘 알고 있어야 일이 제대로 마무리되기 때문에 꼭 인지하자.

지하에 주차 박스를 넣고 싶은데 가능할까?
-

최근 들어 도심형 전원주택이 트렌드로 자리 잡고 있다. 문화권이 형성되지 않은 곳에서 살기에는 부담스럽고 빡빡한 아파트 숲에서 살기에는 답답한 수요층이 도심형 전원주택으로 몰리고 있는 것이다.

도심형 전원주택의 장점은 '가까운 문화권'에 있다. 도심에 형성되어 있기 때문에 아파트와 동일한 문화적 혜택을 받을 수 있을 뿐더러 모든 기반시설이 갖추어져 있다는 것이 최대 장점이다. 반대로 단점은 도심지에 형성되어 있기 때문에 땅값이 비싸다는 것. 웬만한 아파트 구입하는 시세와 거의 동일하게 땅을 사거나 더 비싸게 사야 하는 일이 허다하다. 또한 땅 값이 비싸다 보니 땅이 좁다. 커봤자 100평 정도라 생각하면 된다. 최근에 LH에서 분양하는 단지들을 보면 도로 포함 80평 전후로 분양되고 있으니 실제로는 엄청 작은 면적을 분양받고 있다고 생각하면 된다. 일반적으로 전원주택을 짓고 앞마당과 주차공간을 확보하려면 150평 전후 정도는 돼야 한다.

이렇게 땅이 좁다 보니 조금이나마 남아 있던 마당을 최대한 활용할 수 있는 방안에 대해 많이 고민하게 된다. 집만 짓고 끝나면 좋으련만 주차공간도 필수로 마련되어야 하니까. 그래서 나온 방안이 지하 주차 박스이다. 마당을 온전히 다 써야 하니 마당 아래쪽에 주차 공간을 만들어 위에 남은 마당을 데드 스페이스 없이 모두 활용하고자 한 것이다.

주차 박스에 대한 말들이 많아서 실제로 그려졌던 주차 박스 도면을 보고 같이 이야기 나눠 보도록 하자.

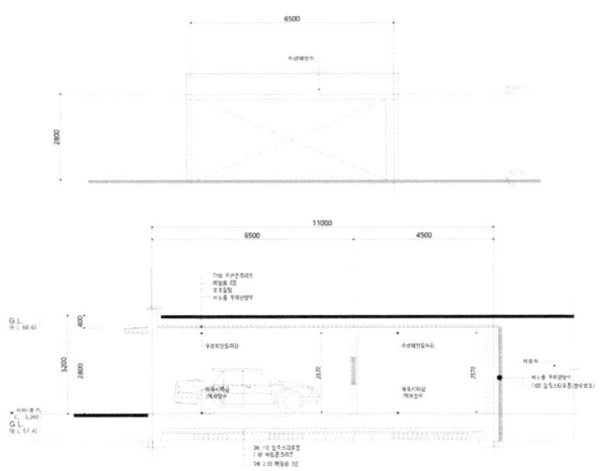

위 도면은 주차 박스 정면도와 단면도이다. 건축가에게 중요한 자산이지만 큰맘 먹고 치수까지 공개하기로 했다. 주차 박스의 실내 높이는 최소 2,800mm여야 한다. 요즘 SUV 같은 경우 차가 높기 때문에 최소 2,800mm 높이가 되어야 차 윗부분이 닿지 않기 때문이다. 보통 바닥 면부터 골조를 치는 부분까지 합하면 3,200mm 정도의 높이가 나온다. 다시 말해 여러분의 땅이 3,200mm 정도의 지하 공간이 나와야 한다는 것이다.

보통 지하 주차 박스를 만든다고 하면 2대가 기본이다. 1대를 세우기 위해 이 비싼 비용을 내기에는 솔직히 비용이 아깝지 않은가. 2대 기준으로 주차 박스를 만들었을 때 치수는 가로 6,500mm, 세로 6,500mm로 잡는다.

내부 공간은 상황에 따라 다르게 변할 수 있지만 차가 들어가 사람이 내리는 것까지 고려해야 한다. 게다가 자동문을 다는 경우 문이 접혀 들어가는 것까지 생각해야 되기 때문에 주차장 안쪽으로 좀 더 깊은 공간이 필요하다.

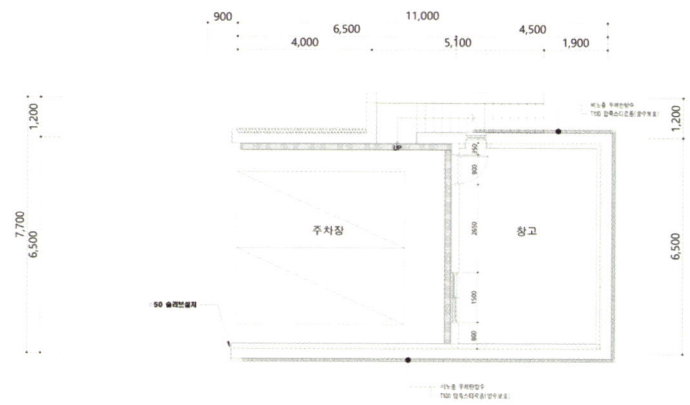

대부분 이러한 공간들을 염두에 두지 않고 지하 주차 박스를 만들다 보니 자동문을 달아 놓고도 그냥 열어둔 채 사용하는 사람들이 많다. 전원주택 단지만 가도 차가 끝까지 못 들어가고 차 앞부분이 문 밖으로 나와 있는 것을 심심치 않게 볼 수 있을 것이다.

지하에 주차 박스를 만드는 비용은 평균 부가세 포함 평당 250만 원 정도 발생한다. 위의 도면에서 창고는 제외하고 주차공간만 만든다고 가정했을 때 약 3,000만 원 정도의 공사비용이 발생한다.

Hit&HOT

지진에는 안전할까?

"지진 때문에 선뜻 집을 짓는 게 망설여져요. 인터넷 검색해 봐도 무슨 말인지 이해하기 어렵고요."

"지진과 관련해 현 상황은 다음과 같이 정리할 수 있습니다. 내진설계가 적용되지 않은 건축물은 지진에 버티기가 어렵습니다. 특히 조적식(벽돌)으로 지은 집은 수평 진동을 견딜 수 있는 힘이 '제로'니까 빠른 대피가 답이에요. 게다가 내진설계가 적용되어 있는 건축물이라고 해서 100% 안전한 것은 아니에요. 내진설계 3가지를 전부 집에 적용하자니 비용 문제가 있을 수밖에 없겠죠. 현실적인 선에서 조정해야 해요. 또 한 가지 중요한 사실은 2017년 12월 1일부터 내진설계가 의무화되었다는 것입니다. 구조계산이 공짜일 리는 없으니 전보다 비용이 더 들어간다고 생각하면 되겠습니다."

2017년 11월 15일 오후 2시 29분. 포항에서 규모 5.4의 지진이 발생했다. 2016년 경주 지진 이후 진도 5 이상의 강진이 내륙에서 또 발생한 것이다. 많은 학설과 가설들이 오가고 뉴스에서도 다양한 이야기들이 나오고 있다. 여러 이야기들을 다 떠나서 가장 중요한 '사실'은 한국이 더 이상 지진에 안전한 나라가 아니라는 것이다.

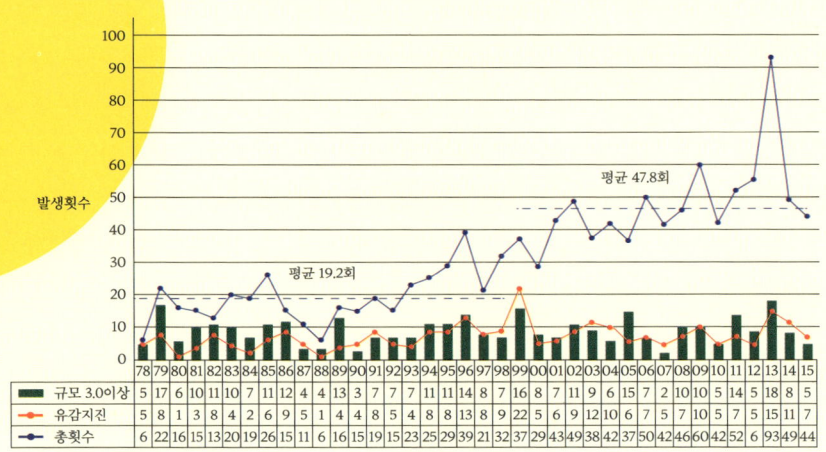

1978-2015 연도별 지진발생 현황   출처: 기상청

우리나라 전체 구조물 중 내진보강이 된 구조물은 약 3%로 파악된다고 한다. 이 3%는 지진에 안전하다고 생각할 수도 있지만 일본처럼 내진, 제진, 면진에 이르기까지 검토된 것들이 아니기 때문에 개인적인 생각으로는 한국에서 지진에 100% 안전한 건물은 존재하지 않는다고 보는 것이 맞다.

포항 지진 이후 정말 많은 문의를 받았다. 자문을 요청하는 기자부터 설계를 끝내고 집을 지어야 하는 건축주, 포항 거주자까지 정말 다양한 곳에서 연락이 왔다. 아마 대다수가 '진도 7 이상이 되어도 무너지지 않는 집이 존재한다'는 말을 듣고 싶었을 것 같다. 하지만 안타깝게도 현 상황에서 한국에 진도 7 이상의 강진이 왔을 때 온전하게 버티고 서 있을 수 있는 건물은 존재하지 않을 것으로 판단된다. 그나마 최근에 지어진 초고층 빌딩이나 내진설계가 초기부터 적용된 건축 모델들은 버티고 서 있을 수는 있겠지만 그마저도 100% 온전하게 남아 있을 수 있다고 보장할 수는 없다.

규모	진도	구조물, 자연계 등에 대한 영향	인체에 대한 영향
1.0~2.9	I	특수한 조건에서 극소수의 사람만이 느낌	극소수의 민감한 사람만이 느낌
3.0~3.9	II	건물 위층에 있는 소수의 사람만이 느낌	민감한 사람만이 느낌
	III	정지하고 있는 차가 약간 흔들리며 트럭이 지나가는 듯한 진동	실내, 특히 건물 윗층에 있는 사람들이 뚜렷하게 느낌
4.0~4.9	IV	그릇, 창문 등이 흔들리며 벽이 갈라지는듯 한 소리를 냄	여러 사람이 느낌
	V	그릇과 창문이 깨지기도 하며, 고정 안 된 물체는 넘어지기도 함	거의 모든 사람이 느낌
5.0~5.9	VI	무거운 가구가 움직이기도 하며, 건물 벽에 균열이 생기기도 함	모든 사람이 느낌
	VII	설계와 건축이 잘된 건축물에서는 피해를 무시할 수 있으나 보통 건축물들은 약간의 피해 발생	모든 사람이 놀라 뛰쳐나옴
6.0~6.9	VIII	특수 설계된 건축물에 약간의 피해 발생, 굴뚝 기둥, 기념비, 벽돌이 무너짐	서 있기 곤란하고 심한 공포를 느낌
	IX	특수 설계된 건축물들에도 상당한 피해 발생, 지하송수관 파손	도움 없이는 걸을 수 없음
7.0 이상	X	대부분의 건축물이 기초와 함께 부서짐	거의 모든 사람이 이성 상실
	XI	남아 있는 건축물이 거의 없으며 지표면에 광범위한 균열 발생	모든 사람이 이성 상실
	XII	전면적인 파괴 상황, 지표면에 파동이 보임	대공황

지진의 크기가 물체 및 사람에 미치는 영향 출처: 국민안전처

무엇보다 내가 가장 걱정하는 것은 구조 부분도 부분이지만 가장 취약한 설비 부분이다. 설비에는 신축성이 존재하지 않는다. 흔들리는 순간 설비 부분은 무조건 타격을 입는다고 생각하면 된다.

그렇다면 아무런 방법이 없는 것일까?

지금부터 이 질문에 대한 답을 하나씩 이야기해 보고자 한다.

지진에 대한 대비가 가장 잘 되어 있는 나라가 어디일까?

그렇다. 일본이다. 전 세계적으로도 일본은 지진에 대한 건축적 대비를 가장 잘하고 있는 나라이다. 일본은 아래 세 가지 방법을 통해 건축물을 안전하게 보호하고 있다.

① **내진설계** : 안 그래도 건축이 어려운데 어려운 단어를 써가며 설명하면 머리만 아프다. 간단히 말해, 지진이 발생할 경우 상하 진동보다 좌우 진동이 더 많이 일어나는데 이 좌우(수평) 진동을 견딜 수 있게 건축물 내부의 가로축을 보강하여 강화시켜 놓은 것이라 생각하면 된다. 건물 기둥과 보를 지진에 대비해 보강시켜 놓았다 정도로 생각하면 된다.

② **제진설계** : 제진의 기본 원리는 마을버스를 생각하면 쉽다. 급정차, 급출발하는 버스에 타면 관성에 의해 몸이 앞뒤로 움직이게 되는데 이때 우리들은 넘어지지 않기 위해 다양한 방향으로 힘을 주고 버틴다. 건축물도 마찬가지이다. 지진이 발생해 건축물이 흔들리면 별도의 힘을 통해 이를 잡아줄 수 있도록 설치한 것이 제진설계라고 보면 된다.

③ **면진설계** : 면진설계는 지진이 발생해 건물이 흔들리기 전 땅에서부터 이 흔들림을 잡아주는 방법이다. 건물 자체에 타격이 오면 가장 큰 피해가 발생되기 때문에 그전에 땅에서 흔들림을 잡아주어 건물에 대한 충격을 최소화하는 방법이다. 지금까지 말한 총 세 가지 방법 중 가장 건물을 안전하게 보존시킬 수 있는 방법이라 할 수 있다.

이 세 가지 방법이 지진에 대비해 건축물을 안전하게 지킬 수 있는 가장 확실한 방법이다. 그동안 한국 사회는 집이라고 하면 아파트를 가장 먼저 떠올렸다. 나도 아파트에 살고 있기 때문에 아파트가 나쁘다고만 할 수 없다. 편의성 부분에서는 아마 기존 건축물 중 가장 상위에 속해 있을 것이다.

그런데 얼마 전 뉴스를 보니 이번 포항 지진을 기점으로 아파트 '로열층'이라는 단어가 사라지고 있다고 한다. 유독 한국 사람들은 저층보다는 고층을 좋아한다. 저층보다 고층이 더 비싸게 거래되고 있다는 것만 보아도 얼마나 고층을 선호하고 있는지 쉽게 파악할 수 있다. 문제는 지진 이후에 고층 선호도가 점차 떨어지고 있다는 점이다. 저층보다 고층에서 흔들림이 더 크게 느껴지니 아마 고층에 살고 있는 분들은 이번 계기로 집을 팔고 저층으로 내려오지 않을까 생각된다.

10년 전만 해도 내가 설계한 주택 대부분은 철근콘크리트 구조의 집이었다. 가장 확실하고 검증된 공법이었기 때문에 타 공법을 선택해야 할 이유가 없었다. 하지만 5년 전부터는 급격히 줄더니 지금은 80% 이상이 목조 주택 설계 건이다. 가성비 때문에 찾는 분이 많아지기도 했지만 가장 큰 이유는 목조 주택이 타 공법보다 지진에 강하기 때문이다.

내가 목조 주택을 설계할 때에는 2X6인치 골조를 외벽에 기본으로 적용한다. 그리고 주요 골조 부위에는 '스트롱 타이'라는 연결 철물을 추가로 설치한다. 목조 골조로만 지진을 버티라고 하기에는 취약한 부분이 존재하기 때문이다. 이번 포항 지진을 계기로 2018년부터는 기본 골조를 2X8인치로 늘리기로 결정했다. 비용은 더 발생되지만 더 두꺼운 기둥을 세워 보강을 하는 것이 안전하다고 판단했기 때문이다.

집의 최우선순위는 안전이다. 안전하지 않은 공간은 집이라 할 수 없다. 여전히 지진 때문에 걱정이 많겠지만 제대로 준비하고 설계한다면 충분히 지진에 대비한 집을 지을 수 있을 것이다.

비용은 최소화하면서 나만의 개성을 살린
멋진 전원주택을 짓고 싶다.
이를 위해서는 철저한 준비가 필요하다.
정보의 홍수 속에서 걸러낸 가장 합리적이고 실질적인 정보를
바탕으로 집짓기 과정의 핵심, 설계를 시작해 보자.

가장 중요한 설계를 시작하다
삶을 풍요롭게 하는 첫걸음

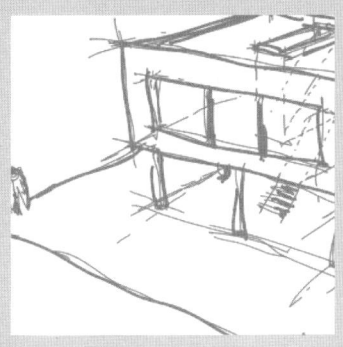

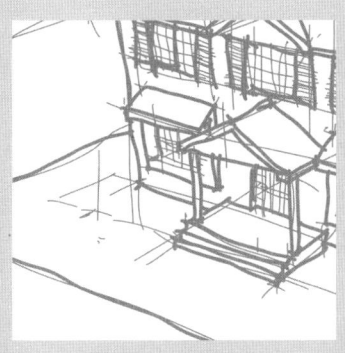

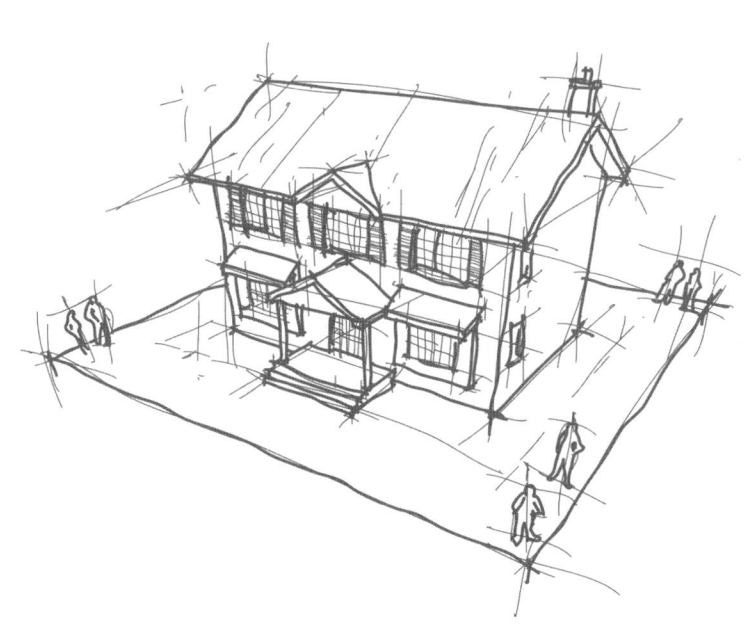

집을 짓는 사람들
-

'집을 짓는 사람'이라고 했을 때 대다수가 '도면 그리는 설계자', '집 짓는 시공자' 이렇게 단 2명밖에 없을 것이라고 생각하곤 한다. 내 경우 30평 정도의 집 하나를 짓는 데 투입되는 인력은 약 30명 정도다. 많은 요소가 집약된 매개체가 바로 집이다 보니 인력이 더 들어갔으면 더 들어갔지 적어지지는 않는다.

그런 의미에서 7인의 주택 원정대를 소개한다. 집을 짓기로 결정하는 순간부터 입주할 때까지 나를 안전하게 지켜줄 수 있는 주택 원정대를 어떻게 꾸리느냐에 따라 여러분 집의 품질이 결정될 것이다.

전작 《스타 건축가 3인방의 따뜻한 전원주택을 꿈꾸다》에서 간략하게 소개한 바 있지만 그들에게 무엇을 부탁하고 무엇을 더 챙겨야 하는지 더 구체적인 관련 정보를 핵심만 뽑아 보았다. 이를 바탕으로 최강의 원정대를 꾸리길 바란다.

7인의 주택 원정대

건축주
주인공

건축 시공자
원정대의 행동대장

건축 매니저
원정대 대장

인테리어 디자이너
원정대의 살림꾼

건축가
원정대의 길잡이

가구 디자이너
원정대의 드워프

조경 설계자
원정대의 마법사

건축주(주인공): 흔들리지 말고 중심을 잘 잡고 있어야 하는 역할. 항상 그렇듯 '의심병'이 가장 문제다. 원정대를 믿어라. 여러분이 직접 선택한 원정대가 안전하게 집까지 인도할 것이다.

건축 매니저(원정대 대장): Construction Management(CM)으로 불리며 집의 모든 것을 관장하는 컨트롤타워. 돈에 대한 부분부터 일정, 협의, 사후관리까지 모든 것을 총책임지는 원정대의 대장. 모든 커뮤니케이션은 대장을 통해 하는 것이 좋으며 사소한 문제라도 바로바로 이야기해 주는 것이 좋다. 예를 들어, 살고 있는 집이 매매가 안 돼 중도금 납부가 어려울 때 끙끙대면서 스트레스 받지 말고 미리 자문을 구해 문제를 해결하는 것이 좋다.

건축가(원정대의 길잡이): 머릿속의 복잡한 생각들을 현실에 맞게 이미지화시켜 주는 길잡이. 길잡이는 환한 빛으로 모든 팀원을 이끈다. 믿어라. 절대적으로 믿고 여러분들의 모든 것을 맡겨라. 추상적인 이미지도 현실화시켜 주는 마법 같은 능력을 가지고 있으므로 얼마만큼 믿음을 주는지에 따라 집의 결과물이 크게 달라질 것이다.

건축 시공자(원정대의 행동대장): 거칠지만 여린 마음을 가진 행동대장. 가끔 마음에 안 든다고 망치를 던지고 나가 버릴 때도 있지만 언제나 높은 품질의 집을 짓는다는 자부심을 가지고 있다. 길잡이인 건축가와 잦은 마찰을 일으키는 행동대장이지만 그만큼 멋진 집이 완성될 것이므로 건축주는 끝까지 포근히 안아주면서 원정을 마쳐야 한다. 불만이 있을 경우 행동대장에게 말하지 말고 원정대 대장에게 살짝 귀띔만 해 주면 알아서 모든 불만과 문제를 해결해 줄 것이다.

인테리어 디자이너(원정대의 살림꾼): 집 외관은 투박한 행동대장이 잘하지만 집 내관, 즉 인테리어는 살림꾼이 적합자이다. 건축주의 라이프스타일과 성향을 파악해 최적의 디자인을 제안하며, 세심한 부분까지도 신경 써 집의 품격을 완성시켜 준다.

가구 디자이너(원정대의 드워프): 공간만 덜렁 있다고 집이겠는가? 집을 사용하기 편하게 만들어 주는 것이 원정대의 드워프이다. 드레스룸부터 붙박이장, 식탁, 침대, 싱크대에 이르기까지 여러분의 취향에 맞추어 가구를 배치해 줄 것이다.

조경 설계자(원정대의 마법사): 전원주택의 꽃이 바로 조경이다. 이 조경을 어떻게 하느냐에 따라 집의 분위기가 달라진다. 마지막 단계인 집의 외관과 분위기를 변화시켜 주는 원정대의 마법사, 바로 조경 설계자가 7인의 원정대의 마지막 팀원이다. 돈이 많다면 비싼 나무들을 사와 심었으면 좋겠지만 현실은 그리 녹록지 않다. 적은 비용으로 최대의 효과를 내는 것이 가장 좋고 이 마법 같은 일을 현실로 이루어 주는 사람이 원정대 마법사라고 생각하면 된다.

공간에 대해 인식하기

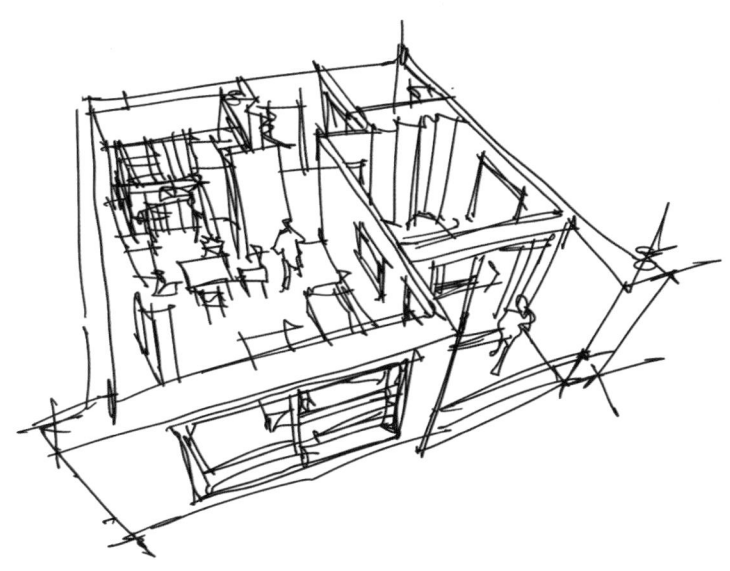

전원주택을 대표하는 총 12개의 공간이 있다. 이 공간들을 부위별로 나누어 도면을 통해 설명해 보고자 한다. 집을 작게 짓는 게 추세긴 하나 너무 작으면 집이 아니라 창고가 된다. 그러므로 지금부터 알려 주는 내용과 치수를 '최소한 이 정도는 되어야 한다'로 인지하고 집 지을 때 적용해야 할 것이다.

※ 도면에 표시된 벽체 치수(공간 치수)는 중심선 기준이며 가구 및 창문, 실내문 치수는 실측 치수이다.

1. 현관

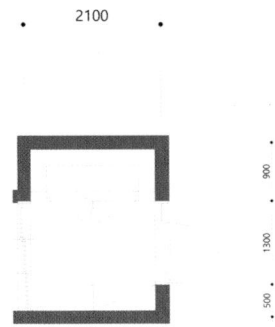

현관만 분리시켜 확대한 도면이다. 일반적으로 내가 가장 많이 사용하는 치수이며 30평형 주택에 보편적으로 적용시키는 치수라고 보면 된다.

도면을 보면 우측에서 좌측으로 들어오는 현관이다. 문 폭은 1,300mm를 기준으로 신발장을 놓아야 하니 500mm의 공간을 더 배치해 준다. 깊이는 2,100mm 정도로 잡으면 신발장 두 개 정도가 들어가는 크기로 구성되며 안쪽 수납장이 없는 상태로 설계할 때에는 입구 폭을 1,800mm으로 잡고 진행한다. 정리하면 입구 폭은 1,800mm, 깊이는 2,100mm 기준이다.

최근에는 현관이 점점 넓어지는 추세이다. 도면 예시처럼 현관에 신발장만 놓고 끝나는 것이 아니라 옷이나 물건들을 수납할 수 있는 공간을 별도로 구성하는 것이 트렌드다. 농사일 하다가 더러워진 옷이나 모자 등을 그대로 집 안에 가지고 올 경우 집도 더러워질 염려가 있기 때문에 별도의 옷과 모자 등을 수납할 수 있게 하면 내부를 깨끗하게 유지시킬 수 있다. 도면과 같이 구성할 시에는 가로 2,100mm, 세로 2,700mm로 공간을 잡아 주어야 한다.

2. 계단

※ 1층 실내 높이 2,700mm 기준

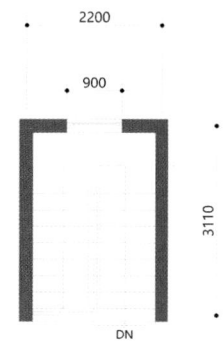

2층 주택에 계단실은 필수 공간이다. 간혹 공간을 계단실로 쓰기에 아깝다고 여겨 최대한 작게 만드는 경우가 있는데 절대 안 된다. 계단을 사람만 지나다닐 거라 생각하지만 분명 잡다한 짐들이 이 공간을 통해 2층으로 올라가게 될 것이니까 말이다.

보통 계단의 넓이는 실측 기준 900mm로 잡는다. 양쪽을 합해 1,800mm의 공간이 나와야 안정감 있는 공간감을 가질 수 있다. 더 작게 할 수도 있지만 걸어 다니면서 사람 양쪽 어깨가 벽에 닿을 수도 있기 때문에 계단 너비는 900mm 정도로 가지고 가도록 추천한다.

중심선 기준으로 보게 되면 2,200mm의 폭에 3,110mm의 깊이는 계단실 공간으로 할애된다. 단, 깊이 3,110mm는 실내 층고에 따라 변동될 수 있다. 이번 계단실 포인트는 중심선 기준 2,200㎜ 정도의 공간을 만들어야 한다는 데 있다.

여기서 하나 더. 계단실의 창문 사이즈에 대한 질문의 많은데 나는 900㎜로 아래위 길쭉하게 내는 것을 선호한다. 더 다양하게 디자인할 수도 있지만 대부분의 계단실이 북쪽에 위치하고 있기 때문에 900㎜보다 크게 내는 것은 추천하지 않는다. 북쪽은 해가 잘 들지 않는 곳이기 때문에 창을 크게 내면 추울 수도 있어 작게 내거나 개수를 최대한으로 줄이는 것이 좋다.

3. 화장실

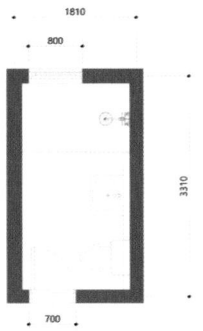

화장실 기본 도면이다. 큰 특징이 있진 않으나 아파트나 전원주택에 가장 보편적으로 사용되는 도면이라 생각하면 된다. 한국 사람들은 아파트에 적응되어 있다. 간혹 일본식 주택 도면을 가져와 설계해 달라는 사람이 있는데 일본에서 오래 살다온 사람이 아닌 경우에는 불편할 수 있어 그대로 설계해 주지 않는다. 도면으로 보는 것과 실제 살아보는 것은 큰 차이가 있으니 꼭 유념해서 설계하길 바란다.

화장실의 문은 방문보다 작다. 보통 화장실 문은 700mm 정도다. 더 크게 할 수도 있지만 문을 크게 할 경우 화장실 면적이 더 커져야 하고 변기에 걸릴 수 있는 문제 등이 있어 화장실 문을 크게 그리는 건축가는 많이 없다.

화장실은 가로 1,810mm, 세로 3,310mm 정도로 잡으면 사용하기에 불편함이 없을 것이다.

4. 안방

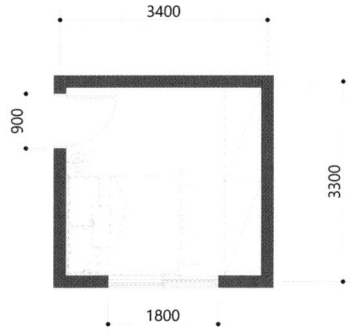

일반적인 안방 사이즈는 3,400mmX3,300mm이다. 퀸 사이즈 침대에 붙박이장이 설치되는 것이 그 기준이다. 예전에는 화장대, 서랍장 등 다양한 가구가 배치돼야 하다 보니 지금 도면보다 더 큰 사이즈로 공간을 잡았다.

하지만 최근에 짓는 주택을 보면 안방 화장실과 연결된 파우더룸이란 것이 별도로 구성되어 있다. 화장대 및 수납장이 안방에 들어오는 것이 아니라 별도의 파우더룸에 배치되면서 안방 사이즈는 점점 줄어들고 있다고 보면 된다. 개인적으로는 위에서 알려 준 치수를 기본으로 하되 더 작아지지는 않았으면 한다. 만약 위 도면에서 더 작아진다면 시각적으로 많이 좁아 보일 수 있기 때문에 작은방 개념이 아니라면 3,400mmX3,300mm을 추천한다.

방문 치수는 기본 900mm를 기준으로 하며 창문 폭은 1,800mm 정도로 잡고 진행한다.

5. 드레스룸

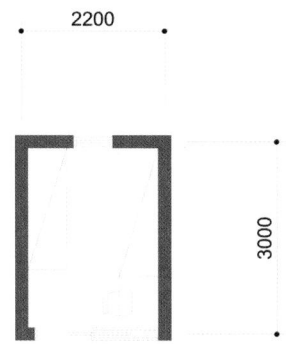

드레스룸 공간 크기에 대해서는 의견이 매우 다양하다. 사람마다 가지고 있는 짐의 양이 다르다 보니 어떤 분은 일자형 드레스룸이면 충분하다 하고 어떤 분은 안방 크기의 드레스룸을 원한다. 여기서 알려 주는 드레스룸은 30평형 기준 가장 보편적인 사이즈다. 양쪽으로 드레스룸 가구를 배치하고 화장대 하나 정도 들어갈 공간을 더 만들어 주는 것이 좋다. 2,200mmX3,000mm의 공간이 나와야 그나마 잡다한 짐들을 모두 넣을 수 있으며, 이것만으로 부족하기 때문에 안방에 붙박이장은 필수로 넣는 것이 좋다.

6. 주방

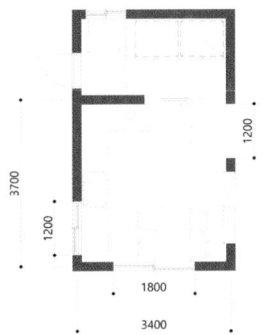

최근에 주방은 북향이 아닌 남향으로 배치되는 추세다. 라이프스타일의 변화로 요즘엔 가든파티를 자주 하기 때문에 요리해서 바로 앞마당으로 나갈 수 있게 동선을 만든 것이다.

3,400mmX3,700mm 정도면 위에 배치해 준 도면처럼 5m 길이의 싱크대와 4인용 식탁 정도가 들어갈 수 있는 공간 폭이 만들어진다.

7. 다용도실

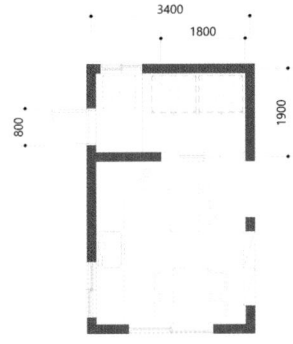

다용도실에 들어가는 기본 세팅이 세탁기와 냉장고 2개이다. 최근에는 보조 싱크대가 들어가는 경우가 있어 지금 알려 주는 치수보다 더 넉넉하게 잡고 진행하는 것이 좋다.

위 도면은 다용도실의 최소 면적을 그려 놓았다고 생각하면 된다. 3,400mmX1,900mm는 나와야 하며, 여닫이문을 달면 공간이 좁아지기 때문에 가급적이면 포켓도어를 달아 문이 열리는 공간 폭을 아껴주는 것이 좋다.

8. 거실

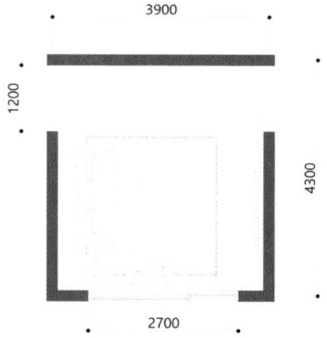

거실 사이즈는 정해진 답이 없다. 원하는 만큼 구성하면 되는데 보통 30평형 기준으로 했을 때 위 도면과 같이 3,900mmX4,300mm 사이즈로 구성된다.

40평형 정도의 공간을 구성한다고 하면 보통 가로 폭이 3,900mm가 아니라 5,000mm 정도가 되어야 좁지 않은 거실 공간을 가질 수 있을 것이다.

9. 보일러실

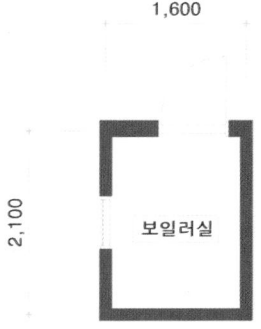

보일러실은 매우 중요하다. 없앨 수 있는 부분이 아니므로 면적 계산할 때 필수로 넣어야 한다. 인허가 서류 접수 시 보일러실이 없으면 보완사항이 될 수 있다.

1평 이상 만드는 것이 좋으며 만약 지열보일러나 화목보일러처럼 큰 보일러가 들어갈 경우 2.5평 정도는 만들어 놓는 것이 좋다.

10. 자녀 방

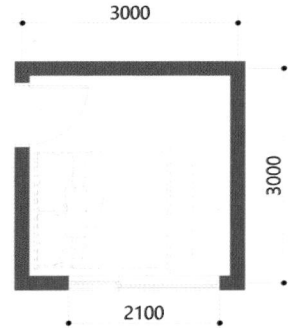

방이 갈수록 작아지고 있다. 그렇다고 해서 사용도 못할 사이즈로 줄여서는 안 된다. 자녀 방의 경우 작은방에 속하는데 최소 3,000mmX3,000mm는 잡아줘야 한다. 그래야 책상과 침대 정도 들어갈 수 있다. 붙박이장을 설치할 경우 양쪽 폭당 300mm씩을 더 잡아주는 것이 좋다.

11. 테라스 & 2층 발코니

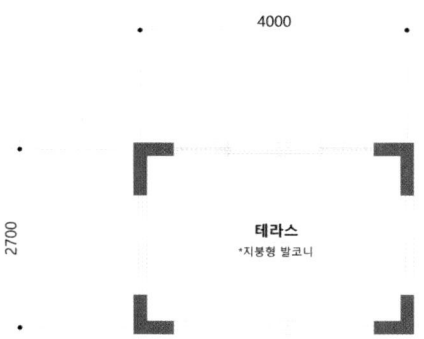

전원주택 매력 중 하나가 2층의 발코니에서 내려다보는 탁 트인 전경이 아닐까 싶다. 보통 2층 발코니는 1-2평 정도로 잡는데 사실상 너무 좁아서 담배 피울 때 정도 외에는 잘 사용하지 않게 된다. 그래서 2층 발코니를 만들 때는 앉아서 티타임을 가질 수 있도록 최소 3평 정도의 공간을 잡아줘야 한다.

발코니에 적정 면적이라는 것은 존재하지 않는다. 설계할 때 발코니를 어떠한 용도로 사용할지 정한 후 공간을 잡아가면 된다. 나 같은 경우에는 3-4평 정도로 잡아 티테이블 및 빨래건조대를 배치할 수 있는 공간으로 많이 설계한다.

12. 포치

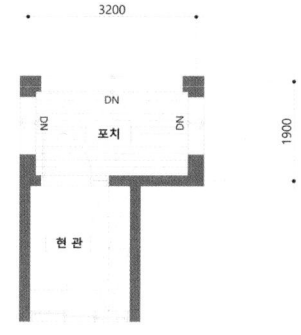

포치의 경우 몇 평 정도가 좋을지에 대한 정답이 없다. 하지만 최소 1평 이상 하는 것이 좋으며 현관문을 열었을 때 비가 들이치지 않는 조건으로 만들어야 한다.

나는 보통 1.5-2평 사이로 계획하며 여유 비용이 있으면 포치 부분은 조금 더 크게 만드는 것을 추천한다. 포치가 있고 없고에 따라 비가 내렸을 때 포치 아래에 앉아 티타임을 가질 수 있느냐 없느냐가 결정되기 때문이다.

...

이제 12개 각 공간들을 어느 정도 사이즈로 잡아야 할지 대략 감은 잡았을 것이다. 물론 내가 제시한 치수와 내용이 정답일 순 없다. 다만 충분히 참고하여 더 발전시킬 수 있는 근거 자료로써 사용할 수 있길 바란다. 별거 아니라 생각할 수도 있겠으나 건축가의 입장에서는 가장 큰 무기를 공개한 것과 같다. 그러나 집을 짓고자 하는 많은 분들이 정확한 정보를 가지고 집 짓기라는 긴 과정을 보다 안전하게 즐기길 바라는 마음이 더 크다.

30평형 전원주택을 기준 삼아 최소 치수를 제시한 것이므로 가급적이면 치수를 같게 하거나, 내 집의 평수가 클 경우 공간을 더 넓게 구성할 것을 추천한다. 너무 좁게 하다 보면 실생활에서 사용할 수 없는 애물단지 공간으로 변모할 수 있으므로 주의해서 설계해야 한다.

마지막으로 도면을 봐도 이해되지 않는 사람은 모눈종이에 치수대로 그린 뒤 잘라서 퍼즐처럼 왔다 갔다 맞추어 보아라. 그러면 내 땅에 맞는 가장 이상적인 배치안이 생각지도 못한 순간에 나올 수도 있다.

외장재 종류 알고 가자

-

 옷에는 각기 다른 특징이 있다. 결혼식 때 입는 정장, 데이트 할 때 입는 한껏 멋을 부린 옷, 추석에 할머니 댁에 입고 가는 한복 등 옷에 따라 분위기도 달라지고 내가 느끼는 감정도 달라질 것이다.

 집도 마찬가지이다. 내 집에 무슨 옷을 입힐지에 따라 집의 분위기가 천차만별로 달라진다. 집의 옷 즉, 외장재에 대해 살펴보자. 외장재에도 참 많은 종류가 있지만 이번에는 외벽재 11가지, 지붕재 5가지로 정리해 보았다. 이것만 알아도 집에 옷을 입히는 데 큰 어려움이 없을 것이다. (단, 외장재는 내가 가진 예산안에서 고르는 것이 최고이다. 절대로 무리하지 말자!)

외벽재

징크

세라믹 사이딩

시멘트 사이딩

스타코플렉스

ALC패널

파벽돌

점토벽돌

현무암

우드 사이딩

적삼목

CRC보드

1. 징크(Zinc)

99.9% 최고 순도의 아연에 티타늄, 구리가 합금되어 만들어진 마감재이다. 부식성이 없어 100년 이상의 수명을 자랑한다. 가공성이 높으며 100% 재활용할 수 있다는 장점이 있어 친환경적 제품으로 각광받고 있다. 다른 외장재와의 조화도 잘 이루어지며 심플하고 모던한 느낌을 내는 데 최적화된 마감재여서 모던한 디자인의 주택을 선호하는 젊은 층에게 사랑받고 있다.

다만 우리들이 그동안 보아왔던 징크들은 대부분 리얼징크라고 하는 아연도금강판이다. 오리지널 징크의 경우 고가여서 대부분 징크를 사용했다고 하면 리얼징크를 사용한 것이라 생각하면 된다.

2. 세라믹 사이딩(Ceramic Siding)

세라믹 사이딩 또는 케뮤(Kmew)라는 명칭으로 사용되는 외벽 마감재이다. 가벼운 모래, 천연펄프, 콘크리트를 혼합하여 독자적인 오토클레이브(autoclave) 제조법에 의해 만들어진다. 표면이 세라믹으로 코팅돼 있어 열화가 거의 없기 때문에 자외선에 의한 변색이 없다. 일본 특유의 정교하고 깨끗한 코팅 공법을 적용해 자연스러운 패턴과 질감을 구현하고 있어 최근 국내에서 가장 많이 주목받고 있는 외벽 마감재라 할 수 있다.

세라믹 사이딩은 품질이 높은 외장재 중 하나이다. 문제는 가격인데 일본에서 전부 수입하다 보니 가격대가 높다. 30평형 기준으로 따졌을 때 세라믹 사이딩 외장 시공비만 2,000만 원 정도에 육박한다. 일본의 경우 한참 유행이었던 스타코플렉스에서 세라믹 사이딩으로 외장 트렌드가 이동하고 있다. 한국도 점차적으로 세라믹 사이딩이 보편화된 외장재로 정착할 것으로 예상되는데 가성비가 관건이 될 것 같다.

3. 시멘트 사이딩(Cement Siding)

심플하면서도 가성비가 높은 마감재이다. 미국에서는 대부분 시멘트 사이딩으로 외벽 마감을 진행하며 관리가 손쉬워 큰 어려움 없이 시공 및 유지관리를 할 수 있는 자재이다. 모래, 물, 시멘트, 섬유소의 혼합물로 목재의 질감을 표면에 그대로 나타내며 휘는 등의 변형이 없다는 장점을 가진다. 사계절의 일기 변화가 많은 우리나라 기후에 적합한 높은 내구성으로 충격과 저항력에 강하며, 특히 불연재로서 화재에 강하다. 또한 오염에도 강하고 다채로운 질감과 색상으로 여러 가지 연출이 가능하다는 장점도 가진다. 다만 한국 주택 트렌드에서는 올드한 느낌과 저렴한 마감재라는 인식 때문에 사용량이 줄어들고 있다.

시멘트 사이딩이 디자인적인 부분만 빼면 가격 대비 높은 품질을 유지하고 있는 외장재임에는 틀림없다. 만약 집을 짓는 데 예산이 너무 빠듯하다면 욕심내지 말고 시멘트 사이딩으로 외장재를 선택하길 바란다.

4. 스타코플렉스(Stucoflex)

고분자 수지의 특성으로 통기성과 항균성을 지니고 있는 마감재이다. 내화성, 차음성, 단열, 오염 방지 등의 성능이 뛰어날 뿐만 아니라 탄성력 및 신축성이 뛰어나 시공 후 벽 갈라짐과 같은 하자가 거의 발생하지 않는다.

목조에 스타코플렉스를 쓰는 가장 큰 이유는 신축성일 것이다. 간혹 '스타코'와 혼동하는 사람들이 있는데 스타코 뒤에 '플렉스'가 붙은 것을 꼭 사용해야 한다. 플렉스가 붙어야 신축성이 있다는 것이고 그래야 벽에 균열이 가는 것을 미연에 방지할 수 있다.

5. ALC패널(Autoclaved Light-weight Concrete Panel)

규산질 재료인 생석회, 시멘트 등을 주원료로 물과 Al 분말 기포제를 첨가해 다공질화 시킨 것을 양생(180℃) 공정을 거쳐 만든 제품이다. 단열성, 내화성, 내진성이 탁월하나 자체 강도가 약하고 습기에 약하다는 단점이 있어 초창기에는 친환경성 자재로 각광받았으나 최근에는 곰팡이 등의 하자가 많이 발생되어 인기가 많이 줄어든 편이다.

ALC패널의 경우 아직도 호불호가 많이 갈리는 제품이다. 어느 쪽에서는 너무 완벽한 자재라고 하고 또 어떤 쪽에서는 하자가 많으니 사용하지 말라고 한다. 어찌 되었든 모든 판단은 여러분에게 있다. 하지만 한 가지 조언하자면 사람들이 많이 사용하는 것은 그만큼 검증되었다는 것을 뜻하고 많이 사용하지 않는 것은 그만큼 문제가 있다는 것을 의미한다.

6. 파벽돌

파벽돌은 오래된 벽돌 건축물을 허물 때 생기는 낡은 벽돌을 의미했다. 하지만 지금은 낡은 벽돌과 같은 질감의 인조석의 한 종류로서 석분과 모래, 포틀랜드 시멘트 등 다양한 재료들을 혼합하여 여러 형태와 색상으로 성형 제품화한 것을 뜻한다. 자연스럽고 고풍스러운 멋이 있으며 가볍고 시공 또한 편리하여 건축주들의 높은 지지를 받고 있다. 파벽돌 자체만으로 인테리어 포인트가 되기 때문에 외장재뿐만 아니라 내장재에서도 많이 사용된다.

최근 인테리어 트렌드는 날 것의 느낌을 많이 강조하고 있는데 특히 그 분위기를 내는 데 선두에 있는 자재가 파벽돌이다. 수백 가지의 디자인이 있고 벽돌이 가지는 거친 질감을 고스란히 안고 있어 평범한 것이 싫다면 과감하게 적용해 보는 것도 좋다.

가격은 천차만별이다. 평균적으로 원자재 가격만 놓고 본다면 평당 5-10만 원 사이로 대부분 원하는 파벽돌을 선택할 수 있을 것이다.

7. 점토벽돌

점토, 백토, 황토, 고령토 등의 불순물을 제거하고 일정한 모양으로 성형 후 열을 가해 강도를 높여 만든 자재이다. 화재에 안전하고 어떠한 기후에도 잘 견딘다. 내구성이 뛰어나고 시공 후 유지비용이 들지 않아 가성비 높은 자재 중 하나라고 할 수 있다.

아직도 나이 지긋한 건축주들은 점토벽돌을 선호한다. 일단 두께감과 단단함이 시각적으로 보았을 때 신뢰감을 주며, 어렸을 적 살았던 집의 추억을 점토벽돌과 매치시키기 때문에 60대층 이상에서는 제1순위 외장재이다. 점토벽돌의 가격은 장당 600-1,000원 정도 한다.

8. 현무암

지하 100m 이상, 1,200℃ 정도에서 마그마가 용출되며 만들어진 석재이다. 각종 미네랄이 풍부하고 원적외선을 방출하여 인체에 유익하다. 항균, 방충 효과의 흡착 탈취력이 강하며, 자연석 특유의 아름다운 장식미를 뽐낼 수 있는 마감재이다.

1박스 단위로 판매되며, 박스당 30장 정도로 구성되어 있다. 원자재 가격은 박스당 3만 원 정도로 1박스 정도면 $1m^2$ 시공할 수 있다.

9. 우드 사이딩(Wood Siding)

과거 목구조 건축물의 외장재로 가장 많이 쓰였다. 하지만 목재라는 재질상의 유지관리적 측면에서 한계가 있어 최근 들어 잘 사용하지 않는다. 집에 나무가 주는 편안함, 안락함, 따뜻한 이미지를 부여할 수 있다는 장점이 있다.

오히려 우드 사이딩은 외장재보다는 내장 마감재로 많이 사용되고 있으며 개인적으로 물이 닿는 외장재로써는 추천하지 않는다.

10. 적삼목

수십 년간 내·외장재로 많이 사용돼 왔으며 최고의 치수 안정성을 자랑한다. 내후성과 내구성이 강하다는 장점이 있지만 목재라는 재질적인 한계성이 있어 유지 관리를 지속적으로 해야 한다는 것이 단점이다.

적삼목의 경우 외벽 전체를 마감하기에는 무리가 있으며, 포인트를 주는 선에서 사용할 것을 추천한다. 현관 앞의 포치 내부 마감에 주로 많이 사용된다.

11. CRC보드

천연펄프(Cellulose fiber)와 포틀랜드 시멘트, 규사, 첨가제 등을 물과 혼합해 1만 톤으로 가압한 다음 양생 과정을 거쳐 생산된다. 고강도, 고밀도 제품으로 온도 편차에 따른 길이 변화가 적고 내구성, 내화성, 차음성이 우수한 친환경적 내·외장재이다. 이름은 다소 생소하겠지만 주변의 빌라나 상가 건물에 주로 사용되는 마감자재가 바로 CRC보드다. 넓은 면적도 저렴한 가격에 쉽게 시공 가능하다는 장점이 있지만 흔한 자재다 보니 개성 있는 건물을 원하는 분들은 예전보단 비교적 덜 찾는 자재라고 할 수 있다. 나쁜 자재는 아니지만 전원주택을 지을 때는 추천하지 않는다.

지붕재

아스팔트 슁글

오지(점토) 기와

시멘트 기와

금속 기와

징크

1. 아스팔트 슁글(Asphalt Shingle)

아스팔트 사이에 강한 유리섬유(Fiberglass)나 종이 매트(PaperMat)를 넣어 만든 것으로서 채색된 돌 입자로 표면을 코팅해 색상을 다양하게 연출한 지붕 마감재이다. 기와에 비해 무게가 1/5밖에 되지 않아 하중으로 인한 구조재의 부담을 줄여주고 시공이 간편하다는 장점을 지닌다.

한국에서는 정품이나 제대로 된 시공법으로 공사하지 않아 매우 저렴하고 저품질의 자재로 잘못 알고 있다. 미국 주택의 대부분은 아스팔트로 시공되며 이미 품질 검증이 끝난 제품이다. 아스팔트 슁글도 브랜드에 따라 가격 차이가 많이 난다. 집을 짓는 데 예산이 부족해 걱정이라면 너무 고민하지 말고 아스팔트 슁글을 적용하되 브랜드를 서튼티드사나 오웬스코닝사 같은 정품 브랜드를 선택해 사용하면 하자율을 줄일 수 있다.

2. 오지(점토) 기와

모래나 유기물, 알칼리 성분을 제거한 점토 원토를 분쇄기에 갈아 미세한 분말로 만든 뒤 용해하여 만든 지붕 마감재이다. 기와는 암실 속에서 일정 기간 숙성시킨 다음, 숙성된 점토를 다시 혼합하여 '성형→마무리→건조→소성→냉각' 등의 절차를 통해 탄생된다.

스페인풍이나 북유럽식 느낌을 내는 데는 이 기와를 사용해야 할 것이며 이국적인 느낌을 좋아하는 분들께는 최고의 지붕재로 각광받고 있다. 다만 비용은 30평형 주택 기준 지붕에 기와를 올리면 1,200-1,300만 원 정도의 추가 공사비가 발생한다.

3. 시멘트 기와

시멘트와 경질 세골재를 섞어 만든 '모르타르'를 원료로 하는 지붕 마감재이다. 제조 시 표면을 매끈하게 만들기 위해 틀에 채운 다음 시멘트를 뿌린 뒤 양생한다. 최근에는 시멘트 양이 많은 모르타르를 고압 프레스로 성형하고 물 속, 공기 속에서 양생해 표면에 무늬를 만들어내기도 한다. 오래된 철거 건물의 기와에는 석면이 포함돼 있는 경우도 있으나 오늘날 사용되는 것은 수동 가압성형 대신 $50kg/cm^2$ 이상의 수압기 또는 유압기로 가압한 판형 시멘트 기와이므로 안심하고 사용해도 된다.

시멘트 기와가 생소할 수도 있는데 오래된 시골집 위에 올라가 있는 것들이 대부분 시멘트 기와이다. 경주에 지어진 대부분의 단독주택들이 시멘트 기와를 사용하고 있으며 한옥 느낌이 나는 지붕재라 생각하면 된다.

4. 금속 기와

갈바륨 강판과 알루미늄, 아연합금, 도금 강판으로 이루어진 지붕 마감재이다. 알루미늄이 갖는 장기 내식성과 내열성, 아연이 지닌 Galvaic Behavior 효과를 결합시켰다. Galvaic Behavior 효과란 흠이 생기거나 구멍이 나서 노출된 부분으로 아연(Zinc) 분자가 스스로 움직여 메워주는 것을 말한다. 금속 기와는 일반 기와의 1/6 정도밖에 되지 않는 가벼운 무게를 자랑하며 운반이 용이하고 온도 변화에 따른 내구성 등이 우수하다는 장점을 가진다.

금속 기와는 아스팔트 슁글과 같은 느낌을 가진다. 가격도 저렴하고 디자인도 다양해 미국 스타일의 전원주택을 원하는 분들이 많이 적용하는 지붕재이다.

5. 징크(Zinc)

징크는 아연(Zn)을 뜻한다. 얇은 판상재의 형태로 지붕과 외벽 등 건축 외장에 쓰인다. 얇고 넓적하게 가공된 Rolled Zinc가 개발된 1811년 이후부터 본격적으로 사용되기 시작했다. 특히 1852년 프랑스 도시계획에 따라 파리가 재정비될 때 모든 지붕에 징크를 사용하도록 법을 규정함으로써 대대적으로 보급되기 시작했다. 1960년 티타늄이 합금된 징크가 개발되고 1976년 최초로 생산 공정에서 인공 산화층을 형성해 유통하는 프리 웨더링(Pre-Weathering) 제품이 등장하면서 오늘날의 징크 시장이 형성되었다고 할 수 있다.

외벽 마감재에서 설명했듯이 오리지널 징크를 사용하는 곳은 거의 없다. 여러분이 보는 징크는 대부분 리얼징크며, 0.5T 이상만 사용하면 기능상 문제는 없어 꼭 오리지널 징크를 고집할 이유는 없다.

창호에 대한 고민
-

예전에는 천장이나 벽 사이로 스미는 찬 기운 즉 웃풍이 들어 추운 경우가 상당히 많았으나 요즘 짓는 집은 건축법의 단열 기준에 맞춰 설계·시공되기 때문에 정상적으로 시공되었다면 크게 염려할 필요 없다.

집의 단열은 곧 난방비와 밀접한 연관이 있다. 그렇기 때문에 창호를 잘 선택해야 한다. 결국 창호도 유리로 되어 있고 개폐가 되다 보니 기밀성과 단열성을 얼마큼 잡아주느냐에 따라 겨울철 난방비 폭탄을 맞느냐 피하느냐를 경험하게 될 것이다. 인터넷에 창호 관련 정보를 찾아보면 '유리는 강화유리고, 로이유리에 아르곤 가스가 차 있으며 일사 획득 계수에 열관류율을……' 이해할 수 없는 어려운 말만 잔뜩 적혀 있다. 하지만 우리가 궁금한 것은 결국 하나다.

"대체 어떤 창호가 좋다는 거야?"

그래서 나는 우리 집 단열을 책임지는 창호에 관해 더 이상 빙빙 돌리지 않고 여러분이 가장 듣고 싶어 하는 부분만 설명하고자 한다. 창호는 방식에 따라 크게 두 가지로 나뉜다.

첫째, 이중 창호는 쉽게 찾아볼 수 있는 창호다. 아파트나 빌라에 많이 사용되며 두 번의 창을 열어 개폐하는 방식이다. 레일 위에 창문을 얹어 개폐가 되기 때문에 기밀성이 떨어진다는 단점이 있다.

둘째, 시스템 창호다. 전원주택 특히 목조 주택에 많이 사용된다. 최근 지어지는 집 대부분은 시스템 창호를 적용하고 있다. 일반 창호는 에너지소비효율등급 3등급, 2중 시스템 창호는 에너지소비효율등급 2등급에 머물러 있으며 3중 시스템 창호는 되어야 에너지소비효율등급 1등급을 득할 수 있다.

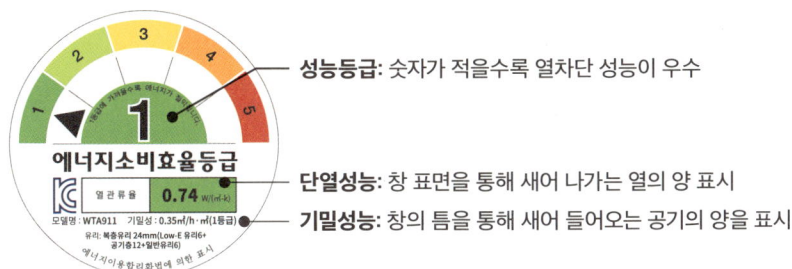

나는 겨울철 난방비 상승에 대비하기 위해 기본적으로 시스템 창호를 적용한다. 시스템 창호는 창틀과 유리 사이의 틈을 없애고 일체화시켜 단열성, 기밀성, 내압성, 수밀성 등의 성능을 높인 것이다. 개폐 방식도 미닫이, 여닫이뿐만 아니라 틸트 앤턴, 슬라이딩 앤 틸트 등으로 다양하게 구성돼 있다.

3중 시스템 창호 단면

일반적으로는 5가지 브랜드 안에서 많이들 사용한다. 각 브랜드별로 가격대 차이가 있으므로 남들이 추천하는 것을 무조건 따르기보다는 내 예산 범위 안에서 적절한 선택을 해야 할 것이다.

이건창호, 이노틱창호 > LG창호, KCC창호 > 융기창호 (가격순)

성능 면에서 이건창호와 이노틱창호가 뛰어나다. 예산이 충분하여 창호에 비용을 할애할 여유가 있다면 성능이 확실한 이건창호나 이노틱창호로 가는 것을 추천한다. A/S도 확실하기 때문에 가장 많은 관심을 받지만 비싸서 쉽게 선택하기 어려운 브랜드기도 하다. 최근에는 LG와 KCC에서 시스템 창호 품질을 업그레이드하고 있는 추세이다. 그 전에는 아파트 발코니 창 쪽에서 많이 사용되었으나 가성비 측면에서 요새 많이 적용되고 있다. 융기, 베카 드리움 창호는 목조 주택에서 많이 알려져 있는 브랜드이다. 3중 시스템 창호 적용 시 2등급 정도의 효율등급이 나오고 브랜드 대비 가장 저렴하며 30평형에서 내가 가장 많이 사용하는 브랜드이다.

창호에서 2천만 원 이상 쓰기가 어려울 경우 고민하지 말고 LG, KCC, 융기 브랜드로 과감하게 넘어가면 된다. 인터넷을 하다 보면 무조건 좋은 것들 위주로 검색되곤 하지만 내 예산에 맞는 최적의 자재를 사용해 집을 짓는 것이 가장 좋다. 품질도 품질이지만 예산 범위를 넘어가지 않는 것이 중요하다.

또한 만약 예산이 조금이라도 남는다면 인테리어에 투자하는 것이 아니라 창호에 모든 예산을 집중해야 한다. 모든 창에 3중 시스템 창호는 필수다. 그래야 겨울철 난방비 폭탄에서 벗어날 수 있다. 겨울철 난방비는 창호를 얼마나 좋은 것을 사용하느냐에 따라 달려 있다.

참고로 최근에 각 창호 브랜드들이 홈페이지에 창호 사이즈별 금액을 모두 공개했다. LG 같은 경우는 홈페이지에서 사이즈별로 상세 견적을 낼 수 있도록 시스템을 구축해 놓았으니 한 번 정도 들어가 검토해 보는 것도 좋을 것이다.

단열재 선택은 매우 중요하다

-

집을 지을 때 무엇을 중점적으로 신경 쓰면 좋은 집 또는 잘 지은 집이라고 할까? 내 생각에는 딱 두 가지만 충족시킨다면 훌륭한 집이다.

따뜻한 집
그리고 비가 새지 않는 집

위 두 가지가 집을 지을 때 가장 핵심적인 부분이다. 너무나 당연한 사실을 말한 것 같지만 이 두 가지 요소를 만족시키기가 여간 어려운 게 아니다. 전원주택에서 발생한 하자 내용을 살펴보면 90% 이상이 춥거나 비가 새거나 둘 중 하나다.

그중 따뜻한 집을 짓는 법에 대해 이야기하고자 한다. 따뜻한 집을 짓기 위해서는 집에 들어가는 단열재를 잘 선택해야 한다. 국내에 판매되는 단열재의 종류는 수십 가지가 있지만 오늘은 검증이 된 동시에 가장 보편화된 EPS 단열재, 글라스울, 수성연질 폼, 셀룰로오스 단열재를 골라 보았다.

크게 고민할 것 없다. 새로 개발된 제품 말고 이제부터 소개하는 네 가지 단열재 중 하나를 선택해 사용하는 것이 좋다. 다시 말해 검증된 것만 사용하라는 의미이다. 간혹 건축박람회에서 기가 막힌 제품을 찾았다고 들고 오는 사람들이 있는데 나는 시험성적서 발행이 안 되거나 20년 이하의 브랜드 제품이면 거들떠보지도 않는다. 또 한 가지 첨언하자면 2016년 6월 개정된 지역별 단열기준 이상을 맞추는 것도 감안해야 할 것이다.

EPS 단열재					글라스울

수성연질 폼					셀룰로오스

1. EPS(Expanded Poly-styrol) 단열재

　EPS로 통용되는 단열재로서 '비드'라는 것을 발포시켜 만들기 때문에 비드법 단열재라고도 불린다. 비드를 어떤 크기로 발포시키느냐에 따라 밀도가 나뉘며, 현장에서 절단 등의 가공이 용이하여 공사 현장에서 대중적으로 사용되는 단열재이다.

　대부분의 아파트, 빌딩 건축 현장에서 EPS 단열재를 사용한다. 가장 가성비가 높으며 가공성이 높아 대중적인 인기를 끌고 있다.

2. 글라스울(Glass Wool)

　샛기둥을 세운 뒤 그 사이에 단열재를 채우는 방식으로 시공하는 공법이다. 무기질의 인조광물 섬유 단열재이며 유연하면서도 부드러운 섬유가 섬세하게 겹쳐져 있다. 간혹 석면이 들어가 있다고 오해하기도 하지만 절대 그렇지 않다. 석면은 법적으로 금지되어 있기 때문에 최근 생산되는 모든 단열재에는 석면이 들어가 있지 않다. 믿고 사용해도 된다.

글라스울은 목조 주택에서 가장 많이 사용되고 있는 단열재이다. 가성비 대비 품질이 높고 하자율이 적다는 장점이 있다. 또한 불에 타지 않고 인체에 해로운 유독가스도 발생하지 않는다. 또한 흡음성이 뛰어나 소음에 민감한 분들에게 추천한다.

3. 수성연질 폼(Sprat Polyurethane Foam)

폴리이소시아네이트(Polyisocyanate+)를 주원료로 한 연질 경량 수성 발포의 특징을 가진 합성수지의 수성연질폴리우레탄폼이다. 골조를 먼저 시공한 뒤 사이사이에 폼 발포를 통해 단열재를 채우는 방식이다. 가격대는 글라스울보다 비싸다. 대신 빈틈없이 시공될 수 있기 때문에 기밀성 면에서는 더욱 뛰어나다.

4. 셀룰로오스(Cellulose)

신문과 같은 종이를 재활용하여 생산되는 셀룰로오스 단열재는 시공단가가 높아 국내에서는 대중화가 이루어지지 않은 단열재 중 하나다. 섬유 자체의 미세 기공과 섬유가 서로 얽혀 있으며, 그 사이의 공기층이 효과적으로 열을 차단하는 역할을 한다. 국내에서는 생소한 단열재이지만 전 세계적으로 보편화된 단열재이므로 집짓기 전에 한 번 검토해 볼 만하다. 습도 조절과 결로 방지 부분에서 타 단열재보다 우수하다. 문제는 비싸다는 점에 있다.

어떤 스타일로 집 지을래?

-

우리 가족이 살게 될 집이기에 외장 디자인에도 관심이 생긴다. 하지만 설계를 진행할 때 더 중요한 것은 외장 디자인이 아니라 내가 실제로 거주할 내부 공간 배치이다.

설계 단계에서는 내 땅 어디에 집을 배치할지부터 시작되며, 어느 위치에 배치할지 결정이 나면 세부 레이아웃을 잡게 된다. 이 레이아웃이 모두 잡힌 후에 그대로 벽을 들어 올리면 그 자체가 외형 디자인이 된다. 벽을 세웠으니 이제 내 취향대로 옷을 입히면 집 디자인이 완성되는데 이때 모던 스타일로 할지 클래식 스타일로 할지 북유럽 스타일로 할지 등을 정해 주면 된다.

여러분들이 설계에 처음 들어갔을 때에는 하나만 기억하고 있으면 된다. 건축가에게 추상적이라도 내 집이 어떠한 느낌의 외관이 되었으면 한다 정도만 이야기하면 설계가 끝나갈 쯤에 여러분이 상상하는 그 이상의 집이 디자인되어 있을 것이다.

사람마다 취향이 모두 다르고 살아온 환경도 다르다. 남의 집을 보고 좋다 나쁘다 이야기할 필요 없다. 내 땅에 내 취향대로 집을 지으면 되고 원하는 디자인으로 새롭게 옷을 입힐 수 있으니 초반부터 집의 디자인에 관해 고민할 필요는 없다.

집 외관을 결정하는 스타일은 크게 다섯 가지 정도로 나뉜다.

1. 모던 스타일

　모던 스타일은 도심형에 가장 잘 어울리는 디자인이라 할 수 있다. 박스형 디자인에 군더더기 없이 깔끔한 마감면이 매력적이다. 작은 평형대라 하더라도 좀 더 커 보이는 입체적 외관을 가지고 갈 수 있으며, 세련되고 차가운 도시적 느낌을 가미하고 있다.

2. 클래식 스타일

　미국 영화에 가장 많이 등장하는 스타일이다. 박공형 지붕에 안정감 있는 처마가 매력적이다. 가장 안정되고 검증된 디자인 스타일이며 하자 발생률이 적다.

3. 북유럽 스타일

스페니시(spanish) 기와에 파벽돌의 조화 자체만으로 이국적인 느낌을 물씬 풍긴다. 젊은 층보다는 나이가 있는 50대 이상 층에서 압도적인 인기를 끌고 있는 스타일이라 할 수 있다.

4. 일본 스타일

세라믹 사이딩 마감에 낮은 지붕 경사도, 길게 나온 처마가 인상적인 스타일이다. 최근 국내에서 짓는 다양한 모던 스타일의 주택은 일본풍에서 발전된 것이라고 생각하면 된다. 군더더기가 없고 실용성을 극대화한 디자인이다.

5. 지중해 스타일

북유럽 스타일과 비슷하지만 라운드 형태의 파란 지붕과 이국적인 창문으로 차별성을 지닌다. 지중해 스타일은 한 번 빠지면 헤어 나오지 못하는 경향이 있다. 시공하는 회사가 많이 없다 보니 대중적인 스타일은 아니라고 할 수 있다. 산보다는 바다 쪽의 위치하는 펜션들이 지중해 스타일을 많이 선호하고 있으며 유니크한 디자인 때문에 카페나 갤러리 같은 곳에서도 많이 적용되고 있는 디자인이다.

...

전원주택의 분위기를 결정하는 대표적인 다섯 가지 스타일을 알아보았다. 평소 원하던 스타일이 이 중에 있을 수도 있고 없을 수도 있다. 다만 건축가로서 한 가지 분명하게 조언하고 싶은 점은 '무조건 하나만 고집할 필요는 없다'는 것이다.

이를테면 '내가 오늘은 오피스룩의 정석을 보여주지'라며 단정하게 옷을 입었다고 해서 또 다른 오피스룩을 연출한 동료와 똑같은 차림새를 하고 있다고 볼 수는 없는 것과 같다. 같은 스타일에 속한다 하더라도 제각각 개성을 표현해낼 수 있도록 스카프, 상하의 등 여러 옷을 믹스매치하여 입기 때문이다. 이처럼 옷이 내 개성을 나타내 주듯 집 또한 마찬가지다. 타인이 어떻게 했든지 간에 개의치 않고 내가 꿈꾸던, 내 개성에 맞는 집을 디자인하면 되는 것이다.

 건축이란 분야에는 정답이 없다. 집이란 매개체에도 명확한 답이 존재하지 않는 것이 아니다. 나는 짓고 싶은 집을 자유롭게 꿈꾸고, 건축가는 그 꿈을 현실로 구현해 줄 것이다.

건축신고와 건축허가 및 사용승인

-

건축법은 명확하다. 그러나 인터넷상에서 잘못된 정보를 정답인 것마냥 자문해 주는 이들 때문에 건축신고와 건축허가 관련하여 혼란이 가중되고 있는 것이다. 건축신고와 건축허가 조건은 건축법에 정확히 나와 있는 만큼 혼동하지 말길 바란다. 2006년 기준 건축법이 개정되었다. 모든 건축물은 건축신고나 허가를 득해야 한다는 조건으로 법이 바뀌었는데 가끔 가다 조립식 건물, 컨테이너 하우스, 농막 등은 그냥 지어도 된다고 하는 사람들이 있다. 절대 그렇지 않다. 아무리 작은 건물이라 할지라도 내 땅 위에 올린다고 할 시 필히 건축신고를 해야 한다. 전문가의 자문이 아닌, 주변 지인들 말 들었다가 잘못된 건축 행위로 벌금을 포함해 원상복구 명령까지 내려와 비용 면에서 무지막지한 손해를 본 사례가 한두 건이 아니다. '이장님 통해서 말하면 다 되니까 걱정하지 마세요'라고 하는 사람도 종종 있으나 절대 그렇지 않다. 내 집 짓는 데 고생하고 싶지 않으면 원리원칙대로 진행하자.

1. 건축신고 및 허가

다음의 도표가 너무 복잡해서 어떻게 해야 되는지 모르겠다는 사람들이 있을 것이다. 하지만 내용만 인지하고 있으면 될 뿐 너무 스트레스 받지 않아도 된다. 건축신고 및 허가는 개인이 할 수 있는 범위가 아니다. 건축사사무소를 통해 대행해야 하며 건축사 도장이 들어가야 하기 때문에 신고 및 허가를 진행해야 할 때에는 고민하지 말고 건축사사무소를 찾아가면 된다.

	신고	허가
기준면적	도시지역: 100㎡ 이하(30평 이하) 비도시지역: 200㎡ 이하(60평 이하)	도시지역: 100㎡ 초과(31평 이상) 비도시지역: 200㎡ 초과(61평 이상)
인허가 필요서류	① 건축계획서 및 개요 ② 신고기준 기본도면(평면도, 입면도, 단면도) ③ 배치도	① 건축계획서 및 개요 ② 신고기준 기본도면(평면도, 입면도, 단면도) ③ 배치도 ④ 기계도면 ⑤ 전기도면 ⑥ 통신도면
구분	해당 지자체 담당공무원 신고서류 검토	① 해당 지자체 담당공무원 허가서류 검토 ② 제3의 건축사 도면 확인 ③ 제3의 건축사 감리 진행
신고서류	① 면허세 ② 국민주택채권영수증 ③ 설계 계약서 사본 ④ 착공신고서	① 면허세 ② 국민주택채권영수증 ③ 설계 계약서 사본 ④ 착공신고서 ⑤ 감리 계약서
제출서류	① 최종 건축도면 ② 신고필증(가스, 정화조, 상수도, 지하수, 배수설비 등의 신고필증 첨부)	① 최종 건축도면 ② 신고필증(가스, 정화조, 상수도, 지하수, 배수설비 등의 신고필증 첨부)

※ 건축신고

건축법 제11조에 해당하는 허가 대상 건축물이라 하더라도 다음에 해당하면 건축허가를 받은 것으로 보며, 건축신고로 가능하다.

① 바닥면적의 합계가 85㎡ 이내의 증축

② 국토의 계획 및 이용에 관한 법률에(관리지역, 농림지역 또는 자연보전 지역) 따른 연면적이 200㎡ 미만이고, 3층 미만의 건축물의 신축

③ 연면적의 합계가 100㎡ 이하인 건축물
④ 건축법 제23조 제4항에 따른 표준설계 도서에 따라 건축하는 건축물로 그 용도 및 규모가 주위 환경이나 미관에 지장이 없다고 인정하여 건축조례로 정하는 건축물

※ 건축허가

건축물을 신축, 증축 또는 용도변경 시 지역의 시, 군청의 심의를 거쳐 허가를 받아야 한다. 다시 말해, 건축법에 의한 전반적인 업무절차와 허가 행위를 건축허가라 지칭할 수 있다. 또한 법이 정한 규모 이상으로 건축물을 개보수하거나 부대 시설물을 설치할 경우에도 건축허가를 필히 득해야 한다. 예전에는 완공 후 몰래 샌드위치 패널 같은 자재로 불법 증축하는 집들이 많았는데 최근에는 위성으로 불법 건축물들이 적발되어 원상복구 명령과 벌금이 부과되므로 필히 신고 및 허가 후 시설물을 건축해야 한다. 건축허가 유효기간은 허가서를 발부받은 날부터 1년 이내에 착공하여야 하며, 그렇지 못한 경우는 소정의 세금을 지불 후 1년 범위 안에서 착공기간을 연장할 수 있다.

2. 사용승인(준공)

건축신고나 허가를 받아 공사가 완료된 후 사용하기 위해 허가권자로부터 사용에 대한 승인을 받는 절차를 뜻하며, 사용승인이 나와야 등기절차를 밟을 수 있다.

① 사용승인 시 서류 및 처리사항
- 정화조 사용승인 필증, 가스안전 필증, 정보통신 준공공사 필증
- 주차장 사진, 하수관로 연결 사진

② 사용승인 후 처리사항
　　- 취득세 납부
　　- 소유권 보존 등기
　　- 농지, 산지의 경우 지목 변경

　사용승인 또한 개인이 진행할 수 없는 부분이다. 처음에 인허가를 넣었던 건축사사무소에서 사용승인까지 대행해 줄 것이다. 애초에 인허가 대행 계약을 하면 대부분 사용승인까지 업무범위에 들어가 있다. 사용승인 접수를 하기 전 담당 건축가가 세금 관련해서 납부 영수증을 달라고 할 것이다. 이 부분만 정리해 주면 되며, 나머지는 공사를 진행한 현장소장과 건축가가 담당해서 접수해 줄 것이다. 사용승인이 나면 법무사를 통해 최종 등기를 진행하면 되고 즐겁게 이사하면 된다.

Hit&HOT

1억으로 내 집 짓기
정말 가능할까?

"'1억이면 나도 한 번 집을 지어볼까?'
여기저기서 1억 주택 짓기에 대한 이야기가 나오고 있습니다.
여러분은 어떠세요? 1억으로 집짓기 가능하다고 생각하세요?"

작년 한 해 가장 화두였던 건축계 핫 키워드는 '1억 집짓기'였다. 그만큼 전원주택에 대한 열망, 아파트 단지 내 차가운 아스팔트가 아닌 부드러운 땅을 밟으며 살고 싶다는 니즈가 건축 시장에 투영되었던 게 아닌가.

각종 매거진부터 예능 방송 프로그램에 이르기까지 집짓기 열풍은 대단했다. 문제는 정말로 '1억'이라는 금액으로 집을 지을 수 있는 것인가'이다. 많은 사람들의 관심사인 만큼 인터넷상에서 전원주택 연관 키워드 제일 앞쪽에 '1억 주택'을 쉽게 발견할 수 있을 것이다.

집을 짓는 데 1억이라는 기준이 어떻게 생겨났는지 모르겠지만 그 때문에 건축주 대부분이 도전해 볼 만한 가치가 있다고 생각하는 것 같다. 현재 경기도권 아파트 시세를 보면 30평형 기준으로 평균 3억 중반대에서 4억 초반대로 분양가가 형성되어 있다. 경기도권 전원주택 100평 정도의 땅이 1억에서 2억 사이에서 거래되고 있으니 지금 살고 있는 집에서 큰 대출을 받지 않아도 3억 내에서 집을 지을 수 있다는 계산이 나온 것이다.

1억.

솔직히 말하겠다. 1억으로 20평 정도의 소형 평수의 전원주택은 지을 수 있고, 30평 이상의 4인 거주 주택은 불가능하다.

집을 지을 때는 건축비만으로 끝나지 않는다. 건축, 설계, 인허가, 가구, 기반시설 인입까지 고려하려면 순수 건축비는 7천만 원 중반대에서 끝내줘야 한다. 현재 그나마 가성비 높은 공법인 목조 주택의 경우 평당 가격이 450-500만 원 정도로 형성되어 있다. 20평 내로 지어야지만 그나마 1억 내로 건축비를 떨어뜨릴 수 있는 것이다. 비싼 외장재는 생각하지도 못한다.

정말 괜찮은 느낌의 1억 주택이라는 키워드를 달고 있는 집들을 세부적으로 뜯어보면 대부분 건축비가 1억 9천만 원 정도 즉, 1억 후반대로 형성되어 있다. 정확히 1억 주택이 아니라 1억대 주택이라는 것이다.

"우리 동네에서 일하는 분이 계신데, 1억이면 정말 좋은 자재를 써서 집을 지어줄 수 있다고 하네요."

"샌드위치 패널이라는 것으로 벽 만들고 튼튼한 벽돌로 마감해서 1억에 지을 수 있다던데요. 제가 직접 봤는데 엄청 튼튼하고 단단해 보여요."

우리는 현실을 직시해야 한다. 1억 주택에서 좋은 자재를 사용하기에는 어려움이 있다. 좋은 자재라고 표현하기보다는 가성비 높은 자재를 사용했다고 하는 것이 더 정확한 표현이다. 게다가 샌드위치 패널은 개인적으로 추천하지 않는 방식이다. 결국 조립식 형태라는 건데 상가로 사용하는 것이라면 모를까 주거용이라면 많은 문제가 발생하게 될 것이다. 물론 최종 판단은 건축주의 몫으로 남겨두겠다.

요즘에도 여전히 1억 주택과 관련한 문의가 많이 들어온다. 전원주택이란 꿈을 안고 있는 분에게 현실적으로 정확하게 답해 드려야 하니 여간 마음이 불편한 게 아니지만 어차피 시장가보다 훨씬 저렴하게 집을 짓는 것은 불가능하다. 현실을 받아들이고 인정해야 한다.

정리해 보면,
1억으로 집을 짓고자 한다면 20평 이하로 집을 설계하고 지어야 한다. 4인 가족이 생활할 수 있는 공간이 아니란 뜻. 다만 가끔씩 들려 생활하는 세컨드 하우스는 1억대로 충분히 가능하다. 좋은 자재가 아닌 가성비 높은 자재로 최대한 금액을 낮출 수 있는 방법을 찾아야 할 것이다.

1억 주택? 불가능하지는 않다.
다만 현실을 직시하고 욕심을 최대한 버려야 한다.
1억으로 100년 가는 집을 짓겠다는 생각은 내려놓길 바란다.

Hit&HOT

여러분이 들고 있는
설계 도면은 어떻게 생겼는가?

 "비전문가도 보기 쉬우라고 그리는 게 설계 도면입니다. 초등학생도 충분히 이해할 수 있도록 치수와 기호, 글자들을 모두 적어 넣습니다. 설계 도면 보는 법 그리 어렵지 않아요."

시중에 나와 있는 전원주택 짓기 관련 책을 빠짐없이 읽어본 뒤 내 서재에 정리해 꽂아 두었다. 너무 오래전에 출간되었거나 인테리어 관련, 이론을 담고 있는 서적을 제외하고 오로지 실무에 도움이 될 수 있을 만한 집짓기 도서는 약 40권에 해당되었다. 의외로 많지 않아 놀랐다.

이 집짓기 관련 도서를 쓴 저자는 세 종류로 구분되었다. 첫 번째는 건축가 및 시공전문가, 두 번째는 기자, 세 번째는 집을 지어본 건축주다. 당연히 전문가인 건축가가 쓴 책이 많을 것이라고 생각하지만 실제 출간된 서적을 살펴보면 의외의 결과가 나타난다는 것을 볼 수 있다.

게다가 집짓기 책을 낸 저자 중 가장 높은 비율을 건축주가 차지하고 있었다. 본인의 집을 지으면서 얻은 노하우와 경험을 담고 있어 집짓기에 도전하는 예비 건축주에게 최고의 지침서에 해당됐을 듯하였다.
두 번째는 기자이다. 특히 방송작가 출신의 기자가 많았는데 최근 집짓기 열풍을 타면서 방송에 전원주택과 관련된 내용이 많이 나오다 보니 이를 취합하여 알기 쉽게 정리해 놓은 책들이었다. 깊이 있진 않지만 요점만 뽑아서 초보자가 보기에 쉬웠을 것 같다는 게 그 특징이다.

마지막은 건축가다. 전문가인 건축가가 쓴 집짓기 책이 매우 적은 편인데 아무래도 스토리텔링이 적절히 섞인 글을 쓰기가 어려웠던 게 가장 큰 이유가 아닌가 싶다. 그래서 건축가들이 쓴 책을 읽어 보면 글보다는 사진, 투시도, 도면이 메인인 포트폴리오 형식의 책이 대부분이었다.

문제는 이렇게 다양한 저자들이 낸 집짓기 책 중 어떤 것도 가장 중요한 한 가지를 언급하지 않고 있다는 것이었다.

바로 설계 도면에 대한 이야기이다.
여러분들은 정석대로 그려진 설계 도면을 본 적이 있는가? 대개 '설계 도면' 했을 때 평면도를 가장 먼저 떠올린다. 입면도, 배치도 등 설계 도면은 아무리 해도 10장이 넘지 않을 것이라고 생각한다.

하지만 보통 30평 기준 전원주택 설계 도면은 최소 30장이다. 설계도에는 토목 도면부터 시작해 평면, 단면, 입면, 창호도, 전기, 설비, 오수, 배수, 정화조, 조경, 주차장, 배관도, 콘센트, 조명계획 등 시공상에서 문제가 될 만한 소지가 있는 모든 도면을 건축주와 협의해 설계한다. 그렇기 때문에 설계도로써 평면도만 있으면 공사업자와 협의해 보완해 나가며 집을 지어도 된다는 건축주의 생각은 완전히 틀린 것이다.

거듭 강조하지만 설계 단계가 80%의 중요성을 지니고 시공 단계가 중요도 20%를 가진다. 그만큼 도면만 꼼꼼하게 그려 놓으면 시공에 들어갔을 때 고민할 필요가 전혀 없다는 것이다.

공사하는 현장소장과도 싸울 필요가 전혀 없다. 모든 근거는 도면에 기반을 둔다. 도면대로 지으면 되는 것이고 도면대로 안 지어졌으면 다시 하면 되는 것이다.

집을 짓다가 현장에서 다투고 중재를 원한다는 문의가 생각보다 많이 온다. 골이 깊어질 대로 깊어져 더 이상 해결할 수 없는 상태에 이르렀을 때 현장의 건축주들이 도면을 들고 사무실로 찾아오는 것이다. 그분들이 들고 오는 도면을 살펴보면 대부분 10장이 채 되지 않는다. 간혹 20장 이상 들고 오는 분들도 있는데 문제는 설비 및 기타 도면들이 단순 허가용 복사 도면인 경우가 많다.

다들 허가만 먼저 받고 시공사와 도면 협의를 하면 된다는 설계업체의 말을 순진하게 믿은 탓이다. 모르고 진행한 것도 잘못이다. 어쩔 수 없다. 다툼이 있거나 망가진 현장에 새로 들어가는 업체는 전무하다. 어느 바보가 그 현장에 들어가겠는가? 널린 게 공사업자라고 생각할 수도 있겠으나 돈을 아무리 많이 준다한들 절대로 공사하다 망가진 현장에 들어가는 업체는 없다.

정리하면, 설계비가 아까워 지역의 허가 사무소를 통해 허가만 득한 다음 시공사와 주 설계내용을 협의하는 식으로 진행해서는 절대 안 된다는 것. 돈이 들더라도 설계도면은 정석대로 모두 그려야 한다.

"신고사항이니 도면 약식으로 넣어도 돼요. 그러면 설계비 더 적게 받을게요."
"에이, 뭘 다 그려 아깝게. 평면만 그려서 넣어버려. 그러면 공사업자가 알아서 지어줄 거야."

아직도 주변에서 이렇게 말하는 사람이 있다면 멀리하길 바란다. 집을 잘 아는 사람이라면 절대 그렇게 이야기하지 않는다. 오히려 한 장이라도 더 디테일하게 도면을 그리라고 조언할 것이다.

설계 도면을 많이 그린다고 비전문가인 자신이 뭘 알겠냐고 반문하는 사람도 분명 있을 것 같다. 하지만 명심하자. 비전문가도 보기 쉬우라고 그리는 게 설계 도면이다. 초등학생도 충분히 이해할 수 있도록 치수와 기호, 글자들을 모두 적어 넣는다. 어렵지 않다. 다만 어려울 것이라고 선입견을 가질 뿐이다.

시공 들어가기 전이라면 지금이라도 본인의 설계 도면을 살펴보길 바란다. 집을 구상했을 때 무언가 빠져 있거나 애매하다고 판단되는 부분은 힘들더라도 건축가에게 다시 요청해 그려 놓는 것이 좋다. 대부분 안 그려 주려고 할 것이다. 신고사항이니 이러한 도면들은 필요가 없다고 할 것이다. 그런데 말이다. 어차피 집을 지으려면 신고나 허가에 상관없이 도면이 있어야 되는 것 아닌가? 설계 도면을 다시 그려 달라고 하는 것은 어찌 보면 당연한 요구이다. 그래야만 시공에 들어갔을 때 더 큰 피해를 방지할 수 있기 때문이다.

다시 한 번 묻고 싶다.
여러분이 들고 있는 설계 도면은 어떻게 생겼는가?

"여기는 대충 신고만 넣고 집 지으면 될 거예요. 시골이라 여기 새로 지은 집들은 모두 그렇게 했어요."

신고와 허가를 가끔 혼동하는 건축주들이 있다.
신고와 허가에 약식 도면을 넣을 것인가 허가용 풀 도면을 넣을 것인가에 차이가 있는 것이다.
하지만 설계 도면을 그리는 이유는 신고를 하기 위해서가 아니다.
우리는 집을 짓기 위해 설계 도면을 그린다.
신고든 허가든 행정절차와 관계없이
집을 짓기 위해서는 세부 디테일이 모두 그려진 풀 도면인 실시설계도면까지 전부 있어야 한다는 점.
잊으면 안 된다.

드디어 공사에 들어가다
시공, 이건 알고 가자

STEP 06

착공 전 챙겨야 할 5가지 조건

-

시공이 가장 힘들다고?
그렇지 않다. 다들 시공이 가장 힘들다고 하지만 설계 단계를 철저히 준비했느냐에 따라 달라진다. 설계 때 여러 가지 고민 및 해결, 충분한 협의를 진행해 도면을 완벽하게 만들었다면 지금부터 도면대로 집을 짓기만 하면 된다.

단, 설계 단계가 마무리되고 착공에 들어가기 전 여러분이 챙겨야 할 5가지가 있다. 담당 건축가가 꼼꼼히 체크하고 대행해 주겠지만 건축주 또한 5가지 요건이 제대로 이행되고 있는지 잘 알고 있어야 하는 부분이다.

1. 인허가

설계가 끝나면 실시설계라는 단계를 거쳐 최종 지자체에 건축 인허가를 접수하게 된다. 건축주가 최종 도면 승인 사인을 하게 될 것이며, 확인이 완료되면 바로 관련 서류를 모아 접수하게 된다.
허가 접수 서류로 면허세, 국민주택채권영수증, 설계 계약서 사본, 착공신고서, 감리 계약서가 있는데 여기서 여러분은 면허세와 국민주택채권영수증만 건축가에게 챙겨주면 된다.

2. 착공신고와 착공계

착공신고와 착공계는 대개 공사를 담당하는 현장소장이 대행해 준다. 착공신고와 착공계를 챙겨야 할 리스트에 넣어 놓은 이유는 건설회사가 알아서 잘하면 문제없지만 간혹 지역 업체에서 세월아 네월아 지연시키는 경우가 있어 공사를 시작하는 시기보다 한 달 전에 꼭 착공신고와 착공계를 넣으라고 압박해야 한다. 보통 접수 후 일주일이면 착공계가 나온다.

3. 경계측량

경계측량은 필수다. 이 부분을 빠트리는 분들이 진짜 많다. 게다가 신청하면 바로 경계측량이 되는 줄 아는데 절대 그렇지 않다. 신청 후 보통 보름 뒤에나 나온다. 양평같이 공사가 많은 지역에서는 더 늦어질 수 있기 때문에 건설회사에서 이야기가 없더라도 공사 시즌이 되면 미리 지적공사 홈페이지에서 신청해 진행하길 바란다. 잘 모르겠으면 담당 건축가한테 물어보면 된다. 100평 땅 기준으로 70-80만 원 정도 비용이 발생한다.

4. 전기 및 수도

전봇대가 내 땅 앞에 있다고 무조건 끌어다 쓸 수 있는 것은 아니다. 임시전기 신청을 해야 사용이 가능하며 공사에 물이 필요하니 수도도 미리 마련해 놓아야 한다. 임시전기 신청의 경우 일주일 정도 기간이 소요되니 공사 시작하기 최소 2주일 전에는 신청해 놓는 것이 좋다.

수도의 경우 지하수를 개발해야 한다면 인허가 접수 서류에 지하수 필증이 필요하므로 인허가 넣기 전에 개발하는 것이 좋다. 혹 시기가 애매하다면 설계를 하는 도중에 담당 건축가한테 언제쯤 개발하면 좋은지 질문하여 챙기길 바란다.

5. 산재보험

왜 산재보험을 드는지 자주 물어본다. 공사 도중 사고가 나면 누가 책임질 것인가? 많은 사람이 건설회사가 책임지는 것으로 알고 있는데 그렇지 않다. 건축허가는 건축주 개인 이름으로 들어간다. 공사신고도 건축주명으로 진행된다. 다시 말해 사고가 터지면 건축주가 독박 써야 한다는 것이다. 특히 직영공사를 하는 경우 이런 문제가 자주 발생한다.

건설회사와 정식으로 계약한 후 진행한다면 건설회사가 산재보험을 부담하는 것이 맞다. 다만 위에서 말한 것과 같이 건축주 명의로 공사가 진행되기 때문에 산재보험 영수증은 건축주 앞으로 날아온다. 당황하지 말고 현장소장에게 전달해 주면 현장소장이 알아서 정리해 준다. 그나마 다행인 것은 건설회사에서는 산재보험이 의무가입이라는 것이다. 꼭 기억했다가 건설회사에 꼭 물어보고 챙기길 바란다.

...

5가지의 항목을 알고 나니 어떠한가? 복잡한가?

어려워할 필요 없다. 정말 모르겠다면 5가지의 제목 키워드만 외워 두자. 그 정도만 알아도 내가 원하는 날짜에 충분히 착공시킬 수 있을 것이다. 그리고 웬만해선 착공 한 달 전에는 모든 행정적인 절차를 끝내 놓아야 한다.

집 짓는 순서 정도는 알고 가자

: 공정 마스터하기

-

인허가에 착공신고까지 진행되었다면 이제 남은 것은 도면대로 공사하는 것뿐이다. 이제부터는 여러분이 자신 있게 감독하면 된다. 그 전에는 어떻게 지어야 할지 몰랐기 때문에 우왕좌왕했지만 이제는 도면이라는 큰 무기가 여러분 손에 쥐어져 있다.

 눈 크게 뜨고 공사를 감독하려 해도 뭐든지 알아야 할 수 있는 법. 기초가 앉히는 공정부터 시작해 완공까지 모든 프로세스를 공개해 공사 진행에 어려움이 없도록 돕는다. 너무 많은 공정이 있기 때문에 시작하기도 전에 지칠 수 있다. 하지만 이 많은 공정을 외울 필요 없다. 그냥 저장해 두었다가 필요할 때 꺼내서 읽어 보면 된다.

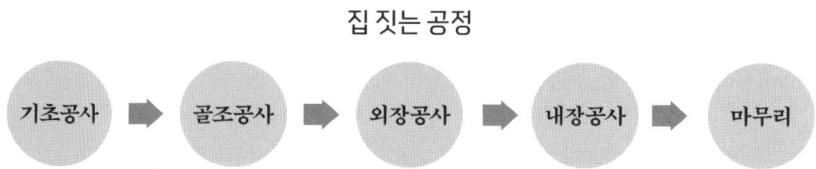

집 짓는 공정

기초공사 → 골조공사 → 외장공사 → 내장공사 → 마무리

기초공사

1. 부지 정리
2. 규준틀 작업
3. 터파기
4. 잡석 깔기 및 버림 콘크리트 타설
5. 방습필름 및 단열재 설치
6. 철근 배근
7. 콘크리트 타설
8. 거푸집 제거

① **부지 정리:** 오랫동안 비워 두었던 땅이면 수풀이 무성하게 자라 있을 것이다. 부지 정리는 필수이며, 본격적인 공사를 알리는 시작점이기도 하다.

② **규준틀 작업:** 집 지을 땅에 선을 표시해 자리를 잡는 과정이다. 이때 건축주와 함께 현장에 나가 내가 생각한 위치에 집이 잘 앉혀졌는지 확인해야 한다.

③ **터파기:** 규준틀을 작업한 뒤 그 라인에 맞추어 기초를 놓을 터파기를 진행한다. 기초는 지중보기초를 기본으로 하며, GL 레벨에서 아래로 300㎜, 위로 500㎜ 높이로 진행한다.

④ **잡석 깔기 및 버림 콘크리트 타설:** 터파기 한 곳에 잡석을 깔고 버림 콘크리트를 타설한다. 지금까지는 크게 체크할 사항이 없을 것이다. 편안히 지켜보고 있으면 된다.

⑤ **방습 필름 및 단열재 설치:** 버림 잡석 깔기와 버림 콘크리트 타설을 한 다음 방습 필름을 깔고 바닥 단열재를 설치한다. 빈 곳이 없는지 잘 체크하고 모든 기초면에 단열재가 잘 깔리는지 확인하면 된다.

⑥ **철근 배근:** 촘촘하게 철근 배근을 하고 각 부위별로 철근으로 감아준다. 철근 배근은 복배근을 기본으로 한다.

⑦ **콘크리트 타설:** 철근 배근한 위로 콘크리트를 타설한다. 기포층이 생기지 않도록 잘 비벼준 뒤 잘 말린다. 콘크리트 타설은 날씨 영향을 많이 받는다. 비가 오는 날에는 시공을 못하니 날짜를 잘 잡아야 한다.

⑧ **거푸집 제거:** 콘크리트를 타설 한 뒤 거푸집을 제거하면 기초공사가 드디어 완료된다.

골조공사

① **먹매김:** 콘크리트 위에 토대공사를 하기 위해 먹매김을 진행한다.

② **토대공사:** 평평하게 수평을 잡기 위해 토대공사를 먼저 시공하고 그 위에 골조를 본격적으로 올리기 시작한다.

③ **골조공사:** 토대공사 위에 골조공사를 진행하며 30평형 기준 2층 주택 정도면 15-20일 안쪽으로 골조공사가 마무리된다.

④ **OSB합판공사:** 완성된 1층부터 OSB합판공사를 시작하며, 골조 진행 상황에 맞추어 2층도 바로 진행한다.

⑤ **지붕 골조공사:** 골조공사의 경우 비에 취약할 수 있기 때문에 골조 시작 후 최대한 빨리 지붕을 들어 올린다.

⑥ **투습 방습지 시공:** 벽이 섰다면 외부에 투습방수지를 시공하여 누수에 대한 위험을 차단한다. 찢어지거나 덜 시공된 부분이 있는지 꼼꼼히 체크해야 하며 미흡한 부분은 꼭 현장소장에게 통보하여 보완할 수 있도록 한다.

⑦ **지붕 방수시트 시공:** 지붕도 마찬가지로 방수시트를 꼼꼼히 시공하여 물이 들어올 틈이 없게 한다. 기본적으로 아래 방수시트 위에 위 방수시트를 겹쳐 올려 물이 스며들지 않고 자연스럽게 아래로 흘러내릴 수 있게 한다.

⑧ **골조 완료:** 골조가 완료되었다. 바로 다음 공정인 창호공사가 이루어진다. 골조가 완료되기 전에 창호는 발주되며, 거의 비는 날 없이 창호공사가 진행될 것이다.

외장공사

1. 창호 설치
2. 외부 단열재 설치
3. 외벽 미장 마감
4. 스타코플렉스 시공
5. 외부 포인트 시공(파벽돌 시공)
6. 지붕 마감
7. 데크 설치
8. 외장공사 완료

① **창호 설치:** 구조체 공사가 완료되는 즉시 창호 공정이 이루어진다. 기밀성이 중요한 만큼 꼼꼼한 마무리가 중요시된다.

② **외부 단열재 설치:** 외부 단열재를 퍼스너로 촘촘히 압축하여 시공한다. 목조 주택의 경우 내부에 인슐레이션이 한 번 들어가고 외부에 EPS 압축 단열재가 한 번 더 들어가는 공법이다.

③ **외벽 미장 마감:** 최종 마감재를 시공하기 위해 외벽에 매쉬 미장을 진행한다.

④ **스타코플렉스 시공:** 최종 마감재인 스타코플렉스를 전체적으로 2-3번에 걸쳐 시공한다. 얼룩이 지거나 약하게 시공된 부분은 체크해 놓았다가 보완 요청을 해야 한다.

⑤ **외부 포인트 시공(파벽돌 시공):** 집에 벽돌을 붙이는 작업은 최종 단계 작업이다. 내가 고른 포인트 자재가 맞는지 확인하고 매지 색깔도 정확한지 확인한다.

⑥ **지붕 마감:** 지붕 마감재를 붙일 차례이다. 나 같은 경우에는 아스팔트 슁글, 징크, 기와 3가지를 주로 사용한다.

⑦ **데크 설치:** 집 앞에 데크를 시공하면 외부 공사는 거의 마무리. 데크 종류에는 목재 데크와 석재 데크가 있는데 사진에서 보는 것은 석재 데크이다. 가격은 평당 110만 원 정도로 목재 데크보다 비싸지만 유지 관리가 필요 없고 영구적이라는 장점 때문에 최근에는 석재 데크를 많이 찾는다.

⑧ **외장공사 완료:** 외부 조명까지 설치하면 외장공사가 마무리된다.

내장공사

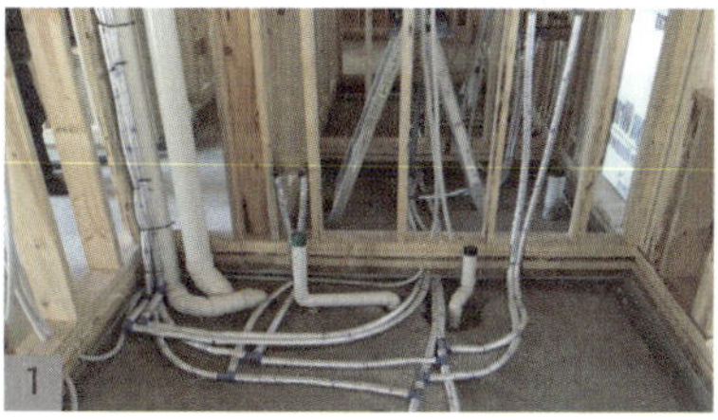

1. 전기·설비·배관 공사 
2. 기포 콘크리트 타설 
3. 방통 몰탈 및 미장 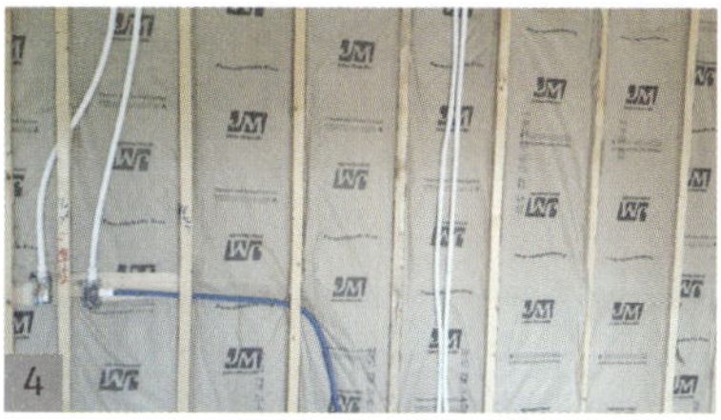
4. 내·단열재 설치 
5. 석고보드 설치 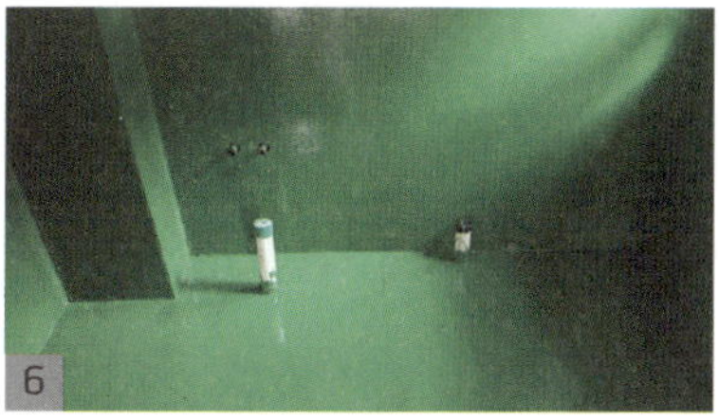
6. 방수공사 
7. 타일 작업 
8. 위생도기 및 타일공사

① **전기·설비·배관 공사:** 이제 내장공사를 해야 한다. 전기, 설비, 배관 공사를 일정에 맞추어 진행한다. 전기, 설비의 경우 한 번 자리를 잡으면 움직이는 것이 불가능하기 때문에 도면을 잘 살펴서 일치하는지 확인해야 한다.

② **기포 콘크리트 타설:** 전기, 설비, 배관 공사가 완료되면 기포 콘크리트 타설을 진행한다.

③ **방통 몰탈 및 미장**: 방통 몰탈 및 미장을 하여 바닥면을 고르게 잡아 준다.

④ **내·단열재 설치**: 집이 춥지 않게 골조 사이로 인슐레이션 단열재를 꼼꼼히 채워 넣는다.

⑤ **석고보드 설치**: 내부 마감은 석고보드 2장을 겹쳐 시공한다. 벽지가 시공되기 바로 전 단계이다.

⑥ **방수공사**: 화장실 등 물이 닿는 부분은 방수공사를 진행한다. 바닥만 방수한다 생각하는데 벽까지 방수공사를 해 주어야 한다.

⑦ **타일 작업**: 화장실과 부엌, 다용도실은 타일 작업을 진행한다. 내가 선택한 자재가 맞는지, 매지 색깔을 확인하고 시공한다.

⑧ **위생도기 및 타일공사**: 위생도기가 설치되면 욕실 부분은 공정이 마무리된다.

⑨ **도배**: 내부공사의 마무리는 도배라 할 수 있다. 아트월과 같이 벽지가 시공되며, 내부 벽체 시공의 마무리 단계에 와 있다고 할 수 있다.

⑩ **바닥 마루 시공**: 바닥도 마루를 시공하여 집의 분위기를 더해 준다. 옛날에는 강화마루를 많이 사용했는데 들뜨거나 벌어진다는 단점이 있어 최근에는 강마루로 기본 적용해 시공한다.

⑪ **조명 설치**: 집의 분위기를 좌우지하는 것이 바로 조명이다. 인테리어 미팅을 통해 원하는 조명을 선택하고 시공하면 된다. 최근에는 인터넷 조명 업체들이 홈페이지를 워낙 잘해 놓아서 역으로 건축주가 먼저 검토하고 제안하는 경우가 많다.

⑫ **인테리어 시공**: 내부 계단 및 손잡이, 그리고 수납장 같은 기본 목공사를 진행한다.

⑬ **가구공사**: 이제 비어 있는 공간에 가구를 넣을 차례이다. 싱크대 및 붙박이장 같은 가구공사를 진행한다.

마무리

준공 청소

완공 및 준공

지속적인 사후 관리

① **준공 청소:** 집이 다 지어지면 준공 청소를 한다. 이사한 후에는 입주 청소를 다시 한 번 하는 것이 좋다. 새 집이다 보니 먼지가 많다. 충분히 닦아주고 환기도 많이 시켜줘야 한다.

② **완공 및 준공:** 집이 완공되었다. 사용승인(준공) 절차를 밟아 입주가 가능하도록 만든다.

③ **지속적인 사후 관리:** 준공 후에는 2년 동안 사소한 문제들도 A/S를 받을 수 있게 '하자이행보증증권'을 발급받는다. 종합건설면허가 있는 회사라면 준공날짜를 적어 발행해 준다.

이로써 모든 공정이 끝이 났다. 뒤를 돌자마자 까먹을 정도로 복잡하지만 전 과정을 한 번 훑었기 때문에 아예 모르는 건축주들보다는 수월하게 공사를 감독할 수 있을 것이다.

복잡하고 힘이 들 것 같지만 3개월이라는 공사기간은 의외로 금방 지나간다. 그러므로 모든 공정을 꼼꼼히 챙겨 멋진 집을 짓길 바란다.

공사 중 확인해야 하는 몇 가지 포인트

-

보통 아파트를 분양받으면 거의 다 지어질 때쯤 '사전점검'이라는 행사를 진행한다. 공사가 거의 다 마무리되었으니 각자 집에 미리 들어가 하자가 있는지 살펴보라는 것이다. 아파트야 딱 정해진 평면대로 짓기 때문에 이렇게 해도 되지만 내 집은 내 라이프스타일에 맞게 설계된 공간이기 때문에 공사 도중에도 체크가 필요하다. 특히 마감자재 덮기 전에 꼭 현장 가서 내부를 확인하는 것이 좋다.

필자가 이렇게 중간 중간에 체크하라고 글을 적으면 아마 건설회사 입장에서는 현장이 위험하니 들어가지 말라든지 원칙상 비공개라고 하는 곳들이 있는데 안전화, 안전모 착용하고 들어가서 꼭 볼 것. 솔직히 체크 포인트는 너무 많지만 각 공정별 핵심만 콕콕 집어드릴 테니 이것만큼은 필히 확인해야 할 것이다.

1. 기초

기초 부분에서 확인해야 사항은 딱 하나다. 높이. 도면에서 그려진 대지 레벨에서 올라오는 기초 높이를 꼭 확인해야 한다. 대부분 살짝 높게 치기는 하지만 혹시 모르니 확인하는 것이 좋다.

2. 골조

골조 간격을 확인해라. 그리고 정확한 2등급 SPF 골조목이 사용되었는지 확인해라. 골조 간격은 도면에 나와 있으니 참고하면 되고 자재는 각 자재별로 인증 도장이 찍혀 있으니 눈으로 확인하면 된다.

3. 창호

창호의 중요성은 기밀성이다. 창문틀에 창호가 고정될 때 떠 있거나 빈틈이 발생되었는지 확인해 보아라. 또한 다이소나 철물점 등에서 수평계를 쉽게 구할 수 있으니 하나 사서 기울어지게 설치되지 않았는지 확인하는 것이 좋다.

4. 단열재

설계 협의 때 말한 단열재 종류가 정확히 들어왔는지 확인해라. 또한 골조 사이에 빈틈없이 채워졌는지 확인하고 특히 창문 윗부분인 헤더 부분에 단열재가 잘 들어갔는지 확인해야 한다.

5. 배관

배관은 VG1을 대부분 사용한다. 배관마다 VG1이 적혀 있다. VG2는 파손의 위험이 있어 잘 사용하지 않는다. 정확한 배관 자재를 사용하였는지 확인하고 주방, 화장실에 내가 원하는 위치에 배관이 나와 있는지 정도 확인하면 된다. 예를 들어 화장실 세면대를 벽 부착식으로 했는데 배관이 바닥에 설치되어 있으면 잘못된 것이다.

6. 에어컨 배관

에어컨 배관은 꼭 미리 뚫어 놓아야 한다. 골조 올라갈 당시에 현장소장에게 이야기하여 에어컨 위치를 미리 잡아 놓고 어디 쪽으로 실외기를 둘지 이야기해 놓아야 한다.

7. 콘센트 위치

콘센트 위치는 생각보다 많이 놓치고 간다. 전기 배선 작업할 때 꼭 현장에 가서 도면에 표시된 곳 말고도 더 필요한 곳에 콘센트를 설치해 달라고 해야 한다. 예를 들면 컴퓨터가 놓일 장소라든지 침대 위

에 핸드폰 충전할 2구짜리 콘센트 등은 도면에 표시되어 있지 않으니 꼭 체크해서 챙겨가도록 해야 한다. 전기 공사가 끝난 후에는 추가로 콘센트를 설치 못하니 타이밍을 놓치면 안 된다.

8. 마감자재

몰딩 및 벽지, 아트월 등의 상태를 확인해 보아야 한다. 특히 아트월의 경우 무늬가 들어가는 것이 많은데 시공자가 무늬에 상관없이 막 붙이는 경우가 있어 보고 내가 원하는 형태가 아니라면 모두 뜯고 다시 시공하게 해야 한다.

9. 가구

가구는 대부분 붙박이 형태로 진행하게 된다. 틈이 벌어지지 않았는지와 청소 상태, 흠집과 경첩 등을 일일이 열어 보면서 확인하는 것이 좋다. 특히 브랜드가 아니라 사재로 진행하는 분들의 경우 꼭 서랍장 안쪽 끝까지 확인해 볼 것!

10. 완공 후 청소 상태(찍힘, 흠집)

시공업체에서 준공 청소라 하여 기본적인 먼지를 제거해 준다. 입주 전 별도의 청소가 필요하지만 최종 입주 청소하기 전 찍힘이나 흠집 등이 없는지 꼭 확인해야 한다. 준공 후 입주를 하게 되면 그 이후 발생되는 하자는 생활하자로 보기 때문에 입주 전에 꼭 체크해야 한다.

찍힘 및 흠집은 내·외부 모두 확인해야 하며 외부에 공사 중 발생한 쓰레기가 남아 있을 수 있으니 입주하기 전 꼭 치워달라고 해야 한다.

…

10가지 체크 포인트를 보니 어떠한가. 어떤 부위를 중점적으로 봐야 할지 이해되는가. 내가 집 짓는 사람들에게 항상 하는 이야기가 있다.

"집 짓는 거 무지막지하게 힘들어요. 편하게 지을 생각이었으면 지금 마음 접으세요. 만에 하나 이미 고생할 거 알고 짓는 거라면 전부 추억이다 생각하고 즐겁게 지으세요."

집 짓는 거 힘들다. 농담인 것 같은가? 진짜 힘들다. 전문가인 나도 힘든데 여러분들은 오죽하겠는가. 여러분들께 드릴 수 있는 희망적인 이야기는 하나다.

"그나마 압축한 내용이에요. 시험 볼 때 참고할 수 있는 족보 같은 거라 생각해 주세요. 대신 10가지 체크 포인트만 잘 확인한다면 안전하고도 멋진 집이 완성될 거예요."

Hit&HOT
4인 가족 기준이면
몇 평을 지어야 할까?

 "집을 지을 때 예산이란 것을 무시할 수 없습니다. 그래서 우리는 때때로 '내려놓는 용기'도 필요해요. 욕심을 내려놓는 그 용기 말입니다."

어느 정도 규모의 집을 짓고 싶은가.
정석대로라면 ㎡(제곱미터) 단위를 사용해야 하지만 편의상 우리에게 익숙한 '평'이란 단위로 설명하고자 한다.

대개 예산에 맞춰 집을 짓는다. 그런데 집을 짓는 데 있어 얼마가 들어가는지 모르니 어느 정도의 평형을 잡아야 하는지 어려워한다. 그래서 나 같은 경우에는 두 가지 방법을 통해 평수를 결정할 수 있도록 돕는다.

1. 방의 개수

방의 개수에 따라 면적을 잡을 수 있다. 보통 방 3개를 기본적으로 구성하고 화장실을 2개 구성했을 때 최소 평수는 단층 기준 30평을 보고 있다. 2층으로 구성했을 때는 34평 정도를 생각하면 되는데, 이 기준에서 평수가 넓어진다는 것은 방이 넓어짐을 뜻하는 것이 아니라 거실과 주방, 공용공간이 더 늘어난다고 생각하면 쉽다. 방 1개를 구성할 때 3-4평 정도의 공간이 필요하니 30평 기준에서 방을 늘릴 때마다 3-4평 정도가 증감된다고 보면 편하다.

2. 가용 가능한 비용

현재 목조 주택의 공사 시장 형성가는 평당 450-500만 원(부가세 포함) 정도에 형성되어 있다. 4인 가족이 생활하기에 적합한 최소한의 면적인 30평을 기준으로 잡았을 때 1억 5천만 원 정도의 예산이 형성되어 있어야 집을 지을 수 있다는 계산이 나온다. 평균적으로 4인 가족이 예산을 잡고 있는 2억 정도로 기준을 보았을 때 35평 정도의 집을 지을 수 있으며, 나머지 남은 예산으로 가구 및 세금 등을 정리하면 된다.

4인 가족 기준 방은 최소 3개가 기본이다. 안방 하나, 자녀 방 둘. 이 정도는 되어야 4인 가족이 생활하기에 불편함이 없다. 또한 각 방에는 구성될 때 필요한 최소 면적이라는 게 있다. 침대 하나, 책상 하나, 책장 하나, 옷장 하나가 기본적으로 들어갈 수 있도록 구성해야 한다.

방의 개수를 기준 삼아 집의 면적을 잡을 경우 아래 두 가지를 꼭 기억하자.

① 단층 주택: 방 3개에 거실, 주방을 오픈공간으로 구성할 경우 30평 정도면 4인 가족이 생활하기에 적절하다. 물론 넓다는 느낌은 들지 않는다. 짜임새 있는 구성이 필수이며 복도 및 이동 공간을 최소로 만들어야 한다는 설계조건이 붙는다.

② 2층 주택: 단층 주택과 달리 계단실이라는 특수한 공간이 면적에 포함된다. 2층의 방으로 진입하기 위해서는 '현관 → 복도 → 계단실 → 복도 → 방'처럼 복도라는 이동 공간을 필수로 통과해야 한다. 다시 말해 단층 주택보다 이동 공간만으로 4평 정도를 손해 봐야 한다는 뜻이다. 2층으로 집을 짓고자 할 때의 최소 평수는 34평이라 생각한다. 최

소한 34평이 나와야 작지만 거실과 주방이 형성되고 거주 가능한 방이 3개 구성 가능하다.

가용 가능한 비용을 기준 삼아 집의 면적을 잡을 경우 4인 가족 기준 평균 예산이 1억 5천만-2억 원이라 가정했을 때 35평 전후로 정하는 것이 현명하다. 시장 가격보다 훨씬 저렴한 금액으로 짓는다는 분들이 있는데 이는 불가능하다. 세상에 공짜로 집 지어 주는 사람 없다. 조금 차이 나는 것은 영업적인 부분에서 협의할 수 있겠지만 천만 원 단위로 차이가 날 수는 없다.

...

집은 예산만 여유가 있다면 얼마든지 크게 지을 수 있다. 하지만 우리들의 현실은 어렵기만 하다. 그렇다고 포기하기에는 이르다. 집을 지을 때는 '내려놓는 용기' 또한 필요하다.

4인 가족이 생활할 집을 구상 중인가?
그렇다면 너무 무리하지 말고 35평 전후에서 설계를 시작하길 바란다.

적재적소에 놓인 조명과 가구로 감각적인 집을 꾸며 보자.
단순하게 먹고 자는 공간이 아닌
나만의 생각과 취향에 맞게 행복한 삶을 담아낼 수 있는
곳으로 변모할 것이다.

취향대로 즐기는 인테리어
우리 가족의 라이프스타일을 담은 집 꾸미기

조명
-

인테리어의 핵심은 바로 조명. 어떤 조명을 선택하고 배치하느냐에 따라 집 안 분위기가 확 달라진다. 집에 있는 조명들이 언뜻 보면 다 똑같게 느껴질 수도 있겠으나 공간별로 적용되는 조명이 다르다. 공간마다 필요한 W(와트) 수가 정해져 있어 그에 맞게 배치하는 것이 현명하다.

각 공간별로 어떤 조명을 설치하는 것이 좋을까?

1. 거실 조명

거실 조명은 집의 메인이라 할 수 있다. 가장 크고 포인트가 되는 화려한 조명이 거실에 자리 잡는다. 모든 가족 구성원이 주로 머무는 공간이기 때문에 가장 높은 밝기의 조명이 설치된다.

평형대별로 거실에 필요한 밝기가 있다.

① 4평(3.3mX4m): LED 거실등 기준 75-120W

② 6.5평(4.3mX5m): LED 거실등 기준 110-180W

③ 9평(5mX6m): LED 거실등 기준 180-200W

④ 12평(6mX6.5m): LED 거실등 기준 200-240W

인터넷으로 조명을 검색하면 W가 같이 표시된다. 예쁘다고 무조건 살 것이 아니라 내 거실 사이즈에 맞게 구매해야 기본적인 조도를 가져갈 수 있을 것이다. 간혹 집을 넓게 설계하고 아기자기한 작은 조명을 골라 오는 분들이 있는데 반품해야 하는 수고를 해야 하니 미리 W(와트)를 본 후 구입하길 바란다.

2. 방 조명

방 조명 또한 면적에 따라 정해진다.

① 3.5평(3mX3.8m): LED 방등 기준 50-60W

② 5평(4mX4m): LED 방등 기준 50-60W

③ 5.5평(4mX4.5m): LED 방등 기준 50-60W + 보조등, 간접조명
④ 6평(4mX5m): LED 방등 기준 50-60W + 보조등, 간접조명

여러분의 방 사이즈는 대부분 위에서 말한 범위에 속해 있을 것이다. 방등은 50-60W 범위 내에만 있으면 되며 화려한 조명보다는 군더더기 없이 깔끔하거나 천장 속으로 매립되는 조명 등을 선택하는 것이 추후 인테리어 적으로 유리하다.

아이 방 같은 경우 동심을 자극할 수 있는 모양으로 진행해 주는 것이 좋으며 이미 많은 디자인이 있기 때문에 원하는 스타일의 조명을 미리 검색해 놓았다가 인테리어 담당자에게 이야기해 주면 된다. 혹 특가처럼 저렴한 가격에 나오는 조명이 있다면 미리 구매해 놓아도 좋다.

3. 주방 조명

주방 조명은 일자형으로 직부등을 설치할 것이지 아니면 ㄱ자형으로 레일 조명을 달 것인지를 정하면 된다.

① 20평형대: 직부 조명 LED 50W 혹은 레일 조명 3등
② 30평형대: 직부 조명 LED 50W 혹은 레일 조명 4등

③ 40평형대: 직부 조명 LED 50W + 25W 혹은 레일 조명 6등

④ 50평형대: 직부 조명 LED 50W + 25W 혹은 레일 조명 6등

개인적으로 레일 조명이 예쁘기는 하지만 음식을 요리하다 보면 뜨거운 열기가 조명에 붙어 끈적거림이 생길 수 있으므로 청소를 자주 하기 싫은 사람들은 직부등이나 매입등으로 시공하길 바란다. 레일 조명에는 먼지가 많이 달라붙는다는 것을 명심해야 한다.

레일 조명의 경우 전구가 돌출되어 있기 때문에 설치 시 싱크대 상부장에 걸리지 않게 시공해야 한다. 생각보다 많은 사람들이 싱크대 상부장 생각 안 하고 가까이 달았다가 천장에 구멍만 내고 옮겨다는 경우가 많다. 꼭 유의해야 한다. 실수로 구멍 낸 것은 메워주지 않는다.

4. 식탁 포인트 조명

식탁 포인트 등의 경우 2인용 식탁이면 1등(전구 수)을 달면 충분하며, 4인용 이상 식탁이면 최소 2등 정도는 설치해야 만족할 만한 밝기가 나온다.

위에서 말한 4가지 조명이 메인 등이라고 할 수 있다. 이 밖에도 욕실 조명, 벽 조명(계단, 베란다, 복도, 외부 벽), 현관 조명(센서등), 매립/다운라이

트 조명 등이 있는데 나머지 등은 이미 공간별로 구분되어 판매되고 있으니 헷갈릴 염려는 없을 것이다.

...

정리하면 거실, 방, 주방, 식탁 조명 같은 경우는 조금 신경 써서 고르는 것이 추후 밝기를 유지하는 데 유리하며 나머지 조명들은 원하는 디자인으로 자유롭게 선택해도 무방할 것이다.

마루
-

어릴 적 여러분의 방바닥은 어떤 것으로 마감되어 있었는가?
아마 손가락으로 누르면 꾹 눌리는 폭신한 느낌의 장판이었을 것이다. 물론 최근에도 장판은 대중적으로 사용되고 있다. 다만 시대가 변해감에 따라 예전과 달리 사람들이 주거 공간에 자신의 라이프스타일과 개성을 담아내려 하다 보니 장판에서 마루로 바닥 마감재가 옮겨가고 있는 추세이다.

바닥 마감재의 대표라 할 수 있는 마루. 다 똑같아 보여도 각각 차이가 있으니 장단점을 잘 확인하여 여러분들의 집에 적용하기 바란다. 내가 생각하는 마루 종류는 4가지이며 강화마루, 강마루, 합판마루, 원목마루가 이에 속한다. 이미 많이 들어봤거나 한 번쯤 접해 봤을 것이다.

1. 강화마루

강화마루는 고밀도 합판에 나무 무늬 필름을 입힌 마루이다. 원목 질감

을 잘 나타내면서도 표면 강도가 강하다는 것이 장점이고 별도의 접착제 없이 바닥재끼리 끼워 맞추기 때문에 시공이 편리하고 저렴하다.

　수분에 약하고 바닥면에 시트를 깔아 시공하기 때문에 열전도율이 강마루에 비해 떨어진다는 것이 단점이다. 바닥과 마루 사이 공간이 발생하다 보니 소음에 취약하며 들뜨는 현상과 벌어짐 현상들이 나타나는 문제점이 있다.

2. 강마루

　강마루는 합판마루와 강화마루의 장점을 합친 바닥재로 합판 목재에 원목 무늬 필름을 씌운 마루이다. 마루 중 일반 가정에서 가장 많이 쓰는 종류로 바닥에 바로 접착을 하는 방식이기 때문에 열전도율이 높아 난방 시 금방 따뜻해진다는 장점이 있다. 필름을 씌운 재질이기 때문에 천연 원목에 비해 자연스러움은 다소 떨어지지만 표면의 강도가 높고 외부 충격에도 강하다.

　원목의 느낌이 떨어진다는 점과 물기에 약하다는 것이 단점이다. 최근에 지어지고 있는 전원주택과 아파트들은 대부분 강마루를 채택하고 있다. 개인적으로 강마루를 추천한다. 막 쓰기 편하고 들뜸 현상도 없어 유지관리 면에서 편하다.

3. 합판마루

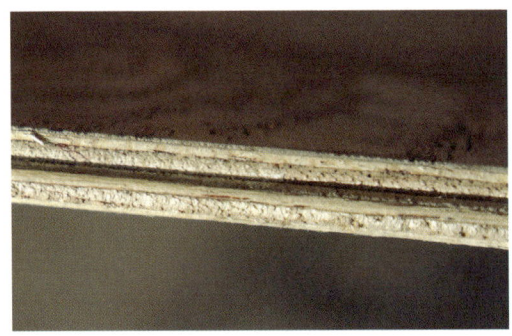

온돌마루라고도 불리는 합판마루는 합판에 무늬목을 붙여서 만든 것으로 표면이 나무이기 때문에 선명한 나뭇결과 질감으로 원목과 가까운 느낌을 구현한다. 강마루처럼 바닥면에 접착시키는 방법을 사용하기 때문에 열 전도율이 높고 원목의 느낌을 살리면서 원목마루에 비해 가격이 저렴하다는 장점이 있다.

하지만 마루의 특성상 수분과 외부 충격에 약하기 때문에 관리와 보수가 어렵다는 단점이 있다. 충격에 매우 취약하므로 어린 아이들을 키우는 집에서는 가급적 사용하지 않는 것이 좋다.

4. 원목마루

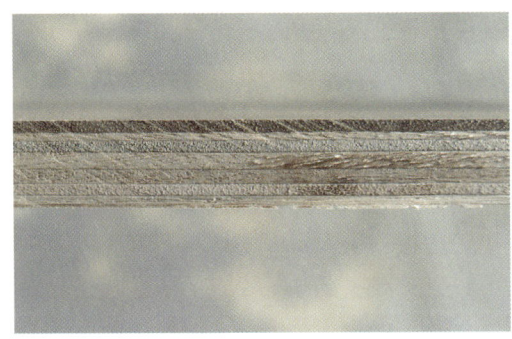

원목마루는 이름 그대로 원목(천연목재)으로 만든 마루이다. 천연나무를 사용해 무늬가 자연스럽고 고급스럽다는 것이 가장 큰 장점이다. 이 역시 바닥면을 접착하는 방식으로 시공이 들어가기 때문에 열전도율이 우수하고 나무의 느낌이 잘 살아 있어서 보행감이 매우 좋다. 이러한 장점 덕에 가격이 다소 비싸다 보니 고급스러운 분위기를 내야 하는 호텔이나 주택, 아파트에 주로 시공된다.

그러나 수축과 팽창 작용이 그대로 살아 있는 나무이기 때문에 수분에 약하고 뒤틀리거나 들뜨는 현상이 생길 수 있다는 것이 단점. 또한 원목이다 보니 외부 충격에 취약하다. 강아지나 어린 아이가 있는 집에는 추천하지 않는다. 고급스러운 공간이 필요하거나 조용한 노후를 보낼 사람에게 적용하는 것이 좋다.

...

아마도 이 글을 읽는 순간에도 어떤 것을 골라야 할지 고민이 될 것이다. 건축가로서 추천하는 것은 강마루이다. 강마루에도 다양한 등급, 무늬, 질감이 있기 때문에 원하는 느낌을 충분히 살릴 수 있을 것이다. 크게 돈 들이지 말고 강마루로 범위를 좁힌 다음 브랜드나 재질, 마감 등에서 적절한 선택을 하는 것이 좋다. 게다가 아이들이 편하게 뛰놀기 좋은 마루이기도 하다.

벽지

-

내 집 인테리어를 고민할 때 벽지 또한 큰 비중을 차지한다. 재질과 색감에 따라 분위기가 천차만별로 달라진다는 것을 우리는 잘 알고 있다.

벽지는 합지벽지, 실크벽지, 천연벽지, 뮤럴벽지 이렇게 4종류로 나뉜다. 각 벽지별로 장단점이 있으므로 신중히 잘 따져서 마음에 드는 것으로 시공하길 바란다.

합지벽지

실크벽지

천연벽지

뮤럴벽지

1. 합지벽지(Duplex wallpaper)

　인테리어 벽지 종류 중 가격이 가장 저렴한 종이 소재의 벽지이다. 합지벽지 또는 종이벽지라고 불린다. 초배 없이 풀을 발라 시공하기 때문에 밀착 시공과 겹침 시공이 가능하다.

　합지벽지의 최대 단점은 색이 변한다는 것인데 보통 2년 전후로 색이 조금씩 변해간다. 특히 액자나 시계를 걸어두었던 곳들을 떼어보면 색의 차이를 명확하게 볼 수 있다. 유지관리나 벽지 오염에 대해 걱정이 많은 사람은 선택하지 말 것.

장점	· 가격이 저렴하다 · 셀프 시공하기에 적합하다 · 종이벽지이기 때문에 친환경적이고 인체에 무해하다
단점	· 색상과 디자인이 실크벽지에 비해 떨어진다 · 변색이 쉽고 오염에 약하다 · 엠보싱 효과가 약해 도배시공면의 요철 등이 그대로 드러난다

2. 실크벽지(PVC wallpaper)

　최근 가장 선호도가 높은 벽지이다. PVC 소재로 종이 위에 PVC층을 발포하여 만든 자재이다. 실크벽지의 가장 큰 장점은 오염이 적다는 것이다. 합지벽지의 경우 물수건으로 닦으면 벽지가 일어나지만 실크벽지의 경우 쉽게 닦아낼 수 있어서 유지관리에 용이하다. 쉽게 말해 한 번 코팅이 된 벽지라 생각하면 된다.

　초배를 한 후 도배하는 방식으로 이음매를 맞댄 시공기술이 필요해 전문가에게 맡겨야 한다. 비용을 아끼려고 직접 하는 경우가 간혹 있는데 맡기는 것이 품질 면, 정신 면에서 좋다. 가격은 합지벽지보다 비싸고 피부에 썩 좋지는 않다.

장점	· 색상과 디자인이 다양하다 · 내구성 뛰어나다 · 오염에 강하다
단점	· 통기성과 흡수성이 부족하다 · 휘발성 유기화합물 방출량(TVOC)이 높다

3. 천연벽지(Eden bio wallpaper)

말 그대로 편백나무나 쑥, 녹차 등 광물이나 식물에서 추출한 천연 소재를 이용해 만든 벽지이다. 새집증후군이나 벽지로 인한 아토피나 천식, 실내 공기질의 대한 관심이 높아지면서 많은 벽지회사에서 지속적으로 개발이 진행되고 있다. 유해물질이 함유되어 있지 않고 탈취와 항균기능이 뛰어나다 보니 영유아나 노약자, 임산부가 있는 집에서 선호도가 매우 높다. 하지만 다른 벽지보다 약 3배 이상 비싸다는 것이 단점이라면 단점이겠다.

장점	· 탈취 및 항균작용이 뛰어나다 · 음이온 효과가 있다 · 건강에 해가 없다
단점	· 비싸다 · 전문 시공자의 도움이 필요하다 · 시공 인건비도 비싸다

4. 뮤럴벽지(Mural wallpaper)

뮤럴은 그림벽화라는 뜻으로 한 벽면 전체에 그림이 들어가 있는 벽지를 생각하면 된다. 일반적으로 포인트 벽지로 많이 사용되고 있다.

장점	· 수입 종이로 색감이 부드럽고 고급스럽다 · 시공 벽면 사이즈에 맞춰서 주문 제작된다 · 다양한 연출이 가능하다
단점	· 비싸다 · 주문 제작이다 보니 시간이 많이 소요된다 · 별도의 시공 전문가가 필요하다

    이 밖에도 섬유벽지, 초경벽지, 무기질벽지, 목질계벽지 등이 있다. 다양한 벽지가 존재하지만 모두 검토할 필요는 없다. 각 벽지별로 종류가 세분화되다 보니 장단점을 살펴본 후 하나를 선택해 디자인과 질감 정도를 선택하는 것이 편하다.

    예를 들면 실크벽지 중에서도 각 브랜드별, 색감별, 질감별로 수백 장의 벽지가 있다. 그냥 쭉 훑어보는 것만으로도 엄청난 시간이 들어가므로 미리 느낌과 색감 등을 정해서 인테리어 미팅하는 것을 추천한다. 마지막으로 여러분이 보았을 때 가장 마음에 드는 것을 정하면 그것이 최고의 벽지이니 주변 시선을 너무 염두에 두지 않아도 된다. 한 마디 첨언하자면 가성비로는 실크벽지가, 아토피에는 천연벽지가 적합하다.

타일

-

집을 인테리어 하는 부분 중 타일과 관련된 이야기를 하면 다들 조금은 생소해한다. 우리들은 알게 모르게 타일과 매우 가까이 지내고 있다. '타일'이라고 했을 때 가장 먼저 화장실을 떠올리겠지만 아트월부터 바닥, 주방에 이르기까지 생각지 못한 곳곳에 타일이 인테리어 되고 있다.

타일 미팅을 진행하다 보면 남자들은 대부분 비슷하게 반응한다.
"다 똑같은 흰색 아닌가요?"
"그게 그거 같은데……"
"아무리 봐도 전부 같은 광택처럼 보이는데요?"
실은 각 타일마다 큰 차이를 느끼지 못하는 것은 나도 마찬가지다. 그래서 타일 미팅에선 모든 결정권을 여자가 가지는 경우가 많다. 남자들은 욕심 부리지 말라. 어차피 결정권은 없다. 곁에서 편안한 마음으로 그냥 쭉 보면 된다.

도기질 타일

자기질 타일 - 시유 타일

자기질 타일 - 무유 타일(폴리싱 타일)

자기질 타일 - 무유 타일(포세린 타일)

메탈 타일

모자이크 타일

석기질 타일

석재 타일

복합 대리석 타일

글라스 타일

우드 타일

벽돌 타일

데코 타일

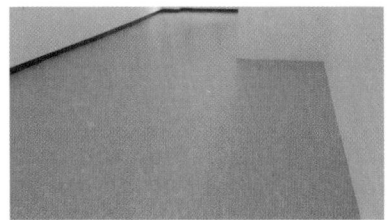
디럭스 타일

1. 도기질 타일

　세라믹 타일이라고도 한다. 접착성이 좋고 수분 흡수율이 높아 보통 내장벽에 사용된다. 경도나 강도는 자기질 타일보다 약하지만 두께가 얇고 무게가 가볍다. 색상과 디자인이 다양하다.

2. 자기질 타일

　도기 타일보다 단단하고 무게가 나가며 수분 흡수율이 낮아 바닥과 외장 타일로 주로 쓰인다. 색상이 다양하지 않고 대부분 무광이다. 유약처리 유무에 따라 시유 타일과 무유 타일로 나뉜다.

　① **시유(施釉) 타일**: 표면을 아름답게 만들면서 유약처리를 한 뒤 구워 낸 것이다. 수분 흡수율이 낮고 강도가 높으며, 두께는 얇아 주로 바닥에 시공된다. 타일 치수 편차가 커서 타일 시공 시 줄눈 두께가 두껍게

시공되는 경우가 많으므로 주의가 필요하다.

② **무유(無釉) 타일**: 광택이 없는 타일로 치수 편차가 거의 없어 시공 시 줄눈이 매우 얇거나 줄눈 없이 시공도 가능하다. 다시 말해 깔끔한 마감이 가능하다. 마감 방식에 따라 폴리싱 타일, 포세린 타일 두 종류로 구분된다.

- 폴리싱(Polishing) 타일: 연마를 통해 착색·필름 등을 열처리하여 대리석 효과를 낸 고광택 타일이다. 내구성이 우수하여 바닥, 벽 모두 적용할 수 있다. 고급적인 대리석 느낌이 있어 많이 선호한다. '이 집은 대리석을 깔아서 너무 고급스러워요'라는 말이 절로 나오는 다수의 공간은 천연 대리석이 아닌 폴리싱 타일인 경우에 속한다. 폴리싱 타일은 표면이 매끄러워 아름답게 보이는 장점이 있는 반면 반대로 물기가 묻었을 때 매우 미끄럽기 때문에 아이들이나 노약자가 있는 집에서는 피하는 것이 좋다.
- 포세린(Porcelain) 타일: 대부분 무광이기에 모던하고 심플한 분위기를 만들기 좋은 자재이다. 물이 묻어도 미끄럽지 않다는 장점이 있어 바닥, 내외장재로 많이 사용된다. 쉽게 오염될 수 있다는 점과 두께가 두꺼워 난방열이 올라오기까지 상당한 시간이 걸린다는 점이 단점이다. 하지만 두꺼운 만큼 열이 올라오면 그 온기가 오래 유지된다.

3. 메탈 타일

티타늄, 알루미늄 등의 금속재를 모자이크 타일 형태로 가공한 것이다. 주로 거실 아트월, 호텔의 로비 등에 쓰이며 고가의 고급스러운 느낌을 연출하는 곳에 주로 사용된다.

4. 모자이크 타일

보통 50mmX50mm 이하의 타일 조각을 모자이크처럼 만든 것이다. 정사각형, 직사각형, 육각형, 원형 등의 여러 가지 형태가 있으며 소재도 다양하다.

5. 석기질 타일

점토나 장석 등을 1,200℃ 전후로 연소시킨 타일로 수분 흡수율 5% 이하인 타일이다. 자기질 타일에 비하면 물 흡수성은 높지만 소재는 딱딱하여 내후성이 뛰어나다는 장점을 가지고 있다. 유약을 사용하지 않고 질그릇의 소박한 느낌을 살린 수수함을 연출하는 자연소재이다.

6. 석재 타일

돌 성분을 혼합시켜 만든 자기질 타일이다. 장점으로는 항균 효과, 반영구적, 논슬립 등이 있으며 보통 욕실 바닥이나 테라스 바닥에 시공된다. 화강석, 대리석, 가공석 등 여러 종류가 사용되며 규격, 색상이 다채로워 다양한 디자인으로 표현된다.

7. 복합 대리석 타일

9mm 두께의 자기질 타일에 대리석을 2-3mm 정도 붙인 것이다. 대리석보다 가벼워 운반, 시공이 쉬운 타일이다. 표면은 대리석 질감이지만 강도는 천연 대리석보다 강하고, 시공법도 타일 시공법과 동일해 많이 애용된다.

8. 글라스 타일

유리 질감의 표면을 가진 타일로 투명감이 있다. 컬러 유리를 100mmX100mm 이하로 가공한 타일이라 생각하면 된다. 고급스러운 유리 느낌이며 손쉽게 시공이 가능하여 셀프 인테리어 시 많이 찾는다.

9. 우드 타일

특수 처리한 목재 단면을 모자이크 형태로 가공한 제품이다. 바닥재로 사용 시 일반 장판의 몇 배나 될 정도로 단단하다. 물청소하게 되면 우드 타일이 들뜨는 문제가 발생하므로 물청소가 불가하다. 친환경적인 느낌이 나는 고급 마감재로, 요즘은 단순히 우드 질감의 타일을 우드 타일이라 부르기도 한다.

10. 벽돌 타일

벽돌 모양의 타일로 시멘트 벽돌, 시멘트 블록, 파벽돌, 고벽돌 타일 등 다양한 종류가 있다. 소재는 보통 다공질이라 많은 수분을 흡수한다. 외장, 바닥, 포인트 벽 등 다양하게 사용되고 있다. 최근에는 앤티크한 느낌을 주고자 하는 카페 인테리어에 많이 사용된다.

11. 데코 타일

PVC(염화비닐) 소재로 내구성, 내열성, 내마모성이 뛰어나다. 특히 시공비가 다른 바닥재들에 비해 굉장히 저렴하고 다양한 인테리어 디자인 연출이 가능하다. 마루보다 쿠션감이 떨어진다는 단점이 있다.

12. 디럭스 타일

건물 기본 바닥재 중 하나로, 재생 PVC로 생산되며 부착력이 좋아 쉽게 떨어지지 않는다. 데코 타일보다 뛰어난 내구성을 보여주며 마모나 훼손에 의한 미관 상실을 걱정할 필요가 거의 없어 유지관리 측면에서 매우 뛰어나다는 강점을 가진다.

이렇게 12가지 타일을 보고 왔다. 나중에 인테리어 미팅 시 타일을 쉽게 선택할 수 있을까? 내가 당부하고 싶은 것은 단 하나다. 행복한 인테리어 미팅을 위해 타일 선택은 부인에게 맡겨라.

싱크대

-

집을 지은 뒤 손님들을 초대해 집들이를 한다. 손님들이 방문해 이곳저곳을 살펴보다 한 곳을 유심히 눈여겨보고 '와, 이 집 진짜 잘 지었네'라고 한 마디씩 보탠다.

유심히 눈여겨본 곳이 어디일까?

아마 눈치 챈 분들이 있겠지만 답은 주방, 그중에서도 싱크대이다. 손님 중 많은 이들이 싱크대를 열어보고 수전에서 물도 틀어보고 최종 싱크대 상판을 쓰다듬으면서 집 좋다는 말을 한다. 참 아이러니하다. 건축가로서 창호나 골조, 인테리어, 외관 디자인 등에서 칭찬을 받고 싶은데 대부분 싱크대 상판 하나로 집의 퀄리티가 정해져 버리니까 말이다.

그래서 나는 줄곧 인테리어의 여타 부분은 돈을 아껴도 싱크대만큼은 돈을 좀 더 들이더라도 좋은 것을 하라고 권한다. 한국에서 사는 한 싱크대 상판이 집의 퀄리티를 결정한다는 사실은 변하지 않을 것 같기 때문이다.

1. 싱크대 문짝

싱크대 문짝 중요하다. 무엇으로 구성되어 있는지에 따라 싱크대의 분위기가 확 달라진다. 싱크대 문짝에는 다양한 종류가 있으나 몸통 부분은 대개 한 가지 재료를 사용한다. 그 자재가 바로 파티클보드이다.

파티클보드

LPM(Low Pressure Melamine)

하이그로시(High glossy)

① 파티클보드(PB-Particle Board)

원목으로 목재를 생산하고 남은 폐자재를 잘게 부수어서 접착제를 섞은 후 고온고압으로 압착시켜 만드는 가공재이다. 원목의 단점인 수축팽창이 없고 내부에 빈 공간이 많아 소리를 잘 흡수한다. 단가가 싸다는 것이 가장 큰 장점이고 충격에 약해 부분적으로 떨어져 나가는 경우가 많다는 것이 단점이다. PB에 필름을 입혀서 싱크대 몸통으로 사용하며 간혹 저렴한 싱크대의 경우 문짝으로 사용하기도 한다.

② LPM(Low Pressure Melamine)

LPM은 멜라민 수지를 강한 열로 PB나 MDF 위에 부착하는 방식이다. 접착제가 아닌 수지를 합침시켜 부착하는 방식이라 친환경적이다. 접착력이 우수하여 시간이 지나도 모서리 부분이 떨어지지 않는다는 장점이 있고 열과 스크래치에 강하다. 멜라민 수지를 다양하게 사용하여 여러 가지 문양을 만들어낼 수도 있다. LPM의 경우는 주방의 저가 도어에 쓰이거나 고가의 싱크대 몸통에 많이 쓰이는 편이다.

③ 하이그로시(High glossy)

하이그로시를 안 들어본 사람은 없을 것이다. 그만큼 유명하다. 특히 어머님 층에서는 압도적인 인기를 끌고 있다. 하이그로시는 영어 그대로 고광택이라는 뜻이다. 표면의 강도가 강하고 먼지나 지문 등 잘 안 생겨 관리가 편하다는 장점이 있다. 결정적으로 고광택=고급이라는 연결고리가 생겨나 아직도 많은 사랑을 받고 있다.

하이그로시 도장법은 포마이카, U.V 코팅, 폴리우레탄 코팅 이렇게 3개로 구분된다. 이 중 가장 많이 사용되는 도장법은 U.V 코팅이다. 쉽게 말해 하이그로시 도장에 자외선 차단제를 첨가하여 변색되는 것을 예방한 것이다. 표면이 매끄럽고 흠집이 잘 나지 않는 코팅법이라 생각하면 된다.

U.V 코팅은 어느 것이 칠을 더 많이 했느냐에 따라 U.V 도장과 U.V 하이그로시로 구분된다. U.V 도장은 공정상 7번 정도 덧칠을 하므로 불량률이 적다. 칠하고 건조하고 다시 칠하는 과정이 반복되며 고광택이 만들어진다. 이러한 도장법의 하이그로시는 표면이 강하고 균열이 적어 가구 제작 등에 주로 사용된다.

외관상 U.V 도장은 커팅된 면까지 도장 처리가 되어 있는 반면 U.V 하이그로시는 커팅된 면에 아크릴 엣지 마감을 하는 차이가 있다. 이 부분은 전시장에 가서 모서리 부분을 보면 확연히 구분된다. 가구 미팅 시 이 부분에 대해 슬쩍 아는 척을 하면 아마 가구 플래너가 놀랄 것이다. 여러분은 한 마디만 하면 된다.

"이거 U.V 하이그로시 도장이네요. 이거 말고 U.V 도장된 제품으로 보여주세요."

결론적으로 U.V 도장이 U.V 하이그로시보다 코팅 퀄리티가 더 좋다. 좋은 만큼 당연히 가격도 더 비싸다.

2. 싱크대 상판

싱크대 상판은 종류가 많지만 나는 3가지 정도로 구분해 보고자 한다.

스테인리스 상판

PT 상판

인조대리석 상판

① 스테인리스 상판

옛날 집의 추억을 생각하면 '아! 그거구나' 싶을 것이다. 과거 단독주택에서 사용한 대부분의 싱크대 상판은 얇은 스테인리스 상판이었다. 옛날 스테인리스로 되어 있어 특별한 관리 없이 무난히 사용할 수 있다는 장점 때문에 대중적으로 널리 사용됐지만 너무 얇아 찌그러진다는 단점이 싸구려 취급을 피할 수 없었다.

하지만 최근에 생산되는 스테인리스 상판은 당시와 다르게 두께도 두껍고 다양한 표면 처리를 통해 고급 상판으로 분류되고 있다. 자금에 여유가 있어 고급 스테인리스 상판을 사용할 수 있다면 디자인·위생 면에서 충분히 만족할 수 있을 것이다.

② PT 상판

PT 상판은 인조대리석 느낌이 나는 제품이나 인조대리석보다 저렴하다. 인조대리석이 대중화되기 전에는 가장 많이 사용되었던 제품이다. 지금도 홈쇼핑이나 신축 빌라에서 간혹 보이고 있다. 또한 신혼집 리모델링 때 비용을 아끼기 위해 이 제품을 선택하는 분들도 상당히 있다.

PT 상판은 합판 위에 일종의 플라스틱 재질의 시트지로 열과 압력을 가하여 만들어지는 제품이다. 색감이나 디자인이 다양하고 내마모성과 내충격성을 지녔다. 하지만 시트지를 붙인 제품이다 보니 시간이 지나면 이음새 부분 시트지가 떨어진다는 단점이 있다.

만약 현재 보유한 집을 전·월세로 주기 위해 싱크대를 새로 하게 된 상황일 경우 무리하지 말고 PT 상판으로 제작된 싱크대를 선택하는 것이 좋다. 이유는 딱 하나다. 가격이 저렴하며 무난하게 사용할 만하기 때문이다.

③ 인조대리석 상판

여러분의 집에 있는 싱크대 상판은 대부분 인조대리석 상판이다. 천연대리석을 사용하면 가장 좋겠지만 가격 보고 바로 마음을 접게 될 것이다. 그 정도로 천연대리석은 매우 비싸다. 천연대리석을 구했다 하더라도 싱크대보다는 아트월처럼 가시적으로 잘 보이는 곳에 시공하는 것을 추천한다.

 인조대리석은 대리석 빛깔을 내기 위해 돌이나 모래, 수지를 배합해서 만든 것이다. 단점이라면 인조대리석의 일부 성분인 수지가 열에 약하다는 점이다. 뜨거운 냄비 같은 것을 오래 올려놓을 경우 변색이 될 수 있다는 단점이 있다. 또한 김칫국물이 스며든다는 제품도 있어 이러한 단점에 유의하며 사용해야 할 것이다.

 장점은 이음새를 찾을 수 없을 만큼 마감이 깔끔하고 재가공이 쉽다는 점이다. 나중에 실수로 변색이 되었다 하더라도 재가공이 편한 만큼 부분 보수가 가능하다. 같은 인조대리석 상판이라도 국산·수입, 두께·재료에 따라 가격 차이가 있으니 유의해서 선택하기 바란다.

...

 정리하면 내 집 인테리어 할 땐 인조대리석 상판을, 전·월세를 줄 땐 PT 상판을 선택하면 된다. 왜 차별이냐는 볼멘소리가 나올 수도 있겠으나 경험상 전·월세 주는 집의 가구는 생각보다 쉽고 자주 망가진다. 그렇기 때문에 가급적 PT 상판계열에서 결정 내리는 것이 윈-윈인 것이다.

"부가세는 꼭 내야 하나요? 어차피 이 돈은 환급 못 받잖아요."
그렇다. 집 짓는 비용은 부가세 환급 대상이 아니다. 건축비의 10%가 부가세라고 한다면 최소 1,500만 원 이상이 들기 때문에 부담이 되는 게 사실이다.
하지만 부가세를 내지 않는 공사계약은 존재할 수 없다.
물론 부가세를 내지 않는 방법이 하나 존재하는데 바로 정식 계약이 아닌 가짜 계약.
이때 건축주가 직영공사를 하는 방식으로 계약서가 작성된다. 즉 건축주 개인 통장을 건설업자에게 주고 돈을 빼 쓰게 하는 방법이자 사기 당하기 딱 좋은 방법인 것이다.
가족 간에도 개인 통장을 주고받지 않는데
대체 모르는 사람에게 무얼 믿고 개인 통장을 넘겨주려 하는가.

세금을 내야 한다
집을 지었다면 무조건!

STEP 08

세금

내기 싫어도 반드시 내야만 하는 부분이다. 피할 수 없다. 간혹 피할 수 있는 방법이 있다고 이야기하는 사람이 있는데 상식적으로 내야 될 세금을 내지 않는다는 것은 곧 탈세를 의미한다. 자신뿐만 아니라 우리 가족이 행복하게 지내야 하는 집에서 세금 문제 때문에 괜히 찜찜하게 살 바에야 속 시원하게 낼 것 내고 편히 사는 게 좋다.

몇 백만 원 아끼겠다며 잘못된 계약서를 작성하고 억 단위가 들어가는 집 공사를 애물단지로 전락시키는 경우가 종종 있다. 또한 대다수의 건축주가 건축비와 설계비, 조경비 등은 잘 계산하여 예산을 잡는 반면 세금은 생각하지 못해 당황하는 일도 많이 발생한다. 세금도 몇 백만 원 단위가 나오는 만큼 온라인상에서 잘못 알려진 정보를 바로잡고 정확하게 계산해 두었다가 제대로 납부해야 할 것이다.

돈과 관련된 만큼 세금은 복잡한 내용은 빼고 가장 핵심인 두 가지만 심플하게 알고 가면 된다.

땅 구입했을 때의 세금,
건물을 다 짓고 취득을 했을 때의 세금.

어렵지 않다.
쉽게 생각하고 쉽게 계산하면 된다.

토지 구입 세금

일반 토지 (임야, 대지, 잡종지)	취·등록세(4%) + 교육세(0.4%) + 농어촌특별세(0.2%) = 4.6%
농지	취·등록세(3%) + 교육세(0.2%) + 농어촌특별세(0.2%) = 3.4%

※ 토지는 토지 취득가액을 기준으로 산정되며 토지 소유권 이전등기 시 세금을 납부하면 된다. 토지 거래는 대부분 부동산을 통해 진행되기 때문에 부동산에서 이 부분에 대해서 자세히 설명해 준다.

[예] 토지 구입비 1억일 경우 토지 취·등록세는 460만 원이다.

건축물 취득 세금

건축물 취·등록세에 대해서 이견이 많은데 건물에 대한 취·등록세는 표준공사비를 기준하거나 공사계약금액을 기준으로 산정된다. 기준은 이 두 가지밖에 없다. 혼동할 필요 없다. 여기서 핵심은 정부에서 정한 표준공사비가 대부분 낮게 책정돼 있어 이를 기준으로 산정된다는 점이다. 준공 후 30일 이내 세금을 납부하면 되며 개인이 진행하는 것이 아닌 법무사를 통해 대행하므로 크게 걱정할 필요 없다.

주택 85m^2 이하	취득세(2.8%) + 교육세(0.16%) + 농어촌특별세(없음) = 2.96%
주택 85m^2 초과	취득세(2.8%) + 교육세(0.16%) + 농어촌특별세(0.2%) = 3.16%

[예] 보통 30평형 주택 기준으로 따지면 건축물 취·등록세는 300만 원 전후로 발생된다. 평수가 40평 이상이라면 500만 원 정도로 넉넉하게 잡아 놓으면 충분할 것이다.

개발 부담금

위의 토지와 건축물에 대한 취·등록세 말고 여러분들이 간과하고 있는 세금이 하나 더 있다. 이 글을 읽고 있는 여러분은 대부분 전원주택을 신축하고자 하는 분들일 것이다. 대지로 되어 있는 땅을 구입했다면 문제 여지가 없겠으나 임야나 전, 답을 구매했다면 지금부터 말하는 개발부담금에 대한 예산을 꼭 잡아 놓아야 한다.

개발 부담금은 준공 후 1년 이내에 납부해야 하는 세금이다.

위에서 말한 것과 같이 지목이 '대지'가 아닌 '임야'나 '전', '답'에서 집을 짓고 준공을 하게 되면 '대지'로 지목이 변경되는데 이때 토지의 가치가 상승하게 되기 때문에 이에 따른 일부를 세금으로 납부해야 한다.

일반적으로 최초 허가 시의 토지가와 준공 후 토지가의 차액에서 토목공사비용을 제외하고 나머지에서 25%를 세금으로 내게 된다. 생각보다 금액이 많이 나오기 때문에 미리 준비해 놓아야 한다. 준공 전에 내는 것이 아닌 준공 후에 내는 것이기 때문에 대부분 건설회사에서 말해 주지 않는다. 아마 여러분들도 정신없이 일이 진행되다 보니 깜빡 잊고 놓치고 말 것이다. 꼭 챙겨서 납부해야 하며, 준공 후 1년 안에 내지 않으면 가산세가 붙으니 미리 챙겨서 내는 것이 좋다.

얼마 전 건축주가 이런 이야기를 했다.

"용인 서천 쪽에 단지개발을 해서 지목이 '대지'인 전원주택 부지를 파는데 주변 땅 값보다 무려 10배가 높은 거예요. 이거 너무 과한 거 아닙니까?"

자! 여기서 이 말만 들으면 10배라는 금액이 엄청 과해 보인다. 그런데 여러분은 한 가지 알아두어야 할 것이 전원주택 단지의 택지지구는 '도로 지분'과 '개발 부담금'이 대부분 포함된 금액이라는 것이다. 또한 기반시설도 대부분 들어가기 때문에 기반시설 인입비도 내 예산에서 빠지게 된다. 단순히 주변 시세 하고만 비교하면 애초에 비교대상이 안 될 것이다. 어떤 것이 이 땅에 포함되어 있고 빠져 있는지를 꼼꼼히 따져 본 후 최종 임야나 전, 답을 사서 형질변경을 할 것인지 아니면 애초에 다 정리된 대지를 살 것인지를 결정하면 된다.

지방의 한적한 시골마을 같은 곳에서는 대지의 비용 자체가 높지 않기 때문에 큰 부담 없는 비용이 개발 부담금으로 나오지만 도심지 특히 용인, 수원, 양평 등 핫플레이스에서는 여러분이 상상하는 이상으로 헉 소리 나게 비용이 나오므로 대지 구입 시 부동산에 미리 자문을 구하는 것이 좋다. 부동산은 이미 주변 시세와 지역을 잘 알고 있기 때문에 사전에 개발 부담금이 얼마 나올 것인지를 알고 있다. 꼭 물어보고 예산 잡아 놓길 바란다.

Hit&HOT

다들 세금 안 내고 짓는데
왜 나만 내야 돼?

"세금 안 내고 집 짓는 방법은 없어요? 우리 옆 동네에 집 지은 아저씨 말로는 부가세 없이 충분히 지을 수 있다고 하던데요."

"세금 내지 않고 편법으로 공사를 할 수는 있습니다. 하지만 정상적인 절차가 아닌 계약은 어떻게 해서든 결국 문제가 생깁니다. 우리 가족이 살아갈 전원주택인데, 그런 식으로 짓고 싶진 않으시겠죠?"

세금.
세금하면 가장 먼저 떠오르는 생각은 무엇일까?

"아깝다."
돌려받을 수 없는 돈. 하지만 내야 하는 돈. 아깝게 느껴지는 돈. 이것이 바로 '세금'이다.

집을 짓기 위해 계약서를 작성하다 보면 늘 건축주가 묻는다.

"부가세 없이 짓는 방법은 없는 거예요?"
"우리 옆 동네에 집 지은 사람 보니까 부가세 안 내고 충분히 지을 수 있다고 하던데요."
"세금 그거 환급도 안 되고 그냥 버리는 돈이잖아요."

우리가 알게 모르게 생활 속에 세금이 잘 녹아들어가 있었다. 한 장소에 머물고 있는 것만으로도 세금을 내고 있으며, 편의점에서 아이스크림 하나를 사 먹어도 세금이 포함되어 있다. 잘 모르고 있었으니 아깝단 생각조차 하지 못하고 비용을 지불했던 것이다.

집을 짓는 비용은 단순히 백, 이백 원이 아니다. 최소 억 단위가 넘어가는 비용이 들어가는데 10%라는 부가세를 내야 하다 보니 큰돈처럼 느껴지고 아깝다 여겨지는 것이다.

굳이 이야기한다면 세금 안 내고 집을 지을 수 있는 방법이 있긴 하다. 건설회사를 통해서 집을 짓게 되면 부가세가 무조건 발생되니 정식 계약서 없이 직영공사 계약서를 간략하게 작성하는 것이다. 물론 비공식적으로.

정리하면, 정식 계약이 아니니 법적인 보호를 받을 수 없으며 상호 계약이 아닌 약속 정도의 말도 안 되는 수준의 계약이 되어 버린다.

이보다 더 심각한 문제는 건설회사 입장에서는 이 건축공사를 정식 등록할 수 없으니 회사법인 통장으로 돈을 받을 수가 없어진다는 것. 세금 조사에서 전부 걸리기 때문이다. 그렇기 때문에 편법으로 건축주 명의의 토장과 도장 그리고 출금할 수 있도록 비밀번호를 달라고 한다. 가족 간에도 개인 명의 통장을 함부로 넘겨주지 않는데 여러분들이 건설업자에게 휘둘리게 되는 가장 첫 번째 명분을 본인도 모르게 넘겨주게 되는 것이다.

명심해야 한다. 정말 집을 잘 짓고 유명한 사람들은 절대로 편법을 사용해서 집을 짓지 않는다. 부가세에 대한 부분은 더 잘 알고 있으며, 꼼꼼히 빠지지 않고 잘 챙겨서 세금을 납부한다. 탈세는 나라에서도 엄청 강력하게 검토하는 대상이다. 그 어떤 회사도 빠져나갈 수 없다.

다시 한 번 강조하지만 부가세 내지 않고 집을 지을 수는 있지만, 법적으로 보호 받을 수 있는 울타리 밖 늑대들이 우글거리는 곳으로 스스로 걸어가는 것과 마찬가지라는 점이다.

이래도 세금 내지 않고 편법으로 공사를 강행할 것인가. 정상적인 절차로 진행되지 않은 계약에 대한 책임은 그 당사자가 모두 짊어지고 가야 할 것이다.

집이 완공되면 바로 입주 가능할까?
아니다. 다 지어졌다고 해서 바로 생활 가능한 것은 아니다.
집을 집답게 만들어 주는 것,
바로 기반시설이 있어야 하기 때문이다.

생활에서 가장 기본이 되는 물이 여기에 해당되며 오·폐수관,
정화조, 전기, 가스, 우수관 등을 합쳐 '기반시설'이라 칭한다.
여기서 하나라도 빠지면 생활이 불편해진다.
이 모든 기반시설이 완비되어야 비로소 집 내부에서의 생활이
가능해진다.

살기 좋은 집을 만들기 위하여
기반시설 인입하기

STEP 09

물

기반시설 중에서도 가장 먼저 해결되어야 하는 부분이 바로 '물'이다. 물이 없으면 공사부터 생활까지 아무것도 이루어질 수 없다. 물은 두 가지 방법으로 해결될 수 있는데 첫 번째는 상수도이며 두 번째는 지하수이다. 한국에서는 이 둘 중 한 가지가 필수로 진행되어야만 물을 획득할 수 있다.

기반시설 인입 중 물을 만드는 방법은 의외로 간단한다. 상수도가 들어온다면 바로 연결해 사용하면 되고, 없다면 지하수를 개발해야 된다.

1. 상수도 인입

내 땅 앞 도로에 상수도관이 지나간다면 축복받은 땅을 가지고 있는 것이다. 지하수 개발을 하지 않아도 되니 수백만 원의 비용을 절약한 셈이다.

보통 상수도 연결공사 및 계량기 설치 공사비는 100만 원 내외로 비용이 발생한다. 그러나 여기서 끝나는 게 아니다. 이제 주택 내 인입공사를 진행해야 하는데 이 비용도 인입 거리에 따라 100만 원 내외로 정리될 것이다. 전원주택용 대지 크기 평균이 200평 미만이기 때문에 상수도 인입 총비용은 200만 원 내외로 책정할 수 있다.

2. 지하수 개발

지하수를 뚫어 물을 끌어올리는 일련의 과정을 '관정개발'이라 한다. 지하수 개발은 굴착기계의 힘을 통해 진행하며, 굴착 깊이에 따라 약 30m 내외(소공), 약 80m 내외(중공), 약 100m 이상(대공)으로 구분된다.

소공, 중공은 식수로 사용이 불가능한 경우가 많아 대부분 대공으로 지하수 개발을 진행한다. 환경에 따라 다르지만 대공개발의 경우 700~900만 원 정도의 비용이 소요된다. 지역마다 편차가 있으니 꼭 세 군데 정도 견적을 받은 후 진행하길 바란다.

지하수를 개발할 때 '지하수 개발·이용신고서'를 작성하게 되는데 대부분 지하수 개발업체에서 대행해 주니 크게 신경 쓸 필요 없다. 혹 걱정된다면 신고서 작성 여부 정도만 확인하면 된다.

오·폐수관 및 정화조

-

집에서 사용한 후 버려지는 폐수와 화장실에서 사용하는 물을 내보낼 무언가가 필요하다. 이 물을 집에서 나가게 해 주는 것이 바로 오폐수관과 정화조이다.

전원주택이 지어지는 곳은 한적한 시골마을일 경우가 커 도시처럼 오·폐수 라인이 연결되어 있지 않다. 결국에는 정화조를 이용해 이 부분을 만족시켜 주어야 한다. 도심형 전원주택 단지의 경우 하수종말처리시설이 있는 곳까지 관로가 연결된 경우가 많아 50-100만 원 내외로 인입관 공사비용이 끝이 난다.

관로가 없다면 정화조를 설치해야 하는데 정화조 설치기준은 평수로 쉽게 구분할 수 있다.

30평 미만	5인용 1톤의 정화조 설치(150-200만 원 사이)
30평 이상	10인용 2톤의 정화조 설치(200-250만 원 사이)

※ 수질보전 특별대책 지역 1권역의 경우 오수합병정화조를 시공해야 하며 비용은 평균 600만 원 정도 소요된다.

위에서 언급한 금액은 평균 금액이며, 지역 상황에 따라 변동될 수 있다.

전기
-

우리나라에 워낙 전기시설이 잘 되어 있으니 '전기가 들어오지 않는 집' 같은 것은 생각지도 못했을 것이다. 전기는 자동으로 인입되는 것이 아니다. 그러므로 전기 인입을 신청해야 한다.

전기 인입에 대해서 다들 어렵게 생각하지만 하나만 기억하고 있으면 된다. 200m 이내에 전신주가 있다면 전기 인입비는 약 15만 원(부가세 포함)이 발생되며, 보증 예치금은 20만 원 정도 발생된다. 전신주에서 집까지 전기배선 설계 및 계량기 부착은 전기공사업체에서 대행해주는데 평균 50만 원 내외로 마무리 가능하다. 총 85만 원 정도의 비용이 발생한다고 생각하면 된다. 이는 지상으로 연결되는 것을 기준으로 하며, 만약 지중으로 선을 매립하고자 한다면 지중 인입 시공비를 더 부담해야 한다. 평균적으로 이 비용도 100만 원 내외로 정리가 가능하다.

가스

-

요리를 할 때에도 가스가 필요하며 난방을 할 때에도 가스가 필요하다. 가스를 획득할 수 있는 방법에 두 가지가 있다.

1. 도시가스

내 집 앞 도로까지 도시가스 배관이 들어와 있다면 기본 연결비용인 120만 원 정도에 인입이 가능하다. 거리에 따라 달라지는데 10m 이내라면 위에서 말한 금액에서 정리가 가능하다.

2. 개별 LPG 가스통

특히 제주도 지역에 많이 설치되어 있다. 참고로 제주도는 도시가스 자체가 없다. 가스 업체에서 나와 직접 시공을 해 주며 월별 사용량에 따라 비용을 청구하고 부족한 부분은 자동으로 채워 넣는 방식이다. 비용은 정해진 것이 없으며 설치비 및 이용금액은 업체와 협의해야 한다.

우수관 및 집수정(우수 그레이팅)
-

기반시설 인입의 마지막은 우수관 인입이다. 비가 올 때 빗물이 알아서 빠질 거라 생각했다면 큰 오산이다. 물이 고였으면 고였지 절대로 알아서 빠져나가지 않는다. 산악 지형이라고 해도 마찬가지이다.

내 앞마당이 빗물로 인해 질척거리지 않고 항상 뽀송뽀송한 상태로 유지하기 위해서는 우수관과 집수정(集水井)이 필요하다. 집 둘레와 마당 중간중간마다 우수관과 집수정을 배치한 후 최종 배수로 쪽으로 우수를 빼 주어야 한다.

우수관 라인의 경우 설계 도면을 그릴 때 기본적인 배치를 잡으며 최종 조경공사 할 때 집수정 묻는 위치와 우수관 라인에 대해서 협의하면 된다.

100평 정도 되는 대지에 우수관 및 집수정을 집 둘레에 설치할 경우 평균 200-300만 원 정도의 비용이 발생한다. 우수관의 경우 파손의 위험이 있어 가급적이면 VG1 등급의 파이프를 사용하는 것을 권한다. 집수정도 종류가 다양하며 콘크리트로 되어 있는 집수정을 묻을 경우 가격은 더 상승할 수 있다.

쭉 읽고 따라와 보니 어떠한가?

생각지도 못한 비용이 발생되니 당황스럽지 않은가?

어쩔 수 없다. 어차피 들어가는 돈이다. 미리 예산에 반영해 두고, 예산 기준을 잘 기억해 뒀다가 업자와 협의할 때 유용하게 사용하길 바란다.

집의 완성은 외장재가 아니라 조경이라 말하고 싶다.
조경이 얼마나 중요한지 이미 알고 있는 몇몇 건축주는 조경에 엄청난 금액을 투자하기도 한다.
하지만 한 가지 조언하자면 조경은 1순위가 아닌 후순위 요소에 속한다.
일단 담장과 대문 정도만 구성한 뒤 3개월을 살아보자.
그다음 하나씩 조경을 만들어 나가는 것이다.
실제로 조경을 완벽하게 구성한 뒤 예기치 않게 마당을 뒤엎어 버리는 사례가 의외로 많다.

마당의 조경은 예뻐 보이는 수준에서 끝나는 게 아니다.
전원주택 라이프를 지속적으로 풍성하게 채워주는 공간이므로 오랜 기간 신경 써 줘야 할 것이다.

마당을 가꾸며 산다
집의 완성도를 결정하는 조경

STEP 10

이제 우리 집 다 지은 것 같은데
무언가 빠뜨린 듯한 찜찜한 이 기분, 뭘까?

"아무리 생각해도 무언가 비어 보인단 말이지."
"집은 참 예쁜데, 왜 이렇게 허전할까?"

그렇다. 집을 지었다고 다 끝난 것이 아니기 때문이다. 여러분은 가장 중요한 것 하나를 남겨두고 있다.

전원주택의 꽃이라 불리는
바로 그것.

조경.

전원주택을 짓고 조경을 제대로 하지 않는 것은 앙꼬 없는 찐빵과 같다. 조경을 얼마나 잘 하는지에 따라 내 집이 빛나 보이는지 없어 보이는지가 결정된다.

나는 조경 전문가가 아니기 때문에 어떤 잔디나 나무가 좋은지 등의 추천까지는 할 수 없다. 모르는 것을 아는 척하며 설명하고 싶진 않다. 다만 건축가로서 '경험상 이렇게 하는 게 좋을 것 같아요' 수준으로 도움이 될 만한 정보를 최대한 공유하고자 한다.

준비되었는가?
전원주택의 마지막 관문이다.

데크 정도는 깔아 줘야 분위기가 살지

-

앞마당에서 가든파티를 하는 꿈. 아마 모든 이의 로망일 것이다. 집 내부에서 식사할 때에는 식당이라는 공간이 필요하며, 집 외부 앞마당에서 식사를 할 때에는 데크라는 공간이 필요할 것이다. 데크는 두 종류로 구분할 수 있다. 여러분이 잘 알고 있는 목조 데크와 최근 들어 시공이 증가하고 있는 석재 데크가 그에 해당한다.

1. 목조 데크

방부목을 사용하여 시공하는 방법이다. 시공법도 간단하고 원자재가 나무이다 보니 자연적인 느낌이 든다. 또한 전원주택 하면 가장 먼저 떠오르는 이미지가 바로 '데크'이기도 하다. 아직도 많은 이가 찾는 목조 데크는 평당 70-80만 원 사이로 시공 가능하며 유지관리만 잘 한다면 10년 이상 무리 없이 사용이 가능하다.

다만 원목이 아니라 방부액을 주입해 강제로 썩지 않게 만든 가공목이기

때문에 인체에 유해한 측면이 없지 않고, 시공 후 3개월 간격으로 오일스텐을 칠해 주어 틀어지지 않게 해야 한다는 문제가 있다.

2. 석재 데크

목조 데크의 유지관리 문제와 건강상의 문제에 대비한 데크이다. 이미 오래 전부터 시공되고 있었지만 한국에서는 최근 들어 찾는 이가 증가하고 있다.

집 기초를 시공할 때 석재 데크 하부도 얇은 기초를 같이 시공하며 그 콘크리트 기초 위에 판석 및 블록 등을 깔아 마감하는 방식이다. 석재 데크 시공비는 평당 110-120만 원 사이로 형성되어 있다. 별도의 유지관리 없이 영구적으로 사용할 수 있다는 장점을 가진다.

전원주택 자체가 아파트보다 손이 많이 가므로 귀찮은 것을 싫어하는 분들은 꼭 석재 데크로 시공하길 바란다.

조경 공사비는 얼마를 잡아야 할까?

-

조경 공사비에 대한 말들이 많다. 솔직히 조경은 하기 나름이기 때문에 대략적인 금액을 논한다는 것 자체가 말이 안 된다. 그러나 미리 예산을 잡아둬야 하므로 조경비에 대해 알아볼 필요가 있다. 조경 비용은 마당을 정비하는 가격, 담장을 설치하는 비용, 대문 비용으로 구분된다.

1. 마당

잔디 및 디딤석을 시공하는 비용은 대략적으로 평당 5-10만 원을 잡으면 된다. 낮은 식재와 롤잔디, 집 앞까지 진입할 수 있는 디딤석을 포함하여 평당 10만 원이면 초과하지 않고 시공할 수 있을 것이다.

2. 담장

담장의 경우 재료를 무엇으로 할 것인가에 따라 달라지는데 최근에는 나무 담장보다는 주물로 만든 단조 난간을 많이 사용한다. 단조 난간의 경우 미터당 계산되며 10-20만 원 사이로 다양하게 형성되어 있다. 너무 비싼 것을 선택하기보다는 미터당 10만 원 정도에서 고르면 예산 차원에서 만족스러울 것이다.

3. 대문

많은 사람들이 대문에 대한 생각을 전혀 하지 않는다. 모르는 사람이 내 앞마당에 함부로 들어온다면 어떤 기분일 것 같은가? 그런 일은 없을 것 같겠지만 예상외로 자주 내 앞마당에 침입한다. 심지어 옆집 공사인부들이 내 앞마당에서 식사하는 경우도 있다. 그렇기 때문에 공사가 끝나면 대문 설치는 필수다. 대문의 경우 주물 제작 기준 개당 250-500만 원 사이로 다양하게 구성되어 있다. 평균적으로 250만 원 전후에서 선택하는 게 좋다.

Hit&HOT

조경 설계라는 것

조경을 정말 잘하고 싶은데 어디서부터 손을 대야 할지 막막한 사람들을 위해 '조경 설계'라는 것이 존재한다. 건축 설계처럼 여러분들의 머릿속에 있는 추상적인 이미지를 현실로 구현해 주는 것이라 생각하면 된다.

전원주택 조경 설계의 경우 조경업체에서 시공계약 조건으로 무료로 진행해 준다.
한 번 조경을 해 버리면 수정하는 것이 생각보다 힘들기 때문에 혼자서 결정하기 어려운 분들은 과감하게 전문가의 도움을 얻는 것을 추천한다.
조경 설계에 대한 포트폴리오는 각 조경업체 홈페이지에 오픈되어 있으므로 내 마음에 드는 업체를 선택해 설계를 받아보면 된다.

집짓기.

왜 이리 챙겨야 할 것들이 많은 걸까.

집을 짓는다는 것은 최소 1,000여 개가 넘는

체크리스트와의 싸움과도 같다.

결코 쉽게 넘어가는 부분이 없다.

하나부터 열까지 누가 대신해 주지 않기 때문에

내가 직접 다 챙겨야 한다.

무척 힘들고도 지난한 과정을 거치게 된다.

하지만 모든 단계가 끝난 뒤

눈앞에 오로지 나만을 위해 존재하는 공간이

모습을 드러낼 것이다.

끝날 때까지 끝난 게 아니다
완공 후 체크리스트

STEP 11

아파트에 입주하기 전 마지막 단계에서 '사전 점검 행사'를 갖듯이 내 집 또한 마찬가지다. 총 79가지의 체크리스트로 분류해 놓았으며 이 부분에서 모두 만족할 시 내 집은 최고의 품질로 지어졌다고 보면 된다.

"비전문가인 내가 체크리스트 확인한다고 해서 맞게 시공된 건지 잘못 시공된 건지 알 수 있을까?"

물론 이런 의문을 갖는 사람도 있을 것이다. 하지만 내 집을 완공하는 단계까지 다다른 여러분은 자신도 모르게 이미 전문가가 되어 있을 것이다. 믿어도 좋다. 지금까지 차근차근 순서대로 따라 왔다면 여러분이 가진 지식만으로도 이 집이 잘 지어졌는지, 아니면 잘못 지어졌는지 충분히 구별할 수 있다.

총 79가지 완공 체크리스트를 확인한 다음 미흡한 부분이 있으면 수리를 요청해야 하며 가급적이면 입주하기 전에 모든 부분에 대한 수리를 마무리한 후 이사하는 것이 좋다.

외부
-

Checklist   good   bad

입면도 체크: 건축 최종 입면도 체크(마감재, 칼라)   _____   _____

지붕: 깨짐, 오염 상태, 균일 시공 상태   _____   _____

외벽(스타코): 오염, 균열, 마감면 고르기   _____   _____

외벽(사이딩): 코킹, 오염, 붙이기, 도장 마감   _____   _____

외벽(파벽돌): 균열, 떨어짐, 메지 상황, 수직, 수평 상태   _____   _____

창호: 방충망 유무, 작동 및 파손 여부, 결로, 시건장치 상태   _____   _____

외부 문: 현관문, 다용도실 문 작동 유무 및 잠금장치   _____   _____

데크, 테라스: 오일스테인 처리, 균열, 청소   _____   _____

외부 난간대: 흔들거림, 도장 오염   _____   _____

외부 조명: 램프 온오프, 파손 유무, 설치 위치 및 누락 유무   _____   _____

외부 수도: 설치 상황, 배수 처리, 부동 수전 설치 유무   _____   _____

건물 주변, 통로: 정리, 토지정리, 청소   _____   _____

가설전기, 화장실: 철거 상황   _____   _____

내부
-

내부 1_ 현관

Checklist   *good*   *bad*

바닥 타일: 타일 깨짐, 메지 상황, 수직, 수평 유무   _____   _____

벽지: 오염, 이음부, 탈부착 상태   _____   _____

조명: 반경 내 센서 감지 상황   _____   _____

현관 중문: 유리시공 유무, 레일 작동 여부, 미서기 문틀 수직 수평   _____   _____

내부 2_ 거실

Checklist   *good*   *bad*

바닥(마루): 오염, 이음새

벽(벽지): 오염, 이음새

천장: 뜸, 흠집, 더러움

몰딩: 천장 몰딩의 이음새, 오염, 타카핀 시공 상태

비디오폰: 비뚤어짐, 작동 유무

조명: 밝기, 램프 칼라, 온오프 작동 유무, 수평 위치

스위치, 콘센트: 높이, 레벨, 위치, 설치 위치 및 누락 유무

거실창호: 유리 깨짐, 손잡이 부착, 문선몰딩, 창틀 오염, 수직 수평

내부 3_ 주방

Checklist   *good*   *bad*

바닥(마루): 뜸, 흠집, 더러움, 이음매 레벨

벽(벽지): 이음새, 뜸, 흠집, 더러움

주방 벽(타일): 타일 깨짐, 메지 상황, 누락 및 싱크대 배치 상태

천장: 뜸, 흠집, 더러움

주방 창호: 유리 깨짐, 손잡이 부착, 창틀 오염, 가구 간섭 유무

조명: 밝기, 램프 칼라, 온오프 작동 유무, 배선도 체크

스위치, 콘센트: 높이, 레벨, 위치, 비뚤어짐

내부 4_다용도실

Checklist   *good*   *bad*

바닥(타일): 타일 깨짐, 메지 상황, 레벨, 바닥 배수구 위치(배수 상태) _____ _____

벽(벽지, 타일): 이음새, 뜸, 흠집, 더러움 _____ _____

천장: 뜸, 흠집, 더러움, 점검구 유무 _____ _____

다용도실 창호: 유리 깨짐, 손잡이 부착, 창틀 오염, 가구 간섭 유무 _____ _____

다용도실 문: 잠금장치, 하부 씰, 오염 _____ _____

조명, 콘센트: 램프 온오프, 콘센트 위치, 비뚤어짐 _____ _____

세탁 수전: 수압 상태, 냉·온수 확인, 위치, 세탁전용 배수구 유무 _____ _____

내부 5_방 1

Checklist	*good*	*bad*
바닥(마루): 뜸, 홈집, 더러움, 이음매 레벨	_____	_____
벽(벽지): 이음새, 뜸, 홈집, 더러움	_____	_____
천장(등 박스): 뜸, 홈집, 더러움	_____	_____
문짝: 개폐상황, 도어록, 오염, 스토퍼 설치 유무	_____	_____
창호: 잠금장치, 하부 씰, 오염	_____	_____
몰딩: 이음매, 오염, 홈집	_____	_____
조명, 콘센트: 밝기, 램프 온오프, 콘센트 위치, 비뚤어짐	_____	_____

내부 6_방 2

Checklist	*good*	*bad*
바닥(마루): 뜸, 홈집, 더러움, 이음매 레벨	_____	_____
벽(벽지): 이음새, 뜸, 홈집, 더러움	_____	_____
천장(등 박스): 뜸, 홈집, 더러움	_____	_____
문짝: 개폐상황, 도어록, 오염, 스토퍼 설치 유무	_____	_____
창호: 잠금장치, 하부 씰, 오염	_____	_____
몰딩: 이음매, 오염, 홈집	_____	_____
조명, 콘센트: 밝기, 램프 온오프, 콘센트 위치, 비뚤어짐	_____	_____

내부 7_방 3

Checklist   *good*   *bad*

바닥(마루): 뜸, 흠집, 더러움, 이음매 레벨   _____   _____

벽(벽지): 이음새, 뜸, 흠집, 더러움   _____   _____

천장(등 박스): 뜸, 흠집, 더러움   _____   _____

문짝: 개폐상황, 도어록, 오염, 스토퍼 설치 유무   _____   _____

창호: 잠금장치, 하부 씰, 오염   _____   _____

몰딩: 이음매, 오염, 흠집   _____   _____

조명, 콘센트: 밝기, 램프 온오프, 콘센트 위치, 비뚤어짐   _____   _____

내부 8_욕실

Checklist　　　　　　　　　　　　　　　　　　　　*good*　　*bad*

바닥(타일): 타일 깨짐, 메지 상황, 바닥 배수구 위치, 배수 상태　___　___

벽(타일): 타일 깨짐, 메지 상황, 타일 수평, 코킹　___　___

천장: 흠집, 더러움, 점검구 유무　___　___

욕실 창호: 유리 깨짐, 손잡이 부착, 창틀 오염　___　___

욕실 문: 잠금장치, 하부 씰, 오염, 스토퍼 설치 유무　___　___

조명, 콘센트: 밝기, 램프 온오프, 콘센트 위치, 비뚤어짐　___　___

환풍기: 작동 상태, 소음　___　___

변기, 세면대: 냉·온수 체크, 물샘 여부, 씰란트 틈, 흔들림　___　___

욕조: 흠집(깨짐), 욕조 수전 위치 높이, 배수 상태, 배수 캡　___　___

샤워 파티션: 흔들림, 유리 깨짐　___　___

샤워부스: 흔들림, 유리 깨짐, 전용 배수구 설치 유무　___　___

액세서리: 휴지걸이, 수건걸이, 코너선반, 흔들림, 위치 체크　___　___

<내부 9: 계단>

Checklist　　　　　　　　　　　　　　　　　　　　*good*　　*bad*

계단재: 흠집, 균열, 오염, 도장 상태, 높낮이 균일 유무　___　___

벽(벽지): 이음새, 뜸, 흠집, 더러움　___　___

난간: 흔들림(간격), 흠집, 페인트(칠) 상태　___　___

계단실 창호: 유리 깨짐, 손잡이 부착, 창틀 오염, 개폐 상황　___　___

천장: 뜸, 흠집, 더러움　___　___

조명: 조명 스위치 위치, 밝기, 펜던트 높이　___　___

기타
-

Checklist　　　　　　　　　　　　　　　　　　　*good*　　*bad*

청소: 전체적인 청소 상태　　　　　　　　　　　　　_____　_____

Hit&HOT

전원주택의 수명은
몇 년일까?

"어떤 공법으로 집을 지어야 할지 고민이에요. 무조건 철근 많이 넣고 콘크리트로 지어야 한다, 일본처럼 목조로 지어야 한다, 주변에서 말이 많아요. 저는 그저 100년 가는 집을 짓고 싶은데 말이죠."

"각 공법마다 장단점이 있다 보니 이게 최고라고 말하기 어려운 부분이 있습니다. 다만 공법을 결정하기 전 집의 수명에 대해 잠깐 알고 넘어가는 것이 좋을 것 같아요."

집의 수명.
운동으로 꾸준히 관리하는 사람도 나이를 먹을수록 체력이 떨어지고 이곳저곳이 아파온다. 집이라고 다를쏘냐. 100년 이상 멀쩡하게 서 있을 것 같지만 집에도 수명이라는 것이 존재한다.

여러분이 생각하는 집의 수명은 몇 년인가?

"저는 100년 가는 집을 짓고자 해요. 제 아들에게 이 집을 물려주고 또 손자에게까지 집을 물려주고 싶어요. 그래서 저는 벽 두껍게 해서 철근 많이 넣은 콘크리트 집을 짓고자 합니다."

한국 사람들의 특징 중의 하나가 철근콘크리트 공법에 대한 맹목적 신뢰이다. 최근 들어 수요층이 목조 주택으로 몰려 목조 주택을 많이 설계하고 짓고 있지만 참고로 나 또한 주 전공은 철근콘크리트 주택이다. 다양한 디자인과 기하학적으로 뻗어 나가는 건물의 형태를 만들고자 하면 철근콘크리트만 한 것이 없기 때문이다.

하지만 아쉽게도 전원주택의 수명은 단순히 공법으로만 정리되지 않는다.

국내에서 주거 부분 가장 강력한 건축법규를 받고 지어지는 건물이 무엇인 줄 아는가?
아파트다. 많은 사람들이 거주하는 공간이며 잠시 머무는 공간이 아닌 주 생활 공간이기 때문에 어떠한 주거용 건축물보다도 많은 제약과 건축법상의 조건이 까다롭게 걸려 있다.

그렇다면 아파트는 무엇으로 지어지고 있는가?
철근콘크리트다. 철근콘크리트를 영어로 풀어보면 'reinforced concrete'인데 직역하면 보강된 콘크리트라 해석할 수 있다. 압축강도가 높은 콘크리트에 인장력이 높은 철근을 보강하여 만든 공법이라는 뜻이다. 이렇게 만들어진 철근콘크리트 건물, 특히 아파트의 수명은 몇 년을 보고 있을까?

정확하게 법으로 정해진 수명은 없지만 오래된 아파트의 재건축 연도를 살펴보면 힌트를 얻을 수 있다.
아파트의 경우 25년 정도가 지나게 되면 서서히 재개발 이야기가 들려온다. 평균 30년 전후로 아파트 일대 지역이 재개발이 된다고 보면 되는데 정부에서도 30년 전후로 건물의 수명이 다했다고 1차적으로 판단한다. 지금으로부터 30년 전이면 1980년대인데 아마 그 당시 지어졌던 건물을 외적으로만 보아도 노후화되었다는 것을 쉽게 파악할 수 있다.

이처럼 현존하는 최고의 공법인 철근콘크리트의 공법도 영구적이지 않다. 그나마 초고층 건물이나 최근에 지어지는 아파트들의 경우 더욱 발전된 시공방법과 자재들로 수명이 더 늘어난 것은 다행이라 할 수 있다.

그렇다면 일본에서 짓는 목조 주택은 좀 더 수명이 길지 않을까?

"한옥 등을 보면 100년이 지나도 그대로 있던데요. 그러면 목조 주택도 100년 이상 가지 않을까요? 아닌가? 나무는 썩으니까 콘크리트보단 수명이 적을까?"

물론 목조 주택도 다양한 문제점들을 안고 있다. 그래도 여러 문제점들을 보완한 형태가 지금 우리들이 짓고 있는 목조 주택이란 점이 다행이다.

현재 건축시장에서 가장 많이 사용되고 있는 철근콘크리트 주택과 목조주택 이 두 공법의 수명에 관하여 나는 30년으로 단정하고 있다. 어떤 공법이든 간에 상관없이 30년. 너무 짧은가? 그래도 이게 맞다.

모든 사람들이 공법을 통해 집의 수명을 결정하려고 하는데 일부는 맞지만 일부는 틀렸다. 집의 1차 수명은 건축학개론상 설비의 노후화로 보는 것이 맞다. 여러분이 사용하는 보일러의 수명은 기본 5년, 최장 길게 유지 보수 하면서 사용하면 10년 정도 사용할 수 있다. 배관 및 전기 설비 등은 평균 20-30년 정도 되면 보수가 필수적이다.

특히 20년이 지난 아파트를 구입하게 될 경우 간혹 부동산에서 '이 아파트는 최근에 배관 다 새것으로 교체했어요'라고 할 때가 있다. 아파트라고 그 오랜 시간 그냥 멀쩡히 서 있는 것이 아니란 뜻이다. 무수히 많은 유지보수를 하면서 오랜 시간을 버티고 서 있는 것이다.

집은 영원한 매개체가 아니다.
집을 짓는 순간부터 노후화가 시작된다. 어떠한 공법을 사용했느냐에 따라서 집의 수명이 결정되는 것도 아니다. 1차 수명은 설비 노후화의 한계점인 30년으로 보는 것이 맞으며, 그 이후에는 유지 보수한 후 더 생활하는 것이다. 하지만 얼마나 소중하게 내 집을 다루고 아껴주었느냐에 따라 집은 10년 만에 황폐해질 수도 있으며 100년이 지나도 멀쩡할 수 있다. 집의 수명은 생활하는 주인이 누구냐에 따라 바뀌게 된다.

앞으로 전원주택시장은 어떻게 변모할까?
빠르게 변화하는 라이프스타일을 기반으로 하여
향후 5년간의 전원주택 트렌드를 살펴보도록 한다.

2018-2022 전원주택 트렌드

STEP 12

* 2018-2022 전원주택 트렌드 편의 설계투시도는 꿈애하우징 사례가 활용되었습니다.

미니멀 라이프,
30평 미만 주택의 시장 선도
-

공법	경량목구조
연면적	106.12㎡ (다락 12.00㎡ 포함)
지붕마감재	아스팔트 슁글
외벽마감재	스타코플렉스
포인트마감재	적삼목 사이딩
창호	3중 시스템 창호

최근 2년간 진행된 프로젝트와 건축주와의 상담들을 분석해 보니 집의 평수가 점점 줄어드는 현상을 파악할 수 있었다. 심지어 10평짜리 집을 지어달라는 요청도 있었다. 한국의 라이프스타일도 미국이나 유럽처럼 선진화되어가고 있는 반증이라 생각한다.

주변 지인들에게 집을 짓는다고 하면 '크게 짓지 마, 작게 지어도 충분해'라고 조언하기도 한다. 문제는 '작게'라는 범위가 도대체 어느 정도인지 아무도 알려 주지 않는다는 것에 있다.

사람들마다 살아온 인생이 다르다. 어떤 사람은 평생 50평 아파트에서만 살아온 반면 어떤 사람은 10평짜리 원룸에서 평생 살아왔다. 누가 맞다고 할 순 없으나 집이 완공된 후 '왜 이렇게 작냐', '이 정도로 작다는 걸 왜 미리 언질해 주지 않았느냐'고 따져 묻는 건축주들이 있는 것을 보면 평수를 정하는 일이 그리 간단한 게 아님을 알 수 있다.

현재 살고 있는 아파트 기준으로 전원주택을 보면 안 된다. 설계할 때 구체적으로 설명하여도 주변에서 작게 지으라고 했다며 모든 공간을 억지로 끼워 맞춰 작은 집으로 공사하는 것이다.

평수라는 것은 딱 정해져 있는 공간이다. 아무리 설계를 잘 한다고 해도 그 공간범위 밖으로 벗어날 수 없다. 벽이 많으면 많을수록, 필요로 하는 요소가 많을수록 그 안에서 잘라먹는 것이지 절대로 확장되어 넓어지지 않는다는 뜻이다.

그렇다면 대체 '작다'의 범위가 어느 정도일까?

약 1년간 200명이 넘는 예비 건축주들을 만나 설문을 해 보니 작은 집에 해당하는 평수는 35평 미만이었으며 큰 집에 해당하는 평수는 45평 이상부터였다. 결과적으로 아무리 작게 지어도 30평에서 35평 정도는 지어야 방 3개짜리 주생활 공간이 된다는 뜻이다. 30평 미만의 주택들의 경우 방을 3개 구성하기가 매우 어렵다. 결국에는 방을 구성하기 위해 주방이나 거실 중 하나는 포기해야 하는 형국이 된다.

지금부터 제안하는 설계안은 신혼부부 혹은 노부부처럼 두 사람이 살기에 적당한 공간으로 기획되었다. 25평 공간에 다락 4평 공간을 더 확보해 약 29평 되는 전원주택이 되어줄 것이다. 평면도상으로는 넓어 보이지만 실상 거실과 주방이 매우 협소하다. 30평 미만의 주택을 4인 가족이 생활할 수 있는 주생활 공간으로 구성하기 위해 거실과 주방에 대한 욕심을 줄인 것이다.

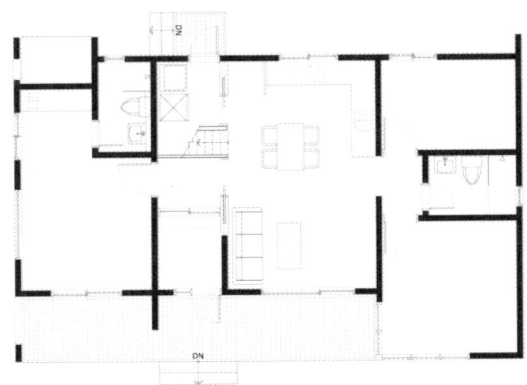

1층 평면도

1층 공간 기준 정확히 25평으로 공간을 구성했다. 단조로움을 피하기 위해서 약간의 매스 분절을 통해 전면부의 입체감을 최대한 살려보고자 하였다. 이 평면을 구상할 때 전원주택의 매력을 느끼게 하기보다는 짜임새 있는 아파트의 장점을 평면으로 살리고자 하였다. 많은 분들이 아파트는 무조건 나쁜 평면이라고 생각하는데 절대 그렇지 않다. 정해진 공간 안에서 데드스페이스 없이 짜낸 평면이 아파트 평면으로 발전했다고 생각하면 된다. 이번 설계안에서 이러한 아파트 동선을 가진 평면으로 낭비되는 공간 없이 설계하고자 하였다.

이 평면의 가장 큰 특징은 거실과 주방을 최대한 미니멀하게 구성하되 독립적인 별채처럼 사용할 수 있는 공간을 만들어냈다는 데 있다. 2명이 거주하는 주택의 경우 필요한 방의 개수는 1개이다. 별도의 서재가 필요하다 판단되어 1개의 서재를 구성하고 나머지 공간은 현관을 중심으로 분리시켜 독립세대를 구성해도 문제가 없도록 설계했다.

이번 설계 제안을 보면서 여러분은 공간 스케일에 대해 잘 살펴보아야 한다. 위에서 본 평면만으로 공간들이 넓다고 인식할 수도 있지만 분명히 말하건대 좁다. 30평 미만의 주택을 지으면서 넓게 만들고 싶다는 생각은 어찌 보면 욕심일 수 있다. 명심해야 한다. 좁은 것은 좁은 것이다. 설계를 잘한다고 해서 정해진 면적이 절대로 늘어나지는 않는다.

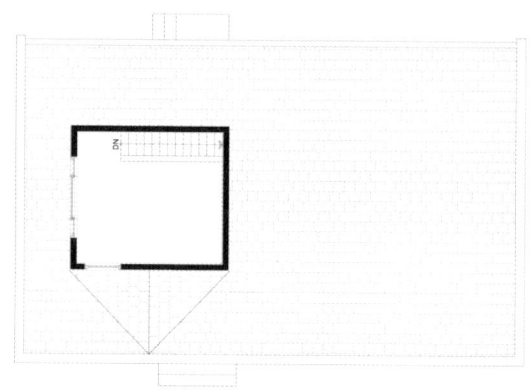

2층 평면도

또한 자녀들이나 손님이 놀러 왔을 때 잠잘 수 있는 방은 있어야 되는 것은 아닐까 고민했다. 그렇다고 25평이라는 공간 안에서 방의 개수를 더 늘리는 것은 문제가 있었다. 그래서 다락을 만들기로 했다. 총 4평 정도로 구성을 했으며 성인 남자 3명 정도가 누워 잘 수 있는 공간으로 설계했다. 물론 완벽한 방으로서 기능하기는 어렵다. 지붕 경사도가 있기 때문에 제일 낮은 곳의 층고는 1m도 되지 않는다.

다락을 구성할 때는 여러 가지 생각을 한다. 과연 이 정도 공사비를 들여서 이렇게 짓는 것이 맞을까? 혹시 사용할 수 없는 공간을 만드는 것은 아닐까? 그래서 이 공간에 대한 목적을 명확히 한 후 설계하는 것을 항상 추천한다. 이번 설계 제안에서 만든 다락은 아이들 놀이공간과 손님의 수면을 위한 공간으로 구성했다. 서재나 어른이 들어가 주생활할 수 있는 공간은 아니라는 점을 미리 알려드린다.

3D로 입면을 올리면 위와 같은 형태로 구성이 된다. 생각보다 괜찮은가? 아마 평면을 볼 때에는 이 집이 어떻게 만들어질지 머릿속에 그려지지 않았을 것이다. 바닥 평수가 25평이기 때문에 집 규모도 그렇게 크지 않다. 오히려 아담한 집이라고 표현하는 것이 맞을 듯하다.

　외장재에 대한 욕심을 버렸다. 이유는 단 하나다. 공사비를 최대한 줄이기 위함이다. 30평 미만의 집을 지으면서 외장재에 욕심을 낸다는 것은 말이 안 된다. 최대한 저렴하면서 가성비 높은 자재를 사용해 마감하는 것이 현명하다.

　공사비를 줄이기 위해서는 튀어나오는 매스 분절을 최소화해야 한다. 울퉁불퉁한 벽이 더 생길수록 공사비 단가는 더 올라간다. 그래서 직사각형의 박스 이미지를 택했으며, 스타코플렉스만을 이용하여 외장을 마감했다.

　외장재가 더러워질 수 있다는 여지가 있으나 세라믹 사이딩 같은 값비싼 자재를 붙일 수는 없으므로 지붕 경사도를 뒷면으로 두되 외장 색깔을 짙은 그레이 색상으로 통일시켜 버렸다. 작은 얼룩 등은 외장재에 묻어도 티가 나지 않게 한 것이다.

　외장재 기본 베이스를 어두운 색으로 정했다는 것은 포인트는 밝은 색으로 간다는 것을 뜻한다. 포치 부분에 적삼목 사이딩을 적용하여 모던하면서도 자연적인 분위기를 주고자 하였다. 결과적으로 믹스매치의 좋은 예가 나온 듯하여 설계를 제안한 사람으로서 뿌듯함을 느낀다.

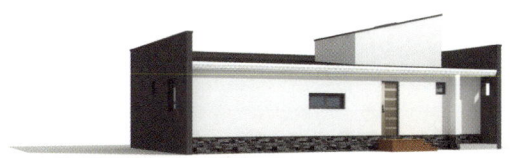

배면에 욕심을 내는 사람이 있는데 집을 지을 때 과시욕은 금물이다. 집은 자랑하는 매개체가 아니다. 포인트도 사치다. 기단 부분만 파벽돌로 마감한 뒤 배면은 깨끗하게 비워 놓는 것이 좋다.

크지는 않지만 미니멀 라이프를 즐길 수 있도록 설계된 집. 공간이 향후 5년간 위와 같은 25평 소형주택이 분명히 트렌드를 이끌어 갈 것을 의심치 않는다. 미니멀한 소형주택을 원하는 층은 개인적으로 생각할 때 두 부류인데 첫 번째는, 자녀가 어린 신혼부부층이고 두 번째는, 두 분만 거주하시는 노부부층이다.

만약 위에서 말한 두 층에 속한다면 이번에 제안한 설계안을 유심히 검토해 보길 바란다.

부수입은 필수!
수익형 주택의 탄생

-

공법	경량목구조
연면적	151.34㎡ (1층 99.48㎡, 2층 51.86㎡)
지붕마감재	아스팔트 슁글 + 리얼징크
외벽마감재	스타코플렉스
포인트마감재	적삼목 사이딩
창호	3중 시스템 창호

최근 들어 전원주택 수요층으로 30대 중반에서 40대 초반의 사람들이 유독 증가했다. 노후를 즐기기 위함이 아니라 자녀들과 부드러운 땅을 밟으며 생활하길 바라는 젊은 층이 늘어났다는 뜻이다. 이처럼 집을 지어 이동하는 연령층이 낮아지다 보니 이에 따른 집의 형태도 변화하기 시작했다. 특히 제주도로 이주하는 사람들이 예상외로 많다.

"서울의 생활을 정리하고 우리 네 식구가 제주도에 정착해 볼까 합니다. 땅은 마련해 놓은 상황인데 집을 어떻게 지어야 할지 고민이에요. 그래서 1층에 카페나 음식점을 같이 해서 안정적인 부수입을 얻을 수 있었으면 좋겠어요."

하지만 요즘 제주도는 건물을 짓는 데 제약을 많이 걸어둔 상황이다. 땅마다 걸려 있는 조례가 달라 모든 땅에서 카페를 할 수 있는 게 아니다. 최근 난개발이 이루어지다 보니 제주도에서 자체적으로 규제를 강화하여 사전에 집을 지을 수 있을지 없을지 따져 봐야 한다.

돈이 많다면야 전원주택을 짓고 하고 싶은 일만 하면서 살면 좋겠지만 알다시피 우리는 부자가 아니다. 단순히 집을 짓는 데에만 모든 돈을 쏟아 붓고 농사만 하면서 살 수 없다. 그래서 부수입을 얻을 수 있는 무언가가 필요하다.

최근 1-2년 사이에 상가&주거 문의가 끊이질 않고 있다. 예견하건대 앞으로 전원주택 시장은 부수입을 얻을 수 있는 상가&주거 시장으로 지속적으로 성장할 것이다. 도심지에서만 짓는다고 생각했던 인식이 점차 확장되어 전원생활에서의 집도 상가와 주거가 결합된 모습으로 발전되고 있는 것이다.

향후 5년 전원주택 트렌드 두 번째, 수익&주거의 탄생이다. 집을 지을 때 필요한 예산을 상가 부분으로 돌렸으니 남은 비용이 넉넉할 리 만무하다. 그래서 다음과 같은 설계 제안을 해 보고자 한다.

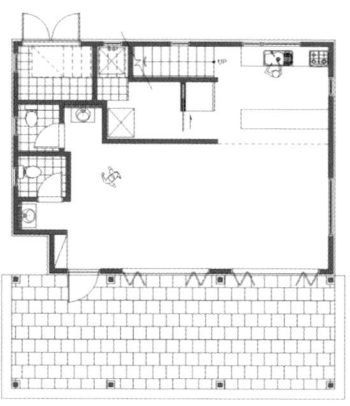

1층 평면도

주방 공간을 주생활 공간과 상가 공간에 하나로 합치기로 했다. 주방 공간만 줄어들더라도 훨씬 많은 면적을 방으로 가져갈 수 있기 때문이다.

화장실은 소변기를 없애고 변기만을 배치하여 최소한의 공간으로 남녀 화장실을 구성했고 세면대를 밖으로 빼내어 공간적 손실을 최소화할 수 있도록 하였다. 실질적으로 주방 공간과 화장실 공간을 제외하고는 모든 공간을 상가 공간으로 구성한 것이다.

그래도 조금은 좁다는 느낌이 든다. 그렇다고 무작정 공간을 확장할 수 없었기 때문에 폴딩도어를 설치하고 외부에 지붕이 덮인 포치 공간을 상가 공간만큼 만들었다. 거의 절반 가격에 내부의 상가 공간과 같은 면적의 공간을 얻은 것이다. 겨울에는 힘들겠지만 선선한 봄과 가을에는 외부에 테이블을 놓고 얼마든지 손님을 받을 수 있는 공간으로 변모할 것이다.

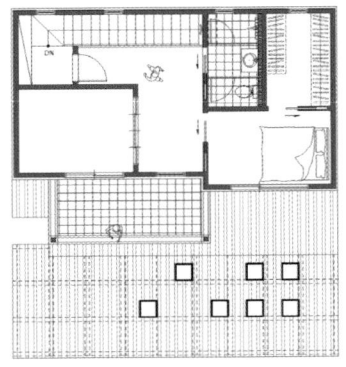

2층 평면도

2층은 자녀방과 안방을 기본으로 배치하되 홀의 개념을 조금 넓게 계획하였다. 이런 여유 공간을 만들어줌으로써 세 가족이 잠깐이나마 앉아서 차를 마실 수 있는 공간을 만들고 싶었다.

수납공간이 적기 때문에 드레스룸을 작은방 면적만큼 배치해 온갖 짐들과 옷을 수납할 수 있게 하였고 방은 항상 깔끔한 느낌으로 정돈될 수 있도록 하였다.

2층에 지붕형 발코니를 넣어 주었는데 아무래도 1층은 프라이버시적인 공간보다는 외부인들이 많이 움직이는 공간이다 보니 답답할 때 잠깐이라도 밖으로 나와 바람을 쐴 수 있는 공간이 있었으면 좋겠다는 생각이 들었기 때문이다.

이번 설계 제안의 디자인을 보면 지붕을 제외하고는 거의 포인트가 없다. 이유는 단순하다. 외장재에 무언가를 붙이는 순간 모든 것이 추가 비용이기 때문이다. 추가비를 최소화하고 싶었다. 대신 지붕에 대해서는 추후 누수와 관련된 문제가 발생할 수도 있기 때문에 남아 있는 포인트 비용을 지붕에 모두 쏟아 부었다.

지붕의 징크와 전면부의 포치 공간만으로도 이 주택은 볼륨감이 살아 숨 쉰다. 여러분들도 포인트에 대한 생각을 깊게 고민해 보아야 한다. 무조건 비싸고 좋은 자재들을 붙인다고 해서 집의 값어치가 올라가는 것이 아니다. 포인트란 전체 중의 일부분을 강조하고 싶을 때 넣는 것이다. 말 그대로 포인트가 돼 주어야 하고 가장 강력하게 보여주고 싶은 한 부분에 적용해야 빛이 나는 것이다.

 자칫 단조로워 보일 수도 있겠으나 우리는 최소한의 금액을 들여 최대한의 효과를 거둘 수 있는 설계가 더 중요하다. 건축 설계에서는 정답이 존재하지 않는다. 고민하면 고민할수록 더 좋은 안이 나오는 분야가 바로 건축 설계 분야이다. 이 제안을 기준으로 더 멋지고 트렌디한 주택을 만들길 바란다.

 마지막으로 상가 계획을 주거와 함께할 때는 목표점이 정확해야 한다. 단순히 차를 파는 공간을 만들지 아니면 음식도 같이 파는 공간을 만들지 말이다. 많은 사람들이 집을 다 짓고 나서 힘들어하는데 이는 처음부터 어떠한 상업행위를 할지 고민하지 않았기 때문이다.

　공간만 만들어 놓으면 추후에 아무거나 뭐든 할 수 있을 거라고 생각하는데 절대 아니다. 각 상업 공간별로 동선과 가구 배치가 완전히 다르다. 나만이 가지는 독특한 인테리어를 원한다면 더더욱 목표점을 명확히 해야 한다. 향후 전원주택 시장에서 수익&주거 형태의 주택이 활성화될 텐데 그중에서도 내 집만이 가지는 독특한 매력 한 가지 정도는 가지고 가야 한다는 것을 꼭 기억하자.

1억 주택이라는 단어가 가지는 힘

-

공법	경량목구조
연면적	85.03 ㎡
지붕마감재	아스팔트 슁글
외벽마감재	스타코플렉스
포인트마감재	파벽돌
창호	3중 시스템 창호

포털사이트 네이버에서 집짓기 관련 키워드로 가장 많이 검색되는 단어는 '1억 주택'이다. 아파트 대신 전원주택에 대한 수요가 증가하면서 집짓기에 1억이란 금액을 투자해 볼 만한 가치가 있다가 판단한 결과일 것이다.

1억으로 집을 지을 수 있을까? 진짜?

2년 전 나는 1억으로 내 집 짓기 프로젝트를 발표한 바 있다. 3달에 걸친 설계 기획과 시공 팀과의 수많은 협의 끝에 총 3가지 안을 선보일 수 있었고 1억, 1억 1천, 1억 2천(부가세 제외)이라는 금액으로 '1억 주택'이라는 타이틀을 가진 전원주택 모델을 탄생시켰다.

시장의 반응은 뜨거웠다. 그 이후 지금까지도 문의가 끊이질 않고 있으니 얼마나 많은 사람들이 1억 주택이라는 키워드를 눈여겨보고 있는지 알 수 있다.

그렇다면 2018년에는 1억 주택의 안부는 어떠한가.

2016년 여름	건축 단열기준법이 강화되다.
2016년 가을	경주 지진으로 내진보강에 대한 이야기가 나오다.
2017년 초	인건비와 장비대 인상으로 건축비가 상승하다.
2017년 겨울	포항 지진으로 내진기준 의무화가 시행되다.
2017년 12월 1일	1층 주택도 내진구조계산 검토가 의무화되다.
2018년 1월 1일	최저임금이 전년도 대비 16.4% 인상되다.
2018년 1월 1일	건축자재비 및 건축 장비대의 비용이 일괄 상승되다.

'1억으로 내 집 짓기' 프로젝트 후 2년간 위와 같은 일이 있었다. 인건비 상승뿐만 아니라 법규가 강화되거나 한국에 큰 사건이 발생할 때마다 건축비는 계속 상승했다. 그리고 2016년도 초의 1억 주택이 현재에는 1억 3천만 원까지 올라가 있는 상황이다. 부가세를 포함하면 1억 5천만 원에 육박하기 때문에 더 이상 '1억 주택'이라는 타이틀은 어울리지 않게 되었다.

2016년 여름 일산 킨텍스에서 열린 MBC건축박람회에서 많은 사람들이 1억 주택에 대한 상담을 받고 30%가 넘는 분들이 2017년 봄에 공사를 시작하고 싶다고 했었다. 같은 해 8월 단열기준법이 보강된 바 있으나 당시에는 건축비 상승이 크게 오르지 않을 것으로 예상했었다. 하지만 예상은 완전히 빗나갔다. 여름에 상담 받고 3-4개월 뒤인 늦가을에 계약하기 위해 온 분들은 생각보다 많이 오른 건축비를 보고 적잖이 당황을 했었다.

이후 건축비는 계속 상승하여 현재에 이르게 되었다. 평당 단가로 판단하면 안 되지만 2016년도 초에 평균 목조 주택의 평당 단가는 400-420 정도였다. 2018년도 현재에는 평당 480-500 사이가 되어 버렸다. 시장가 자체가 2년 사이에 엄청 상승한 것이다.

그렇다면 '1억 주택'은 더 이상 지을 수 없는 것일까?
그렇지 않다. 2년 사이 건축주의 라이프스타일과 가치관들이 생각보다 빠르게 변화하였다. 그 전에는 1억 주택이라 하더라도 주생활 공간으로서 4인 가족이 살기 충분한 집을 꿈꿔 왔다면 현재는 세컨드 하우스나 전원생활을 조금씩 시작해 보고자 하는 분들의 기준으로 바뀌었다.

향후 5년 전원주택 트렌드 세 번째, 1억 주택이라는 단어가 가지는 힘이다.
방금 전에 언급한 대로 4인 가족 기준 주생활이 가능한 전원주택 짓기가 1억으로는 어려워졌다. 하지만 생각을 전환해 주말용 세컨드 하우스라면 1억 주택이라는 키워드를 만족하는 집을 충분히 지을 수 있겠다고 생각했다. 실제로 1억 정도의 소형주택을 짓겠다고 하는 수요가 계속해서 증가하는 중이다. 평일에는 문화권이 보장된 도심을 벗어나기 힘드니 아파트에서 생활하다가 주말에 자녀들과 함께 도심에서 벗어나 자연을 곁에 두고 생활하고자 하는 것이다.

1억이라는 금액을 맞추기 위해서는 어떠한 조건들이 선행되어야 할까?
작게 지으면 지을수록 건축비가 현저히 떨어진다고 생각할 수 있겠으나 그렇지 않다. 작게 짓더라도 투입되는 장비와 인건비의 최소 기준이 정해져 있기 때문에 어느 정도의 한도 아래로는 떨어지지 않는다. 평당 단가로만 기준을 잡아 비교했을 때는 큰 평수의 집보다 평당 단가가 더 높게 나오기도 한다.

1억 주택이라는 트렌드에 맞추기 위하여 10가지 조건을 우선적으로 정해 놓았다.

① 외장은 욕심을 버린다. 면적이 좁기 때문에 최대한 단조로우면서 밝은 톤으로 디자인한다.
② 지붕에 대한 욕심을 버린다. 이중 그림자 싱글로 적용하되 지붕을 무조건 덮어 추후 발생할 수 있는 누수에 대비한다.
③ 평수는 26평을 기준으로 한다.
④ 거실과 주방을 한 공간으로 구성해 시각적인 극대화를 노린다.
⑤ 방은 최소 2개를 구성한다.
⑥ 세컨드 하우스이기 때문에 화장실은 1개만 구성한다.
⑦ 2층은 불가하다. 단층으로 구성하고 금액이 상승할 수 있는 다락은 제외한다.
⑧ 굴곡진 부분을 최소화한다.
⑨ 침실과 거실 모두 남향의 햇볕을 받을 수 있게 고려한다.

⑩ 다용도실은 작더라도 꼭 계획한다.

그 결과물이 지금 여러분이 보고 있는 주택이다. 정확히 26.6평으로 11,000만 원(부가세 제외)이라는 건축비로 예산이 정해졌다. 아무리 노력을 해도 이 아래로는 힘들었다. 작지만 품질적인 면에서는 양보한 것이 하나도 없다. 스타코플렉스에 서튼티드사의 이중 그림자 셩글, 전창 3중 시스템 창호 적용에 스틸 단열도어 적용, 실내 이건 강마루 적용, 개나리벽지 적용, 화장실 대림바스 시리즈 적용, 목재 데크 적용. 1억 주택이라고 해서 값싼 자재를 쓰는 일 따위는 없다.

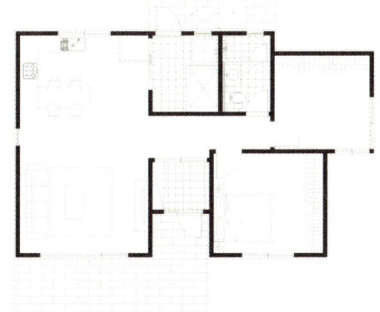

1층 평면도

세컨드 하우스이지만 방을 2개 구성함으로써 추후 노후를 보낼 수 있는 공간으로 설계했다. 단순히 잠만 자고 가는 공간이 아니라는 뜻이다.

외장 부분에 대해서 많이 아쉬워하는 분이 많은데 한국은 유독 집을 자랑과 과시의 대상으로 생각한다. 비싼 외장재를 썼다고 해서 고급주택이 되는 것은 아니다. 차라리 외장에 대한 비용을 아껴서 통장에 현금으로 가지고 있는 것이 훨씬 낫다. 외장은 정갈하고 주변 환경을 해치지 않기만 하면 충분하다.

최종 금액 11,000만 원(부가세 제외) 전원주택이다.
향후 5년간 점점 작게, 점점 저렴하게 집을 짓고자 하는 수요층이 늘어날 것이다. 현재 한국은 지진 발생의 문제도 있는 상황이기 때문에 아마 이 글을 읽고 있는 여러분도 '집을 하나 지어서 살아볼까?' 하는 생각을 이미 갖고 있을지도 모른다.

가족을 위한 집, 1억 1천만 원 정도면 당신도 한 번 지어볼 수 있지 않을까?

자녀들과 함께 살래요!
캥거루 주택의 탄생

-

공법	경량목구조
연면적	230.26㎡ (1층 133.08㎡, 2층 97.18㎡)
지붕마감재	아스팔트 슁글
외벽마감재	스타코플렉스
포인트마감재	적삼목 사이딩, 리얼징크, 인조석
창호	3중 시스템 창호

떨어질 것이라던 서울의 아파트 가격은 정부 정책이 무색하게 계속 성장하여 그나마 저렴한 곳은 4억선, 평균적으로는 7-8억이고 강남권은 20억을 넘어선 지 오래이다. 이렇게 집값이 계속 고공행진을 벌이는데 결혼에 신혼집까지 서울에 마련한다는 것은 불가능에 가깝다.

건축을 업으로 삼은 지 올해로 11년째가 되었다. 정말 많은 설계를 맡아 진행했고 협소 주택부터 시작해 정말 말도 안 되는 프로젝트들도 맡아서 진행했었다. 그 중 가장 기억에 남는 한 가지는 바로 '땅콩주택'이다. 5년 전에 갑자기 힐링 열풍이 불면서 방송사에서 너도나도 집을 짓는 콘텐츠와 자연과 벗 삼아 사는 모습을 카메라에 담고자 무던히도 노력했었다. 지나고 보니 열풍 정도가 아니라 광풍이라고 표현해도 맞을 만큼 정말 열기가 대단했었다.

가장 화제가 되었던 집은 건축비의 반반을 분담하여 같이 짓는 '땅콩주택'이라는 것이었다. 건축비가 부담스러워 시작도 못했던 사람들이 절반씩 부담하여 집을 지을 수 있다 하니 너도나도 집짓기에 도전한 것이었다.

땅콩주택의 최대 장점은 절반의 가격으로 전원생활을 할 수 있다는 것에 있다. 마당에서 아이들이 맘껏 뛰놀아도 층간소음이니 뭐니 누구 하나 볼멘소리 할 사람이 없으니 최고의 집이었다. 추후 명의 문제와 되팔아야 하는 과정 등에서 시스템적 문제들이 드러나긴 했지만 전원주택 역사에 한 획을 그은 사건임에는 분명하다.

향후 5년 전원주택시장을 이끌어 갈 트렌드 네 번째는 '캥거루 주택'의 탄생이다.

캥거루 주택이 뭘까?

땅콩주택이 서로 모르는 남남이 만나 절반씩을 공유하는 것이었다면, 캥거루 주택은 분가해야 되는 나이의 자녀와 함께 집을 짓고 산다는 개념이다. 캥거루처럼 새끼들을 품고 산다는 것으로 이해하면 된다.

정말로 캥거루 주택이 활성화될까?

2016년도와 2017년도에 캥거루 주택의 전 버전인 '듀플렉스 하우스'가 이미 자리를 잡았다. 수요층도 많았으며 가까운 친구, 동료, 자매 등이 같이 사는 주택이 드물지 않게 모습을 보이고 있다.

어떤 이는 캥거루 주택을 '한국의 부동산 정책이 만들어낸 독특한 주거 문화'라고 평하기도 한다. 어찌 보면 잘못된 한국 부동산 정책의 폐해일 수도 있다. 그러나 잘못된 정책이 원인일지라도 이렇게 탄생한 캥거루 주택은 생각보다 많은 장점을 가지고 있다. 한번 살펴보자.

이번 기획 제안의 전체 연면적은 230.26㎡로 평수로 환산하면 약 70평 정도 되는 공간이다. 절반의 공간을 가지기 때문에 한 집당 35평의 공간을 지녔다고 보면 된다. 35평이라는 공간은 기획 당시 처음부터 정해 놓은 범위였다. 아파트 기준 34평 정도에 4인 가족이 산다고 가정하고 설계했으며, 전원주택이기 때문에 좁다는 느낌을 없애고 최대한 넓고 밝은 느낌을 넣어주고자 하였다.

1층 면적은 43.2평, 2층은 27평 정도의 공간으로 구성되었는데 특이점은 주방 공간을 공유한다는 것이다. 각자의 프라이버시가 강한 공간을 구분해

주되, 공용 공간을 함께 쓰면서 남는 공간을 다른 요소의 공간으로 배치시킨 것이다. 이 점이 다른 주택들과는 차별화된 설계라고 생각하면 된다.

추후 집을 세 줄 때는 어떻게 해야 하냐고 질문할 수도 있다. 어렵지 않다. 지금의 주방을 가벽을 통해 반으로 나누면 된다. 물론 전원주택을 세 준다는 것은 그만큼 친분이 있지 않고서는 어렵다. 생판 모르는 남과 마당을 공유할 수는 없을 테니 말이다.

캥거루 주택의 모든 가정은 부모님과 자녀 관계이거나 자매처럼 친분이 두터운 관계에서부터 시작된다. 그렇지 않다면 같은 땅에 집을 공유해 지을 필요가 없기 때문이다.

1층 평면도

캥거루 주택의 가장 큰 장점은 '공유의 공간감'이다. 마당과 데크 그리고 집 내부에서도 주방을 공유하면서 단절된 관계를 다시금 연결시켜 주는 소통의 공간이며, 하나의 가족이 생활하는 따뜻한 느낌이 드는 공간이 바로 이번 주택의 포인트라 할 수 있다.

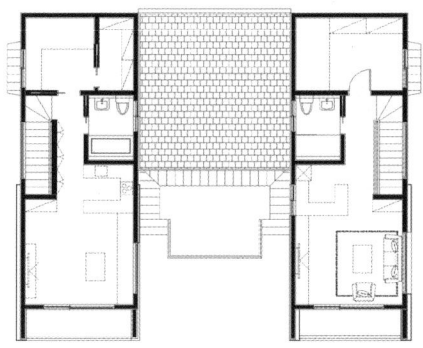

2층 평면도

공간은 똑같이 구성하였지만 각 실들을 어떠한 목적으로 사용할지는 자유롭게 결정할 수 있다. 똑같은 평면이라고 해서 똑같이 구성할 필요가 전혀 없다. 편의상 평면을 똑같이 구성했는데 사용자의 라이프스타일에 따라 얼마든지 변형 가능하다. 외부에서 보았을 때는 일체화되게 보이게 하고 내부에서만 변화를 주어도 충분히 다른 느낌의 주택감을 성취할 수 있다.

추후 집을 되파는 문제라든지 환급에 관련된 문제라든지 분명히 규모가 큰 주택이기 때문에 문제가 발생할 요지가 있지만 향후 트렌드로 과감하게 제안한 이유는 아파트 사회에서 조금은 벗어날 수 있는 방법 중 하나라고 생각했기 때문이다. 지금의 제안들은 시장성이 넓어지고 수요층이 많아질 수 있다는 가정하에 이야기하는 것이며 '무조건 이렇게 짓는 것이 답이다'가 아니라는 점을 여러분은 염두에 두고 있어야 한다.

외관을 디자인할 때 건축가로서 많은 고민을 하게 만든다. 그 원인은 대개 '돈'이다. 내가 추구하는 건축 철학은 '가성비 높은 실용 주택으로 보다 많은 사람들이 행복하게 살 수 있길 바라는 것'이다.

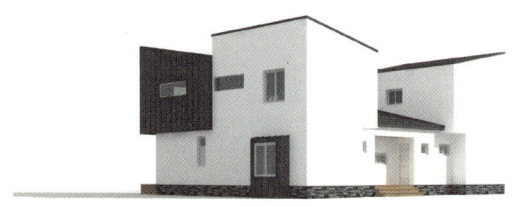

지금도 항상 조금만 더 비용을 줄일 수는 없을지에 대해서 고민한다. 전원주택이라는 매개체는 짓는 순간부터 그 값어치를 잃어간다. 10년 뒤에 집을 판다고 했을 경우엔 대지에 대한 상승비용을 책정해 파는 것이지 집에 대한 값어치는 거의 0에 가깝다. 그래서 모든 설계를 할 때마다 비용적으로 최대한 덜어내고 비워내 건축주가 필요한 곳에 실질적으로 쓸 수 있도록 유도하려 한다. 집은 비워낼 수 있는 부분은 비워내는 것이 맞다.

이번 캥거루 주택의 총비용은 설계비 및 인허가비 1,750만 원, 예상 건축시공비 38,500만 원으로 40,250만 원(부가세 포함)으로 계산되었다. 물론 기반시설, 토목공사, 조경, 가구, 세금 등은 제외된 비용이다.

경기도권 용인 기준 200평 정도의 대지가 3억선에서 거래되고 있는 것을 기준 잡으면 총 비용 7억 원 정도에서 집 짓는 것이 마무리될 것이다.

서울에서 총 70평의 아파트를 장만하려면 지역마다 편차는 있지만 아무리 적게 잡아도 10억이 넘어간다. 캥거루 주택을 제안한 이유 중 가장 큰 부분은 비용적인 면이다. 아무리 좋은 설계를 제안한다고 해서 비용을 무시하면 결국에는 단순히 그림으로만 평가될 수밖에 없다.

향후 5년. 사람 일은 한 치 앞도 못 본다고 했었다. 그럼에도 불구하고 많은 트렌드 키워드 중 캥거루 주택을 당당히 꼽았다. 자녀들과의 전원생활을 고려하고 있을 경우 이번 트렌드 제안을 눈여겨보면 좋을 것 같다.

자투리땅을 찾아라!
협소 주택을 찾는 사람들
-

공법	철근콘크리트조
연면적	103.58m^2 (1층 49.79m^2, 2층 56.79m^2, 다락 18.85m^2)
지붕마감재	리얼징크, 평지붕 데크 마감
외벽마감재	스타코플렉스
포인트마감재	리얼징크, 베이스판넬
창호	3중 시스템 창호

지난해 방송가에서 자투리땅에 대한 이슈를 폭발적으로 방영하면서 협소 주택에 대한 관심이 높아졌다. 문제는 협소 주택이 갖는 장단점까지 정확히 파악하고 집짓기를 시작해야 하는데 대부분 방송에 혹해 잘못된 땅을 사게 된다는 데에 근본적인 문제가 있었다.

잘 정비된 기업도시 특히 판교 같은 경우 협소 주택은 애초에 해당되지 않는 항목이다. 자투리땅은 새로 정비된 도시보단 구도심처럼 옛날 집들이 모여 있는 곳에서 발생하기 때문이다.

정부는 지속적으로 토지에 대한 정비사업을 진행한다. 법규에 정해진 도로 확보, 단위구역별 주거 밀집지역과 상가지역을 구분한다. 지금이야 개발지구 등이 지정되어 있으니 난개발을 할 수 없지만 30-40년 전에는 이러한 법규적인 기준이 없어 다닥다닥 붙어 있는 집들과 마을이 탄생했던 것이다. 이러한 마을을 현대 기준에 맞게 정비하다 보면 조금씩 애매하게 남는 땅들이 있다. 삼각형일 수도 있고 길쭉한 직사각형일 수도 있다. 가장 독특한 형태는 마름모꼴의 20평 대지였다.

향후 5년 전원주택 트렌드 다섯 번째 주제가 바로 여기서 시작되었다. 협소 주택의 수요는 계속해서 늘어날 것이다. 서울로만 지역을 한정한다면 지을 수 있는 곳이 많지 않다 보니 수요가 많다고 표현하기는 어렵지만 경기도부터 지방권으로 영역을 확장한다면 협소 주택의 수요층은 분명히 늘어날 것이다.

협소 주택이 늘어날 수밖에 없는 가장 큰 이유는 전원주택 수요가 늘어나는 통계치에 있다. 한적한 시골이나 전원마을에는 절대로 협소 주택이 들어서지 않는다. 땅이 넓고 싼데 좁게 지을 필요가 없기 때문이다. 협소 주택을 짓는다는 것은 도심의 밀집지역에 있는 좁은 땅에 집을 짓겠다는 전제조건이 처음부터 깔려 있다.

협소 주택은 도심의 문화권과 전원주택의 라이프적인 부분이 결합된 독특한 주거문화라고 할 수 있다. 협소 주택이 처음 자리 잡은 나라는 일본이다. 일본의 건설시장과 트렌드는 한국과 매우 흡사하다고 할 수 있다. 한국은 이제 막 협소 주택이 걸음마 단계이지만 일본의 경우 수년간 협소 주택을 지어 오면서 다양한 사례들을 남겼다. 현재 한국에서 짓고 있는 협소 주택들의 기본 표본이 일본 주택에서 건너왔다고 해도 과언이 아니다.

이번에 협소 주택을 다섯 번째 주제로 삼으면서 기준을 어디에 잡고 설계해야 하나 고민이 많았다. 특히 공법에 대하여 목조로 할지 철근콘크리트로 할지 오랜 기간 고민했다. 최종 결정한 공법은 철근콘크리트 공법이었다. 작은 평수이기 때문에 가성비를 따져 보았을 때는 목조가 맞았고 옥상 사용 및 스펜 길이 등의 공간을 따져 보았을 때는 철근콘크리트 공법이 맞았기 때문이다.

철근콘크리트로 결정한 데에는 옥상 사용이 결정적이었다. 나는 옥상 설계 및 시공을 극도로 꺼려하는데 그 이유는 누수 때문이다. 옥상 방수는 무엇이 되든 액체 방수 단 하나밖에 없다. 쉽게 설명해 빌라 옥상에 가면 녹색 페인트칠처럼 보이는 게 방수층인 것이다.
일반적으로 수명은 5년으로 보고 있는데 한국처럼 사계절이 뚜렷한 나라에서는 수명이 단축된다. 자세히 보면 갈라지거나 방수층이 떠 있는 것을 쉽게 볼 수 있다. 이 정도면 방수층은 존재하지 않는다고 생각하면 된다.

그럼에도 불구하고 이번 기획 설계에서는 옥상을 과감히 적용했다. 협소 주택에서는 마당이 생길 수 없기 때문이었다. 전원주택은 마당이 가지는 힘이 엄청 크다. 마당이 없으면 아파트 생활과 크게 다르지 않기 때문이다. 이번 협소 주택 기획안에서는 옥상을 활용해 앞마당에서 이루지 못한 로망을 이룰 수 있게 한 것이다.

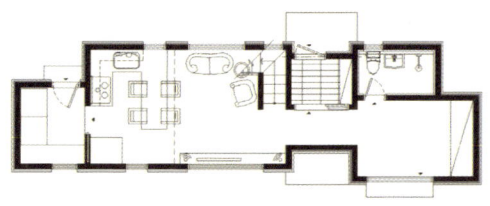

1층 평면도

이번 기획설계 모델을 1층 $49.76m^2$, 2층 $56.79m^2$, 다락 $18.85m^2$, 총 $103.58 m^2$로 설계했다. 땅 자체가 크지 않다고 판단한 후 1층 면적을 잡았는데 최소로 바닥 면적을 줄였을 때 15평 정도는 나와야 공간이 구성될 수 있다고 판단했다.

혹시 이 글을 읽고 있는 여러분의 1층 면적이 더 작아야 한다면 지금 위에서 보는 1층 평면도 부분 중 어느 한 부분이 사라져야 한다고 생각하면 편할 것이다. 1층 15평 공간은 생각보다 크지 않다. 그렇기 때문에 많은 공간을 구획하기보다는 한 공간을 다양하게 활용할 수 있는 계획안이 필요하다. 현관을 중심으로 사적인 공간인 안방을 기본적으로 확보해 주고 반대편에 주방과 거실, 식당을 같이 사용할 수 있는 공간을 오픈 공간으로 마련했다. 여기에 계단실까지 구성되었으니 4명 이상이 무언가를 함께하기는 어려울 수도 있다.

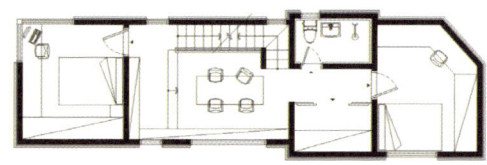

2층 평면도

대신 2층 공간에 가족실을 별도로 만들어 주었다. 양쪽으로는 침실을 만들어 주고 중간에는 화장실과 수납공간까지 만들었다. 협소 주택에서 가장 중요한 부분 중의 하나가 가구 배치이다. 일반적인 기성가구는 협소 주택에서 적용 불가능하다. 모든 가구가 주문 제작하여 맞춰야 하는 번거로움이 있다. 안 그래도 작은 공간 안에 딱 맞지 않는 가구를 들고 들어오는 것은 어찌 보면 욕심일 수 있다. 협소 주택을 짓고자 하는가? 그럼 기존에 있는 가구를 어떻게 처분하고 올 것인지도 필히 고민해 보아야 한다.

2층 공간은 벽을 없애고 양쪽으로 옥상 정원에 나갈 수 있는 동선을 만들어 주었다. 이 협소 주택에서는 기본적인 방이 3개, 거기에 옥탑 형식의 방까지 포함하면 총 4개의 방이 31평 공간 안에 다 들어갔다고 볼 수 있다.

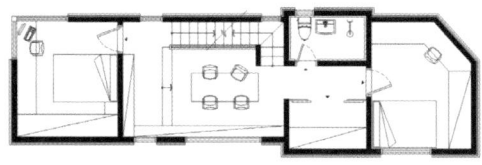

3층 평면도

30평에 이번 기획안처럼 구성한다면 가장 큰 부분에 대한 욕심을 과감하게 버려야 한다. 그 부분이 가장 처음 이야기한 거실과 주방 공간이다. 평면상으로 보았을 때 괜찮다고 느낄 수도 있지만 분명히 작은 공간이다. 일반 전원주택처럼 넓고 오픈감 있는 거실과 주방은 현실적으로 협소 주택에서는 적용하기 어렵다고 생각한다. 물론 답이 없는 것이 아니다. 결국에는 정해진 면적 안에서 공간을 나누는 것이기 때문에 거실과 주방을 더 넓게 가지고 가고 싶다면 방을 하나 줄이면 된다. 그러면 그 공간을 다른 공간에 배치할 수 있기 때문에 지금보다 더 넓은 거실 공간을 확보할 수 있을 것이다.

이번 협소 주택 공사비를 살펴보면 설계비 782만 원, 건축 시공비 19,200만 원이 예상된다. 건축 시공비의 증가는 어쩔 수 없는 선택인 것 같다. 넓은 땅에 짓는 경우라면 건축비를 어떻게든 줄일 수 있는 방안을 찾는 것이 우선순위겠지만 협소 주택의 경우 우선순위가 다르다. 작은 땅에 내가 찾아먹을 수 있는 최대한의 면적을 모두 찾아먹고 그에 따른 건축공법과 마감을 선택해야 한다. 그래야 최소한 4인 가족이 생활할 수 있는 면적으로 집을 지을 수 있기 때문이다. 이번 기획설계 시 기준으로 잡은 주택의 땅은 50평이 채 안 되는 땅이었다. 다행히 주차공간을 외부로 간신히 댈 수 있는 면적이 나와 외부로 빼내는 기준으로 설계를 했는데 혹 여러분 땅이 더 작아서 외부에 댈 수 있는 공간이 나오지 않는다면 어쩔 수 없이 필로티로 1층을 띄운 뒤 주차공간을 마련해야 한다. 건축공사비가 더 증가하게 되는 것이다.

협소 주택의 가장 큰 장점은 주변 아파트보다 적은 금액으로 전원생활의 느낌을 즐길 수 있다는 것이다. 단점은 기존 전원주택을 짓는 비용보다 더 많은 금액이 투입된다는 것이다. 어쩔 수 없다. 작게 짓는다고 무조건 금액이 내려가는 것이 아닌 만큼 협소 주택을 지을 때 예산이 더 들어간다는 것은 필수로 생각한 후 진행해야 한다. 잘못하다가는 배보다 배꼽이 더 큰 경우가 발생될 수 있으니 신중에 신중을 기하고 땅을 최종 구입하기 전에 지적측량은 꼭 한 다음 진행하길 바란다.

정말 가장 어처구니없는 일이 땅을 구입하고 현장까지 다 보고 계약했는데 지적측량을 해 보니 옆집이 내 땅 안에 들어와 있는 경우이다. 현재야 워낙 꼼꼼히 지적정리를 해 놓으니 이런 문제가 없지만 30-40년 전에 지어진 주택들은 이런 기준에 맞춰 지은 곳이 거의 없다. 옆집과 벽을 공유하는 곳도 있으니 나에게 이런 문제가 발생하지 않는다는 보장이 없는 것이다. 건축 및 설계는 최소한 되돌릴 수 있는 시간이 있다. 하지만 땅은 그렇지 않으므로 협소 주택이 좋아 무작정 협소한 땅을 찾아 계약할 것이 아니라 이 땅에 정말로 집을 지을 수 있는지 정도는 꼼꼼히 파악해 놓는 것이 좋다.

디자인 안을 잡을 때 매스 스터디는 생각보다 쉽게 결정되었다. 빼고 더할 게 없었기 때문이다. 평면 그대로 벽을 올렸고 창문을 배치하고 전면부의 힘을 주어야 할 부분에 포인트를 넣었다. 기본 스타코 마감에 리얼징크와 베이스패널을 믹스 배치해 유니크한 입면 디자인을 완성시킬 수 있었다.

이 집의 포인트 자재로 총 3개를 사용했는데, 메인 포인트를 징크로 가지고 가되 적삼목과 그레이톤의 베이스패널을 적용해 단조롭지만 무게감이 느껴지는 모던 스타일의 주택을 완성시켰다.

 건폐율이 정해져 있기 때문에 협소 주택의 경우 튀어나오는 공간이 절대 있어서는 안 된다. 벽 마감선도 일직선으로 깔끔하게 마감시키고 매스감이 부족하다 느껴지는 부분은 포치 부분과 현관 부분에서 살짝 밀어 넣어 주는 느낌의 디자인을 적용해 작은 평수이지만 큰 매스로 느껴질 수 있게 하였다.

 항상 말하듯 측면 부분은 포인트를 넣는 것이 아니다. 더 정확히 말하면 기본 마감인 스타코플렉스로도 충분하다. 돈 쓰지 않아도 되므로 안 보이는 부분에 돈 쓸 생각하지 않았으면 한다.

 전원주택 트렌드 다섯 번째 키워드인 협소 주택의 인기는 일본 시장처럼 점점 늘어날 것으로 예상한다. 필자가 말하지 않더라도 전원주택에 관심 있는 분들이라면 한 번쯤 눈여겨보았을 내용일 것이다.

땅이 작다고, 못생겼다고 너무 실망할 필요 없다. 이번 트렌드 제안처럼 조금만 공간들에 욕심을 버린다면 100%는 아니지만 90% 정도는 만족할 만한 주택이 탄생할 수 있으니까 말이다.

2층은 불편해?
단층 주택으로의 회귀

-

공법	경량목구조
연면적	113.30m^2
지붕마감재	리얼징크
외벽마감재	스타코플렉스
포인트마감재	세라믹 사이딩, 파벽돌
창호	3중 시스템 창호

전원주택에 대한 관심이 높아지면서 이에 따른 시장의 변화가 눈에 띄게 달라지고 있다. 집을 짓겠다고 하면 '집 크게 짓지 말아요. 크면 청소하기만 힘들어요'라고 한 마디씩 한다. 집을 지어본 적 없는 사람들조차 이렇게 이야기할 정도이니 집을 짓겠다고 결정할 때 일단 무조건 작게 지어야 하겠다는 고정관념을 자연스럽게 갖게 된다.

문제는 '작다'는 의미의 범위가 사람마다 다르다는 데 있다. 필자가 가장 작게 지은 주택이 20평이었는데 면적이 워낙 작다 보니 공간을 많이 분리하기보다는 최대한 벽 없이 오픈된 공간으로 설계를 했다. 참고로 20평 주택을 의뢰한 건축주가 원래 살고 있었던 집의 평수는 45평대였다.

설계를 마치고 정해진 날짜에 공사를 마친 후 준공 때 건축주와 함께 현장을 방문했는데 건축주 부부의 아내 분께서 표정이 좋지 않았다. 마음에 안 든다는 것이다.

"이렇게 작게 지을 거면 안 지었을 거예요. 왜 미리 언질을 안 줬어요! 이렇게 작을 줄 알았으면 더 크게 지었을 거 아니에요."

건축가로서 마음의 상처를 받는 순간이다. 이런 상황까지 오게 되면 서로 얼굴 붉히고 싸울 수도 있겠으나 나 같은 경우엔 설계 후 인허가 들어가기 전 30-40장에 대한 모든 도면 페이지에 건축주 친필 사인을 받는다. 그냥 사인을 받는 것이 아닌 하나하나 설계 페이지에 대한 설명을 하고 왜 이렇게 지어야 하는지 그리고 어떠한 문제 등이 추후 발생할 요지가 있는지 설명한다.

꼼꼼하게 들으면서 사인하시는 사람도 있으나 이번처럼 크게 신경 쓰지 않고 사인하시는 사람도 많다. 문제는 평면적으로 보이는 도면과 실제 지어진 건물의 공간감이 완전히 다르다는 데 있다.

집은 행복하게 살기 위해 짓는 것이다. 그런데 집이 마음에 들지 않는다? 애물단지로 전락해 버리는 것이다. 이런 사례를 소개하는 이유는 공간에 대한 공간감은 절대로 남의 말을 들어서 결정할 수 있는 부분이 아니라는 것을 알려드리고 싶어서이다. 조언을 얻되 그 조언을 내 상황에 맞게 가공한 정보로 만들어야지 상대방의 말을 있는 그대로 받아들여 내 상황에 적용시킬 필요는 없다.

실제로 집의 평수는 점점 줄어들고 있다. 대가족에서 핵가족으로 그리고 둘이 사는 집으로 계속해서 거주인원이 줄어들고 있다 보니 현실에 맞게 집도 클 필요 없이 실용적인 면이 강조된 소형 평수의 주택으로 시장이 변해가고 있다.

그렇다면 소형 평수의 기준을 어느 정도로 두면 좋을까?

첫 번째는 방의 개수이다.
"방은 잠만 잘 거니까 최대한 작게 해 주세요."
보통 방에 대한 설계를 할 때 백이면 백 모든 분들이 위와 같이 이야기한다. 아쉽게도 방을 아무리 작게 계획한다 해도 기본적인 최소 사이즈는 정해져 있다. 무작정 작게 만든다면 방이라기보다는 창고처럼 보일 가능성이 크다. 가장 많이 요청하는 방의 개수는 3개이다. 1개는 안방, 1개는 게스트룸, 나머지 1개는 서재 및 드레스룸의 다용도 공간으로 구성하길 원한다. 2개만 구성해 달라고 하는 분들은 보통 방 2개에 별도의 드레스룸을 원하는 것이기 때문에 결국 방 3개를 원하는 것과 동일하다.

그렇다면 방 3개를 구성함에 있어 적절한 소형 평수는 몇 평 정도일까? 내가 생각하기에 30평이 기준이다. 30평 아래로 면적이 떨어지게 되면 방의 차이보다는 거실이나 주방 둘 중 하나가 현저히 적어지게 된다. 다시 말해 공용 공간이 다른 공간과 겸해서 사용된다거나 아예 없어진다는 것을 뜻한다.

두 번째는 층수이다.

보통 전원주택을 짓는다고 하면 2층을 생각한다. 아마도 아파트가 가지지 못하는 전원주택의 특징적인 부분이 2층 주택이라는 점 때문일 것이다. 건축가마다 추구하는 바가 달라 20평도 2층으로 구성이 가능하다고 하는 사람도 있을 것이다. 하지만 나는 2층을 구성하는 조건을 34평 이상으로 기준 잡고 있다. 34평 아래 면적에서 2층으로 구성 시 공용 공간 부분이 현저히 좁게 구성될 수밖에 없기 때문이다. 전원주택의 가장 큰 매력 중의 하나는 개방감과 오픈감이다. 막힘없이 넓고 탁 트였다는 것이 전원주택만이 가진 장점인데 34평 미만의 평수를 억지로 2층으로 구성하게 되면 이동 공간인 계단과 복도로 너무 많은 면적 손실이 이루어지고 남은 공간은 좁게 구성될 수밖에 없기 때문이다.

정리하면 소형 평수의 기준은 단층 구성 시 30평, 2층으로 구성 시 34평으로 잡으면 된다.

향후 5년 전원주택 트렌드 여섯 번째 '단층 주택으로의 회귀'이다. 소형 평수를 원하는 수요층은 나이가 많은 노년층이 주가 될 것이라는 것은 잘 알고 있다. 2018년부터 인구절벽이 시작되어 인구수는 급속도로 감소하고 1980년대 한국 경제 발전의 부흥기를 이끌었던 세대는 노년층으로 급격히 이동한다. 일본의 경우 주거시장은 이미 청년층이 아닌 노년층에 맞추어 계획되고 발전되고 있으며, 실버타운 등도 활성화가 이루어지고 있다.

이러한 시장의 변화에 따라가다 보니 향후 5년은 2층 주택이 아닌 실용성이 강조된 단층 주택의 수요가 활성화될 것으로 판단한다. 이러한 연유로 34평 단층 주택에서 노부부 두 명이서 생활한다는 가정 아래 이번 설계가 기획되었다.

연면적 기준 34평 단층으로 구성된 주택이다. 클래식함과 모던함의 중간점으로 외관 디자인 방향을 잡았다. 최근에는 군더더기 없는 모던 스타일이 대세이긴 하지만 거부감이 들 수 있다는 점을 생각해 클래식과 모던을 결합해 진행하였다.

이번 주택의 건축비는 설계비 850만 원(부가세 포함), 건축 시공비 16,800만 원(부가세 포함)으로 예상된다. 매달 건축비가 달라질 요지가 있기 때문에 예산 범위에서만 인지해 주기 바란다.

단층이고 34평이라고 해서 아마 이 글을 읽고 있는 분들은 시골집처럼 클래식한 느낌의 박스형 주택을 떠올렸을 것이다. 하지만 나이가 들었다고 해서 내가 살고 싶은 집까지 노후한 느낌으로 짓지는 않는다.

가장 중점을 둔 부분은 노부부가 사용할 주방과 식당 공간이었다. 아파트에서만 생활했던 분들의 경우 항상 거실이 메인이고 주방은 북쪽이나 구석진 곳에 배치되어 있었을 것이다. 한국은 아파트라는 평면에 적응돼 주방은 북쪽이나 뒤쪽 공간에 배치해야 한다고 생각하는데 최근 주방 공간이 거실보다 더 많은 생활을 하는 공간으로 인식되어 거실보다 더 크게 그리고 남향의 햇볕을 받을 수 있는 위치에 배치된다.

1층 평면도

이번 주택 설계안에서도 다용도실과 주방 식당을 합친 면적이 거실보다 크게 구성되었다. 전원주택의 매력 중 하나로 가든파티를 빼놓을 수 없다. 거실에서 주방을 통해 현관까지 가는 동선은 너무 불편하고 길다. 그래서 식당과 주방에서 바로 야외 데크로 진입할 수 있도록 하였다. 또한 포치를 1m 이상 빼내어 비가 오는 날에도 데크에 앉아 가벼운 티타임을 가질 수 있게끔 했다.

나는 큰 문제만 없다면 지붕에 비용을 많이 들이지 말라고 한다. 기와나 징크를 사용하게 되었을 경우 아스팔트 슁글 대비 1,000만 원 이상의 비용이 추가되기 때문이다. 하지만 이번 주택에서는 과감하게 리얼징크를 지붕 마감재로 선정했다. 모던함과 클래식함을 동시에 주기 위해 징크만 한 자재가 없다고 생각했기 때문이다. 경사로를 15도 이상 주어 박공지붕으로 만들고 단층이기 때문에 지붕 경사면이 눈에 띄므로 모던함의 상징인 징크로 마감한 것이다. 비용 면에서 추가가 있었지만 클래식한 느낌에서 조금 탈피될 수 있는 부분이라 과감하게 진행했다.

배면과 측면은 큰 포인트를 넣지 않았다. 내가 항상 주장하듯 포인트는 전면에 내가 힘주고 싶은 부분만 주는 것이다. 전체를 포인트 자재로 시공한다면 그것은 더 이상 포인트라 칭할 수 없다. 스타코플렉스나 테라코트 플레시텍스 자체만으로도 외장 마감재의 역할을 충실히 수행할 수 있다. 아직 보편화되지 않은 자재에 대한 욕심을 버리는 것이 좋다.

이번 주택 설계의 또 하나의 포인트라고 한다면 거실 뒤편에 만들어진 툇마루 공간일 것이다. 거실과의 단차를 두어 걸터앉을 수 있게 구성했다. 이곳에서 따뜻한 한방차나 아니면 친척들과의 바둑 한판이 벌어질 수 있는 전통적인 공간이라 할 수 있다.

    2층에서 단층으로의 회귀. 미니멀하면서 실용적인 디자인으로 트렌드는 변모하고 있다. 2층 주택의 장점도 분명 있지만 단층만이 가지는 매력도 분명 존재한다. 30평 정도의 소형 평수라면 단층으로 집을 짓는 것을 한 번쯤 고민해 볼 만한 가치가 있을 것이다.

농가주택이라고 무시하니?
젊은 농부들의 집

-

공법	경량목구조
연면적	100㎡
지붕마감재	아스팔트 슁글
외벽마감재	스타코플렉스
포인트마감재	파벽돌
창호	3중 시스템 창호

경기는 갈수록 어려워지고 각박한 도심 속 생활에서 벗어나고자 하는 사람들이 늘어가고 있는 현실. 이것이 한국의 현 상황이다. 어렸을 때는 누구나 다 회사에 취직하는 것이라 생각했고 한 회사에 내 젊음을 바쳐야 한다고 여겼다. 하지만 어른이 되고 보니 내가 꿈꾸던 것과 현실은 많이 달랐다.

신문과 TV 방송 등에서 여행 프로그램과 맛집 프로그램이 유행한다는 것은 그만큼 지쳐 있는 현대인들에게 잠시나마 쉼과 휴식을 줄 수 있기 때문이라 생각한다. 건축 쪽에서도 이러한 '쉼'에 대한 흐름이 수년 전부터 꾸준히 이어져 왔다. 1970-80년대에는 농촌을 떠나 서울로 올라가야 큰일을 할 수 있다는 것이 일반적인 논리였던 반면 지금은 서울과 도심에서 다시 농촌으로 회귀하는 20-30대의 젊은 청년들이 많아졌다. 단순 회피가 아닌 꿈과 희망을 찾아 무언가를 해 보겠다는 목표 하에 농촌으로 회귀하는 것이다.

여러분들은 농촌이라는 단어를 떠올리면 어떠한 이미지가 떠오르는가?
넓게 펼쳐진 논밭, 들바람만 휑하니 불어오는 모습을 생각했을 것이다. 도심과는 정반대의 이미지를 떠올리게 된다.

주택 부분의 경우 더 큰 고정관념이 작용한다. 시골에선 벽돌로 이루어진 기와집 생활을 할 것이라는 선입견. 부인할 수 없는 사실이긴 하다. 농가주택의 90% 이상이 그렇게 지어져 있기 때문이다. 큰돈을 투자해 지을 수 없고 한국의 경제 부흥기에는 젊은 청년들이 모두 도심으로 빠져나가 집을 새로 지을 이유도 없었기 때문이다.

하지만 상황이 조금씩 변화되기 시작했다. 2015년부터 2017년까지 3년간 내가 설계한 집들의 통계치를 살펴보면 10채 중 2.5채 정도가 농촌에 지어진 농가주택이었다. 더 놀라운 사실은 농가주택을 짓는 연령층이 평균 35세 정도로 매우 젊다는 데에 있다.

향후 5년 전원주택 트렌드 일곱 번째는 바로 '젊은 농부들의 집'이다.
한국 경제시장은 일본을 그대로 답습하고 있다. 특히 건설시장은 일본과 정확히 20년 정도 차이가 나는데 불패의 도심경제가 무너지고 인구절벽 시대가 초래하는 시기가 바로 2018년도라고 한다. 우리가 상상하는 것보다 빠르게 노후화가 이루어지고 청년세대들의 인식과 일자리 변화가 급격히 이루어질 거라고 했다.

꿈을 찾아 농촌으로 향하는 청년들은 어떤 집에서 살게 될까?

2018년 젊은 농부들의 집은 다음과 같다. 농가주택에 대한 고정관념을 완전히 전복시키고 새로운 이미지를 집에 구현해내고 싶었다. 농가주택 대상이기 때문에 무조건 크게 짓기보다는 적정 평수를 찾는 데 주력했다. 내가 생각한 면적은 $100m^2$이며 평수로 환산하면 30평이다.

젊은 청년 농부가 거주한다는 생각으로 설계를 진행했으며 추후 자녀들이 태어날 것을 고려해 공간에 반영했다. 이 집의 가장 큰 장점은 작지만 다양한 공간 구성이란 것이다. 현관을 들어오면 주방 공간과 식당 공간이 넓게 나타난다. 가족과 가장 많은 시간을 보내는 공간을 거실이 아닌 주방과 식당 공간으로 중심을 잡았다. 거실은 별도로 크게 만드는 것이 아닌 현관 우측에 문을 열고 들어가면 TV를 볼 수 있는 공간 정도로 구성했으며, 이를 통해 각 공간별로 가지는 영역성을 확보하고 휴식을 취할 때 각 공간에서 소음이 자연적으로 차단될 수 있도록 하였다.

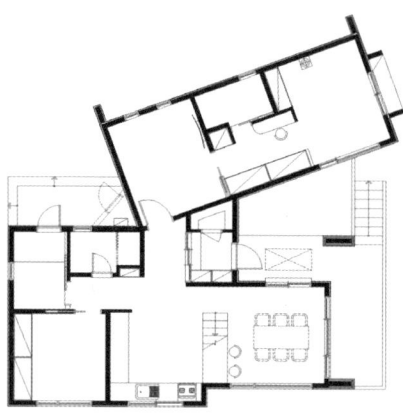

1층 평면도

대부분의 농가주택은 정사각형 아니면 직사각형의 형태를 띤다. 하지만 이번에는 과감하게 ㅅ형 배치로 각 공간이 벽이 아닌 외부 공간의 여백으로 분리될 수 있게 하였다. 독특한 평면 방식 적용으로 인해 외부에서 보이는 입면 디자인이 유니크하다.

1층 공간에서 조금 특별할 수 있는 공간은 주방과 식당 사이의 계단 공간인데, 사선으로 올라가는 계단의 경우 아래쪽에 사선으로 뚫리는 공간이 발생한다. 이 부분에 아일랜드 식탁을 배치하여 주방에서 요리한 음식을 바로 식당으로 넘겨줄 수 있는 요리 데스크 역할을 할 수 있게 했다. 계단은 다락에 올라가기 위한 공간으로 계획되었기 때문에 조금은 가파르지만 주의만 기울인다면 안전하다.

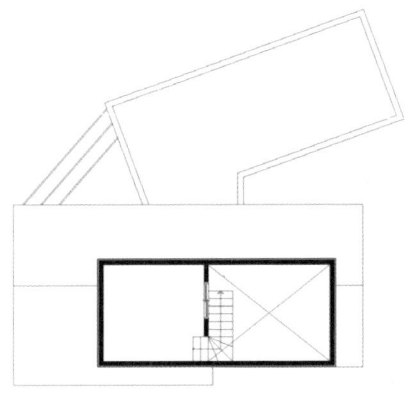

다락 평면도

이번 다락에서는 답답한 느낌을 최대한 없애고 싶었다. 그래서 식당 층고를 높게 올리는 것이었다. 그러면 자연스럽게 다락 공간이 막히는 것이 아니라 뚫리는 형상이 된다. 다시 말해 오픈 천장 계획을 식당 공간에 만들어 1층에서 다락까지 오픈된 공간을 만들어준 것이다.

다락 공간은 일단 높은 층고를 가질 수 없다. 가중평균 2.1m 정도이기 때문에 가장 높은 곳은 성인 어른 머리가 닿는 정도의 높이이고 양쪽 모서리는 무릎을 꿇고 생활해야 하는 공간으로 만들어진다. 창고 공간 또는 아이들 방으로 구성하는 게 좋다. 여름에는 조금 덥다는 문제점이 있으니 참고해 두면 좋다.

설계비는 750만 원(부가세 포함), 건축 시공비 15,800만 원(부가세 포함)으로 가성비 높은 견적으로 진행되었다. 단열 기준은 현 건축법규에 맞는 1등급 기준으로 맞춰 주었으며 창호는 전창 3중 시스템 창호로 설계되었다.

항상 그렇듯 집을 지을 때 단열은 가장 첫 번째로 고려해야 하는 요소이다.

건축비를 줄이기 위해 많은 고민을 했다. 일단 외장재를 가성비 높은 자재로 선정하였다. 세라믹 사이딩이나 징크 등의 자재는 애초에 생각하지 않았다. 많은 사람들이 비싼 외장재를 사용하면 외장의 품질이나 성능이 월등히 올라간다고 생각하는데 절대 그렇지 않다. 보통 집을 지을 때 최종 마감자재가 다 날아가고 없더라도 방수나 단열에 전혀 문제없도록 시공한다. 필자의 경우 외장재는 100% 디자인적 요소로 적용하며, 기능적인 문제는 더 보강되는 부분이 있을 뿐 저렴한 마감재를 사용했다 해서 집의 기능적인 부분이 부족해지지는 않는다.

측면과 배면은 깔끔하게 구성했다. 다만 배면 부분에 조금 독특한 점이

있는데 바로 '가벽'이다. 모던함을 주기 위해서 가벽을 세웠지만 지붕의 경사는 물 빠짐이 필수이기 때문에 15도 이상 만들어 주었다. 위에서 보이는 배면 부분의 구멍들은 지붕 경사면에서 내려오는 빗물을 뒤쪽으로 빼주기 위해 뚫어 놓은 것이다.

서울에서 회사를 다니다가 모든 것을 버리고 농촌으로 이주한다는 것은 분명 큰 결심일 것이다. 또한 젊은 나이에 농사에 도전한다는 것은 그만큼 꿈과 열정이 뒷받침되었기 때문이라 생각한다. 그러한 분들에게 이번 주택을 선물하고 싶다.

주말에만 갈 거예요, 초소형 주택 시장의 활성화

-

공법	경량목구조
연면적	32.18㎡ (1층 22.68㎡, 다락 9.50㎡)
지붕마감재	골강판
외벽마감재	스카이온, 골강판
포인트마감재	골강판
창호	3중 시스템 창호

한국은 인식 변화가 빠르게 이루어지는 나라 중 하나이다. 고정관념보다는 깨어 있는 의식으로 트렌드에 민감하게 반응한다. 원래 전원주택 시장은 40-50평대가 주류였다. 하지만 5년 전부터 점점 작아지더니 2018년에는 미니멀한 30평형대가 주가 되었다.

예전에는 서울에서 경기도권으로 진입하려면 도로 상황에 따라 최대 2시간 이상 걸리는 곳이 많았다. 하지만 지금은 고속도로가 사방으로 뚫려 양평에서 강남까지 진입 시간은 30분 안에도 가능해졌다. 다시 말해 경기도권에서 서울로 출퇴근이 가능해졌다는 것을 뜻한다. 도로 상황은 차츰 더 개선될 것이며 그만큼 서울에서 경기도로 빠져나가는 인구가 많아질 것으로 생각한다.

향후 5년 전원주택 트렌드 여덟 번째 '초소형 주택 시장의 활성화'다. 그동안 초소형 주택 시장은 건설회사의 시장이라기보다는 일명 동네 업체 또는 개인업자의 시장이었다. 아무래도 큰 건설사가 진입하기에는 너무 작고 수익성이 남지 않는 시장이기 때문이었을 것이다.

하지만 최근 모듈하우스부터 프리패브, 중국이나 미국에서는 3D 프린터를 활용한 집도 만들어지고 있어 건설시장도 발맞춰 초소형 주택 시장에 진입하게 될 것 같다. 일본 브랜드 무인양품의 경우 매장에서 초소형 주택을 팔기 시작했으며, 유명 건축가들과 신주거 트렌드에 대한 논의가 한창 진행 중이다.

초소형 주택의 기준은 한국 법규를 기본 삼아 검토하였다. 다양한 방법으로 이 시장이 발전될 것이기 때문에 고정관념을 가지고 진행하기보다는 다양한 공법과 이동 방법, 마감에 대한 부분이 같이 고려되길 바랐다.

이번 주택은 6평의 면적으로 기획되었다. 한국에서는 농막에 해당되는 면적이라 생각하면 된다. 별도의 허가조건 없이 신고만으로도 건축행위가 가능하다. 이번 기획안에서는 이동식이 아닌 목조로 골조를 짜고 현장에서 바로 시공하는 방식을 생각했다. 이동식도 나쁜 것은 아니지만 품질에 대한 기준이 아직 완벽하지 않기 때문에 2018년 현 기준 가장 균등한 품질을 낼 수 있는 방법을 적용했다 생각하면 될 것 같다.

 6평이라는 공간이 워낙 작기 때문에 입면 디자인 시 빼고 더하고 하는 작업은 중요하지 않았다. 가장 안전한 디자인에 모든 면적을 찾아먹을 수 있는 매스 디자인이 중요했다. 한 가지 더 중요한 것은 비용이었다. 이번 주택을 계획할 때 너무 많은 비용을 들이면서 지을 수 없었기 때문에 처음 시작 당시 3,500만 원(부가세 포함)이라는 금액을 정해 놓았다.

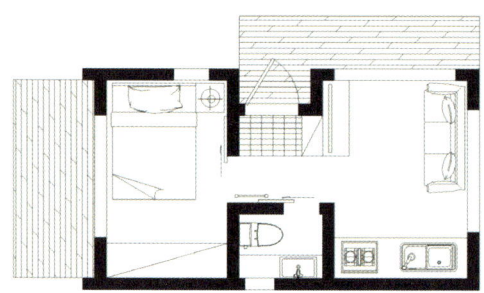

1층 평면도

 회사 마진율은 15%로 고정시켜 놓았으며 모든 금액은 현장에서 진행되는 인건비와 장비비, 그리고 자재비로 모두 투입시켰다. 비싸다고 말하는 분들이 있을 수도 있는데 컨테이너를 가져다 놓더라도 3,000만 원 이상의 공사비를 달라고 한다. 현실적인 부분을 비교하고 초소형 주택 시장 부분을 검토했을 때 비싸지도 싸지도 않은 적정 금액이라 생각한다. 추후 초소형 주택 시장의 금액 형성가가 이번에 제시한 금액선에서 정해지지 않을까 싶다.

보통 해외나 일본의 초소형 주택은 공간 분리가 없다. 또한 화장실이 없다. 초소형 주택은 보조 거주 공간으로 생각하고 오로지 주거 목적으로 방향성을 잡았기 때문이다. 일본의 초소형 주택 시장은 대부분 이동식이다. 워낙 작은 면적이기 때문에 맞춤형 설계는 존재하지 않는다. 기획설계를 기본 베이스로 둔 채 고객은 '선택'과 '구입'만 할 수 있다.

그러나 한국의 초소형 주택 시장은 해외와는 다를 것이다. 정말로 주거와 기본적인 생리현상을 해결할 수 있는 모든 것이 구비된 주택으로 발전할 것이라 생각한다. 온돌 난방은 필수이며 가족들이 잠시나마 와서 지낼 수 있는 주택으로 발전할 것이다. 해외와 한국의 라이프스타일은 현저히 다르다. 또한 가장 큰 문제인 건축법규도 다르다. 이 부분은 해외에서 '캐빈 폰'이라는 작은 집 또는 오두막을 만들어 거주하는 홈페이지가 성행하는 것만 봐도 알 수 있다. 국내에서는 본인이 직접 지은 오두막에 사는 것이 현실적으로 어렵다. 아무리 작은 집이라고 해도 건축신고대상이기 때문이다. 간혹 영화에서 큰 나무 위에 아지트처럼 집을 지어 놓은 것을 본 적이 있을 것이다. 모든 나라가 다 되는 것은 아니지만 일단 미국에서는 이러한 개인 오두막 DIY가 가능하다. 하지만 한국은 개인이 집을 지을 수 있는 범위가 현저히 좁다. 쉽게 말해 개인은 집을 짓는 것이 불가능한 조건이다.

위와 같은 사전적 조건들을 검토한 결과 침실 그리고 현관, 화장실, 거실 및 주방이 아무리 작은 공간이라도 들어가야 한다는 것으로 초점이 맞춰

졌다. 현관을 빼야 하나 넣어야 하나 정말 많은 고민이 있었다. 최종 현관을 설계에 적용시켰는데 이는 온돌문화가 영향을 주었기 때문이다. 한국은 신발을 신고 침실까지 들어오는 것을 정서상 허락할 수 없다.

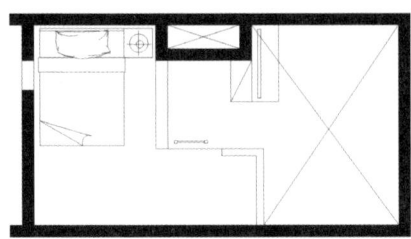

1층 평면도

1층을 구성한 뒤 가장 고민이 되는 것이 잠을 잘 수 있는 공간의 부족이었다. 보통 4명의 식구, 아무리 적어도 3명의 식구가 이 좁은 공간에 들어와 전원생활의 기분을 즐길 수 있어야 했다. 답은 하나였다. 계단실은 어려우니 사다리로 다락 공간을 올라갈 수 있게 만들고 정말 잠만 잘 수 있는 공간을 지붕 속에 넣어 주었다. 여러분은 꼭 알고 넘어가야 한다. 다락은 활동공간으로서 만족스러운 공간이 아니라는 것을 말이다. 일단 천장 높이가 낮다. 도심 원룸 오피스텔의 다락 부분을 생각하면 된다. 성인 남성이 허리를 굽히고 지나다녀야 한다.

그나마 다행인 것은 1층 거실에 천장 부분을 오픈한 것이다. 다락에 있어도 층고는 낮지만 시야가 트이기 때문에 답답함을 조금은 해소시켜 줄 수 있을 것이다.

　이번 주택에는 자녀들이 땅을 밟고 자연과 호흡하면서 살기 원하는 부모의 바람이 투영되었다. 초소형 주택은 24시간 내내 거주하는 공간이 아니다. 큰 비용을 들이기는 싫고 전원주택의 생활을 만끽하고 싶은 수요층이 주 대상인 것이다. 주말용 세컨드 하우스로서 적절하다.

　"에이, 누가 주말에만 가서 생활을 해요? 그렇게 작은 집은 안 지을 거 같아요."

　하지만 이미 일본 주택시장은 초소형 주택 시장에 진입했고 향후 5년 안에 한국도 일본과 같이 초소형 주택 시장에 진입을 완료할 것이다. 일본은 자녀들과 같이 생활하는 것보다는 '1인 주거'에 맞춰 발전했다. 한국과 일본 상황에는 분명 차이가 있겠으나 한국 경제가 일본을 답습하고 있다는 점을 고려하면 건축시장 또한 비슷하게 흘러갈 것이라 생각한다.

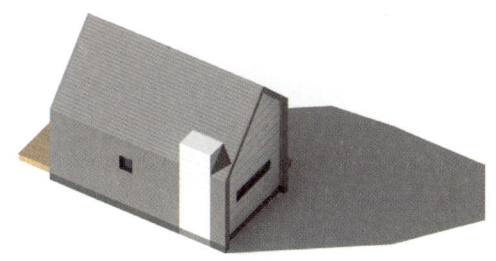

이번 주택에 사용한 외장재는 크게 두 가지였다. 외장재에 대한 비용을 현저히 줄여야 하기 때문에 그나마 가성비가 높고 충격에 강한 '골강판'을 기본 마감재로 벽부터 지붕까지 감싸주었다. 측면 부분은 북유럽에서 활발히 사용되고 있는 제임스 하디사의 '스카이온'을 사용했다. 두 마감자재 모두 추후 문제가 생기더라도 유지보수가 쉽다는 장점이 있기 때문에 이번 기획안의 마감자재로 적정하다 판단했다.

초소형 주택 시장은 아직 걸음마 단계에 있다. 국내에 관련 회사도 적고, 설계를 했다 하더라도 시공하려는 업체는 더더욱 없다. 하지만 일본이나 미국처럼 초소형 주택을 마트에서 바로 구입해 내 땅에 앉힐 수 있는 날이 분명히 올 것이라고 확신한다.

이번 주택의 가격을 3,500만 원으로 책정했는데 이보다 더 비싼 자동차는 온라인과 마트에서 팔 수 있는 시장 단계까지 와 있다. 앞으로 집을 짓는 과정은 더 단순화되고 시스템화될 것이다. 여러분도 초소형 주택에 관심이 있는가? 그럼 이번 주택 기획안을 눈여겨보았다가 건축시장이 변화되고 발전되는 모습을 지켜봐주는 것도 좋을 것이다.

부모님께 드리는 선물,
효도 전원주택

-

공법	경량목구조
연면적	99.76㎡
지붕마감재	아스팔트 슁글
외벽마감재	스타코플렉스
포인트마감재	파벽돌
창호	3중 시스템 창호

트렌드와 사회 구성원들의 라이프스타일은 시시각각 변화되고 있다. 옛날에 전원주택을 짓는다고 하면 주거 목적보다는 별장의 개념으로 잠깐씩 가서 생활하는 고급주택을 많이 떠올렸다. 하지만 이제는 아파트를 벗어나 한적한 곳에서 생활하고 싶은 분들이 전원생활 속으로 많이 진입하면서 전원주택이라는 시장도 대중화되기 시작했다.

5년 전만 해도 '나 전원주택 지으려고 해'라고 하면 돈이 많아서 짓는다고 생각하거나 그 돈 있으면 아파트에 투자하라는 답변이 먼저였다. 하지만 지금은 어떤가? '좋겠다. 나도 전원주택 지어서 살고 싶다'고 할 것이다.

한국 주거 시장의 인식이 단 5년 사이에 완전히 바뀌었다는 것을 의미한다. 2018년도부터 제2의 IMF, 인구절벽, 소비의 축소 등이 주 키워드로 떠오르는데 다시 말해 건축시장도 새로운 국면에 이를 것이라는 뜻이다. 주거에 대한 인식도 분명 뒤바뀌게 될 것이다.

기존의 전원주택 짓는 층은 아이들을 키우는 신혼부부, 은퇴한 노부부 이렇게 두 분류로 나뉘었다. 하지만 2018년부터는 한 분류가 추가되었다. 노후화된 부모님 집을 새롭게 지어 주는 중장년층이다.

기존 농촌에 있는 집들은 대부분 지어진 지 20년이 넘었다. 부모님을 위해 선물해 드리는 효도 주택의 경우 대가족이 모일 수 있는 내부 공간을 중심으로 하되, 외장에 대한 비용을 최소화하여 건축비를 최소한으로 낮추는 데 초점이 맞춰졌다.

한 번은 60세 이상 분들을 대상으로 강연한 적이 있다. 나는 강연 도중에 '집을 지을 때 가장 신경 써야 하는 부분이 어디일까요?'라고 물었다. 모두 입을 모아 같은 답을 했다.

"단열 잘 되고 외풍이 들지 않는 것이요."

옛날 집들은 조적식(벽돌을 쌓아서 짓는 공법)이었기 때문에 벽에 손을 대고 있으면 겨울에 한기가 느껴질 정도로 차가웠다. 아무리 잘 지었다고 해도 따뜻하기 어려운 공법으로 집을 지었기 때문에 전원주택에 오랫동안 살아온 사람들의 경우 단열과 난방에 민감하리만큼 신경을 쓴다.

이번에는 단열과 난방을 고려해 상대적으로 단열에 취약한 철근콘크리트 공법보단 목조 공법이 나을 것으로 판단했다. 벽을 목조 공법으로 단열성을 강화한 뒤 창호는 미국식 3중 시스템 창호를 적용해 준패시브급의 단열 성능을 갖춰 주었다.

1층 평면도

30평은 크지도 작지도 않은 공간이다. 사람마다 느끼는 공간감이 다를 수는 있지만 부모님 두 분이 생활하기에는 모자람이 없다. 대가족이 모여도 좁지 않도록 방 3개를 구성했으며, 2층으로 올리는 것을 포기하고 과감하게 양옆으로 퍼지는 공간 배치를 했다. 이렇게 할 경우 다양한 실이 남향의 햇볕을 받을 수 있다는 장점과 공간들이 항상 밝게 유지될 수 있다는 특징이 있다.

 방을 3개 구성하면서 좁아질 수 있는 주방 공간을 벽으로 구분하는 것이 아니라 거실과 오픈되게 만들어 시각적으로 넓어 보이는 설계를 적용하였으며, 아일랜드 식탁을 계획해 식탁 공간까지 한꺼번에 해결할 수 있도록 하였다. 다용도실은 필수이므로 주방 옆쪽에 배치해 주었다. 집 내부에서 앞마당과 뒷마당으로 이동하기 쉽게 앞뒤로 데크를 설치하였다.

 이 집만의 특징은 안방과 연결된 별도의 드레스룸이 크게 존재한다는 것이다. 전원생활을 하다 보면 온갖 잡다한 짐들이 많이 생겨난다. 항상 그렇듯 별도의 창고가 없다면 많은 짐들을 수납할 공간이 없다. 그래서 별도의 드레스룸을 만들어 주었고 이 공간 안에 되도록 많은 짐들이 들어갈 수 있게 했다.

 이번 주택은 설계비 750만 원(부가세 포함), 건축 시공비 13,900만 원(부가세 포함)으로 결정되었다. 30평이라는 평수에 공간 활용이 좋은 단층 설계, 넓은 거실과 주방, 방 3개. 온 가족이 모여도 좁지 않고 충분히 하룻밤

정도 자고 갈 수 있는 공간으로 설계했다.

외장에 돈을 많이 들이기보다는 내실에 집중했다. 외부 디자인이 심심하다고 생각할 수 있으나 최근 많이 사용되는 세라믹 사이딩이나 징크 같은 자재를 사용하게 되는 순간 건축비는 수천만 원 우습게 올라가 버린다. 디자인을 하는 데는 좋은 자재임이 틀림없지만 마감재 다 없어지고 날아간다고 해서 비가 새거나 단열적인 부분이 떨어지는 것이 아니다. 이번 효도 주택의 중점은 금액이다. 무한정 비싼 예산으로 집을 지을 수는 없기 때문에 품질적인 문제가 발생되지 않는 선에서 외관 디자인을 마무리해야 한다.

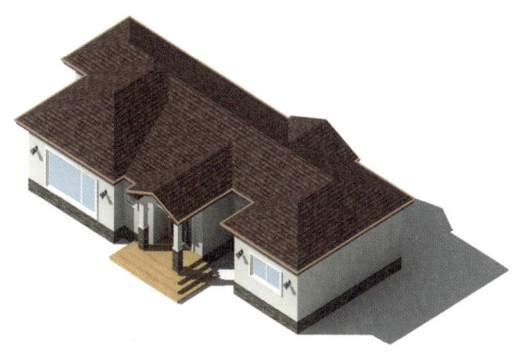

자녀들이 부모님을 위해 짓는 효도 주택. 부모님 집을 지어 드린다는 의도부터 가슴이 뭉클해진다. 나 또한 사회생활을 하고 결혼을 하고 자녀를 키워야 하는 입장에서 1억이 넘는 돈을 부모님께 선물한다는 것이 얼마나 힘들고 고민되는 일인지 알고 있다.

가성비 높은 범위 내에서 자재를 고르고 내실을 강화해 가족들이 모여 오순도순 이야기할 수 있는 작지만 포근하고 따뜻한 공간을 만들어내는 것. 향후 5년 전원주택 트렌드 마지막, 효도 주택은 여기서 출발한다.

집은 '정답'이 없는 분야 중 하나이다.
건축학개론에 담긴 내용처럼 정론은 있을지언정
무조건 이렇게 지어야 한다는 답은 없다.
집은 개인의 취향과 라이프스타일이 녹아들면서 만들어진다.
정답을 찾으려고 하는가?
그렇다면 남의 집과 비교할 것이 아니라
여러분들이 어릴 적 행복하게 뛰어놀던 고향집을 떠올리면서
시작해 보는 것을 추천한다.

Epilogue

Epilogue

순서대로 따라 하면 　 완성되는 내 집 짓기의 꿈

전작 《스타 건축가 3인방의 따뜻한 전원주택을 꿈꾸다》를 집필하면서 다시는 책을 쓰지 않겠다고 다짐했었다. 그 뒤 딱 1년 만에 다시 펜을 잡고 글을 쓴다. 그 이유는 단 하나. 집에 대하여 아무것도 모른다고 가정한 후 '내가 전원주택을 짓는다면 어떻게 준비할 것인가?'라는 물음에 답하기 위해서였다.

다시 말해 초보자도 쉽게 읽고 순서대로 따라오다 보면 어느새 책의 마지막 장을 덮으며 내 집이 완성되어 있는 모습을 바라볼 수 있었으면 하는 바람이 있었던 것이다. '무엇무엇이 있으니 알아서 고르세요'가 아니라 '제가 사용해 보니 이 상황에는 이런 것이 좋은 거 같아요'라고 답해 줄 수 있었으면 했다.

집을 짓는다는 것은 정말 어려운 일이다. 나 또한 10년이라는 시간 동안 건축 일을 해 왔지만 아직도 일을 시작할 때면 가슴이 두근거린다.

일 년에 한 번 대학교 동창회를 나가면 동기들에게 이런 말을 듣는다.

"왜 작은 집들만 지어? 빌라나 상가 지으면 훨씬 이윤이 많이 남을 텐데."
"전원주택은 1:1 맞춤형이라 너무 힘들지 않아?"
"고생하지 말고 어서 아파트로 넘어와."

건축과를 나와 설계를 주전공하였으며 한국에서 내로라하는 대형 설계 사무소와 연구소 등 탄탄대로만 걸을 줄 알았던 내가 돈 안 되는 작은 집을 짓겠다고 하니 아마 이해가 되지 않을 것이다. 이쪽 분야도 여타 다른 곳과 마찬가지로 더 많은 이득을 얻기 위해 노력하며 더 높은 곳으로 올라가고자 피 튀기는 경쟁을 한다.

어쩌면 나는 아직도 마음이 여린 걸지도 모른다. 피 튀기는 경쟁과 많은 돈보다도 작은 기쁨과 소소한 행복이 더 좋은 걸 보면 말이다.
작은 집들을 지으면서 많이 배웠고 깊은 깨달음을 얻었다. 사람이 한평생 살아도 느끼지 못할 수도 있을 행복과 힐링을 느꼈다고 말할 수 있다. 이번에 책을 내면서 그 누구보다도 나 자신이 가장 행복한 시간을 보냈던 것 같다. 눈치 볼 필요 없이 그간 내가 이야기하고 싶었던 말들을 아주 솔직하게 털어놓았다.

내 집 짓기.
아직도 꿈으로만 꾸고 있는가?

후회보다는 도전하라는 말이 있다. 다만 도전을 앞두고 앞을 내다볼 수 있고 대처할 수 있는 공부는 필요하다.《꿈꾸던 전원주택을 짓다》를 통해 많은 이들이 '내 집 짓기'라는 꿈을 꾸고 조금이나마 장애물을 헤치고 나아갈 수 있는 용기를 얻었길 진심으로 바란다.

나는 당신을 응원한다.

따뜻한 전원주택을 꿈꾸다

꿈꾸던 전원주택을 짓다

부록

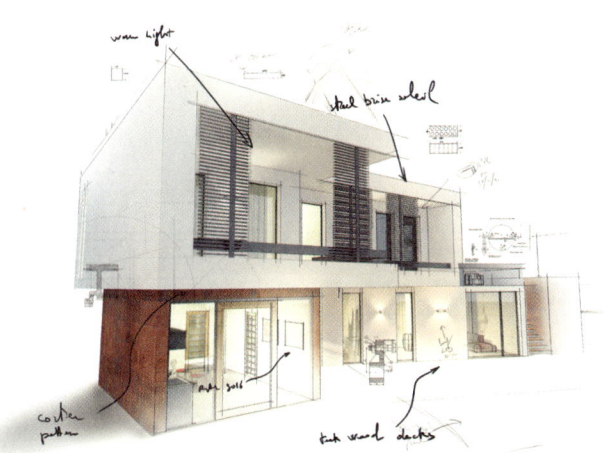

우리는 집짓기에 왜 맨날 실패할까?
-

집을 지은 건축주들이 '우리 집 너무 잘 지었어요'라고 말하는 경우가 거의 없다. 집을 짓는다는 것은 내 마음에 드는 나만을 위한 공간을 만드는 일임에도 불구하고 100% 만족하는 일이 없다는 사실이 새삼 의아하다. 오히려 '사기 당하지 않았으니 다행이다'는 사람도 있으니 집 짓는 일은 그만큼 힘들고 어렵다.

TV 방송이나 신문에 즐기면서 집을 짓고 행복하게 사는 뉴스가 간혹 보도되곤 하는데 비율상 집 짓는 데 고생한 사례가 훨씬 많다. 행복한 기억만 가지고 가면서 웃음이 끊이지 않아야 될 집짓기 과정에서 끝도 없는 스트레스와 불만이 이어진다는 것.

우리는 왜 이렇게 힘들게 집을 지어야 하는 걸까?
다시 말해, 우리는 집짓기에 왜 맨날 실패할까?

집짓기에 실패하는 첫 번째 이유
"대충 얼마예요?"

하루에도 몇 번씩 전원주택 짓는 것과 관련한 문의 전화가 걸려 온다. 그중 처음으로 하는 질문이 무엇일 것 같은가. 구체적인 설계 상담? 계약에 관련된 이야기? 대부분은 '대충 얼마예요?'라는 질문을 가장 첫 번째로 던진다.

집을 짓는 순서는 명확하게 정립되어 있다. 내 머릿속에 존재하는 공간을 도면화시켜 설계한 다음 견적을 받아 시공계약을 하고 집을 완성시켜야 한다. 여기까지는 누구나 알고 있는 사실이다. 문제는 돈 들여 시작할 만큼의 용기가 부족한 것이다. 하지만 '대충' 얼마인지로 집짓기에 접근해서는 안 된다. 우리 가족이 생활할 집인데 대충 이루어져서는 안 되기 때문이다. 또한 '대충 얼마예요?'라든지 '평당 얼마예요?'라든지를 묻는 사람에게 건축주가 친절하게 금액을 이야기해 줄 리도 없다. 말 그대로 대충을 물어봤으니 대충의 견적만 이야기해 줄 뿐이다.

집짓기에 실패하는 두 번째 이유
"설계를 왜 돈 주고 그려요!"

설계의 목적은 명확하다. 내 상상 속의 집을 구체적으로 도면화시키는 작업이 바로 설계 작업이다. 다시 말해 설계 때 내가 구상하는 모든 것이 담겨야 정확한 금액과 시공이 가능하다는 것을 뜻한다.

그러나 대다수가 왜 돈 주고 설계를 그려야 하는지 이해하지 못한다. 하나같이 '주변에 물어보니 설계는 공짜로 해 준다고 하더라'는 반응이다. 일을 해 주는데 값을 안 받겠다? 공짜로 일을 해 주겠다? 과연 이것이 정상적인 일로 평가될 수 있을까?

심지어 평면, 입면의 10장도 채 되지 않는 도면을 들고 오는 분들도 있는데 그대로 절대 시공할 수 없다. 최소 30장 정도 되는 실시설계도면이 없으면 공사는 불가하다.

집짓기에 실패하는 세 번째 이유
"내가 전문가야!"

"내가 집 지어봤는데 무엇이 맞더라."
"우리 옆집이 집 짓는 것을 봤는데 어떤 것이 좋더라."
"내 친구가 건축회사 다니는데 뭘로 지으라더라."
"내가 인터넷에서 봤는데 그거 안 좋다던데."
"마을 이장이 그거 안 좋데요."

우리 모두는 집짓기의 달인(?)들이다. 인터넷이나 주변 사람들이 추천해 주는 정말 좋은 자재들을 이야기하지만 문제는 건축주가 정해 놓은 예산이다. 사람들이 많이 선택하는 자재, 공법, 인테리어 마감 등은 그 사람들이 바보여서 그렇게 선택하고 지은 것이 아니다. 현실에 어느 정도 타협하고 본인이 가진 예산 안에서 집을 지을 수밖에 없는 상황들이 발생하기 때문인 것이다.

간혹 해외 풀빌라 사례들을 가져와서 이렇게 짓고 싶다는 경우도 있다. 못 지을 이유 없다. 문제는 그 느낌을 내기 위해서는 현재 정해진 시장가보다 훨씬 높은 건축비를 들여야 한다는 것. 만약 예산이 초과된다면 현실적인 부분에서 타협은 필수다.

집짓기에 실패하는 네 번째 이유
"싸면 장땡!"

혹시 최저가를 찾아다니고 있는 건 아닌지?
물론 최저가가 나쁜 건 아니다. 같은 품질의 제품이라면 당연히 싼 게 최고다. 문제는 집이라는 존재가 누구에게나 맡겨도 똑같은 품질을 생산해낼 수 있는 분야가 아니라는 데 있다.

집은 기계가 짓는 게 아니다. 못 하나하나 사람이 직접 박아가며 짓는다. 기계가 아니다 보니 품질이 똑같을 수 없다. 이러한 집을 과연 최저가라는 단어로 결정할 수 있을까?

"우리 동네에서 물어보니 평당 300이면 좋게 짓는데요."
"서울 업체여서 비싼 거 아니에요? 내가 아는 금액과 차이가 많이 나는데."

집을 짓는 데에는 시장가가 존재한다. 현재 건축법규를 기준으로 똑같은 브랜드의 자재와 마감재 그리고 마진율을 가져간다면 현재 정해진 시장가라는 범위 안에 무조건 들어간다. 그런데 시장가보다 훨씬 저렴한 금액에 집을 지어준다는 사람이 나타났다? 공짜는 없다. 싸면 다 싼 이유가 있으니 현혹되지 않아야 한다.

집짓기에 실패하는 다섯 번째 이유
"부가세를 왜 내요!"

세금 내기 진짜 아깝다. 환급도 못 받으니 그냥 없어지는 돈 같다. 하지만 내야 한다는 것.

부가세를 내지 않고 짓는 방법은 하나밖에 없다. 세금을 내지 않는다는 것은 탈세가 되므로 일단 정상적인 계약은 불가능하다는 것. 장담하건대 회사법인명이 적힌 정식 계약서가 아닌, 건축주가 모든 책임을 지고 직영공사를 하는 체계로 계약서가 작성될 것이다. 그렇게 되면 집을 짓는 과정에서 문제가 발생했을 때 무조건 건축주 책임으로 몰리게 될 수밖에 없을 것이다.

"세금을 안 냈다 → 책임은 모두 건축주가 진다 → 회사는 책임을 지지 않는다"
이렇게 정리하면 된다.

집짓기에 실패하는 여섯 번째 이유
"부대비용이 뭐예요?"

예를 들어 '목조 주택은 평당 OOO 정도를 생각하셔야 돼요'라고 한다면, 건축주는 '집을 다 짓고 입주까지 저 비용이면 되는구나'라고 생각하고 건설회사는 '순수하게 건축비만 해당되는 금액. 부대비용 등은 빠져 있는 상태다'라고 여긴다.

부대비용은 설계비, 인허가비, 취등록세 등의 세금, 조경비, 가구비, 난방기구, 기반시설 인입비 등의 별도로 들어가는 비용을 뜻한다. 즉, 건설회사가 받는 돈이 아니므로 고지해야 하는 법적 의무도 없는 것이다.

건설회사는 순수 건축비에 대해서만 이야기한다. 집을 짓는 건설회사기 때문이다. 그렇기 때문에 내 땅에 부대비용으로 얼마 드는지 공사계약 전 예산을 잡아 보아야 한다. 많이 들어가는 경우 3,000만 원이 넘을 때도 있으니 생각지도 않다가 낭패를 볼 가능성이 크다.

이상, 집을 짓는 데 실패하는 이유 6가지였다. 지금도 어딘가에서 비슷한 문제가 발생하고 있을 것이다. 그만큼 많은 사람들이 놓치고 있는 부분이기도 하다. 잘 기억해 두었다가 똑같은 실수를 반복하는 일이 없도록 해야 한다.

전원주택 내진설계 의무화

-

2017년 12월 1일자부터 시행된 '내진설계 의무화' 건축법 시행령 대체 뭘까? 어떻게 해야 할까? 결론부터 이야기하면 '구조 안전의 확인' 시행령 개정에 따라 모든 주택은 내진보강에 따른 구조 계산 검토가 이루어져야 한다.

제32조(구조 안전의 확인) ① 법 제48조제2항에 따라 법 제11조제1항에 따른 건축물을 건축하거나 대수선하는 경우 해당 건축물의 설계자는 국토교통부령으로 정하는 구조기준 등에 따라 그 구조의 안전을 확인하여야 한다.

② 제1항에 따라 구조 안전을 확인한 건축물 중 다음 각 호의 어느 하나에 해당하는 건축물의 건축주는 해당 건축물의 설계자로부터 구조 안전의 확인 서류를 받아 법 제21조에 따른 착공신고를 하는 때에 그 확인 서류를 허가권자에게 제출하여야 한다. <개정 2014.11.28.., 2015.9.22.., 2017.2.3.., 2017.10.24..>

1. 층수가 2층[주요구조부인 기둥과 보를 설치하는 건축물로서 그 기둥과 보가 목재인 목구조 건축물(이하 "목구조 건축물"이라 한다)의 경우에는 3층] 이상인 건축물

9. 별표 1 제1호의 단독주택 및 같은 표 제2호의 공동주택 (모든 건축물) 17년 12월 1일 시행

알게 모르게 건축법은 지속적으로 개정되어 왔다. 시대의 상황과 트렌드에 따라 변화하는 변동주기가 달랐을 뿐이다.

연도	내용	변동주기
1988년	6층 이상 10만㎡ 이상	건축법 개정까지 7년
1995년	6층 이상 1만㎡ 이상	건축법 개정까지 10년
2005년	3층 이상 1000㎡ 이상	건축법 개정까지 10년
2015년	3층 이상 500㎡ 이상	건축법 개정까지 2년 2개월
2017년 2월	2층 이상 500㎡ 이상	건축법 개정까지 10개월
2017년 12월	모든 주택	-

2016년도와 2017년도에는 지진 안전국이라 생각했던 한국에서 진도 5 이상의 큰 지진이 이미 여러 번 발생했다. 내진설계가 이루어지지 않은 주택의 경우 진도 6 이상이 되면 구조에 심각한 영향을 끼칠 수 있다.

문제는 이번에 개정된 내진설계에 대한 의무화 법 개정은 10년씩 걸리던 기존 변동주기와 다르게 1년도 채 안 되는 10개월이라는 시간 안에 바뀌었기 때문에 집을 준비하는 사람들이나 건설업을 하는 사람들 모두 당황스러울 수밖에 없었다는 점이다.

내진설계 의무화로 집이 더 튼튼하게 지어지는 기반을 마련했다고 봐야 하겠으나 예비 건축주들의 경우 구조계산 비용의 증가와 내진보강으로 인한 건축비 증가 때문에 불만이 생기는 게 당연하다. 또 하나는 층수와 면적이 정해져 있었던 기존 법안과 달리 모든 주택으로 기준이 확장되었다는 것이다. 말들이 많긴 하지만 작은 집이라고 해서 지진을 피해갈 수 있는 것은 아니다.

건축가인 한 사람으로서 이번 법 개정이 틀린 방향이라고 보지는 않는다. 다만 정확한 가이드라인과 충분한 이해 없이 우선적으로 법부터 개정한 다음 나머지를 하나씩 맞춰가려 했기 때문에 혼란이 가중된 점은 잘못되었다고 생각한다.

심지어 지역의 담당공무원들조차 법이 개정되었는지, 어떤 서류를 더 받아야 하는지 모르는 경우도 있었다.

정리하면 건축법 시행령 개정으로 인해 건축 인허가 시 구조계산서 또는 구조안전확인서가 필수로 첨부되어야 함은 맞다. 이에 따른 구조계산비가 더 들어가는 것도 맞다(평균 평당 10만 원 정도의 구조계산비를 받는 것으로 확인됨).

인허가만 잘 통과하면 아무런 문제가 없을 거라 생각하는 사람도 있으나 최근에 준공서류를 접수할 때 담당공무원이 구조계산서 보완서류를 달라고 하는 경우가 있었다. 정말 운이 좋아 그냥 넘어가는 일이 생길지라도 준공 때 보완이 떨어질 수 있으니 가급적이면 맘 편하게 완벽히 처리하는 방법을 추천한다. 어렵지 않다. 추가적으로 구조계산비와 건축공사비 더 들어간다고 생각하면 된다. 나머지는 담당 설계자들이 알아서 서류를 정리해 줄 것이다.

내 집 짓기
동영상 강의 QR 코드
-

1. 내 집 짓기의 시작

2. 전원주택, 무엇으로 지으면 좋을까

3. 예산 잡는 법

4. 전원주택의 품질

5. 집짓기를 준비하는 시점

6. 내 땅에 몇 평까지 집을 지을 수 있을까?

7. 지방은 공사비가 더 비싸다?

8. 전원주택 A/S는 어떻게 진행되고 몇 년까지 보증될까?

9. 단층과 2층으로 지을 때
비용 차이

10. 성토한 땅에 바로
시공할 수 있을까?

11. 스타코플렉스에 대한 모든 것

12. 데크에 대한 모든 것

13. 착공 전 준비사항

14. 목조 주택에서
가장 많은 하자

15. 전원주택 계약 시
속지 않기 위한 방법

16. 왜 공사 전에
미리 말하지 않을까?

17. 강화마루 VS 강마루 VS 장판

18. 목조 공법으로도
3층 이상 높게 지을 수 있을까?

19. 목조 주택 2층에 시멘트 방통 시공?
목조에 부담을 주지 않을까?

20. 전원주택 바닥 방통 없이
난방을 할 수 있는 방법

21. 내 집을 목조로 짓는 이유

22. 내 땅에 흙을 마음대로 받아도 될까?

23. 중목구조가 아닌 경량목구조는
너무 약하지 않나요?

24. 땅이 낮아 성토하고 싶을 때

25. 여름 공사 VS 겨울 공사

26. 전원주택 회사,
안전한 업체인지 확인하고 싶다?

27. 목조 주택이 몸에 좋다는데
어차피 본드나 벽지도 바르지 않나?

28. 전원주택 브랜드 업체들의
이윤이 너무 높다?

29. 전원주택 땅을 사려는데
종류가 너무 많아서 헷갈린다?

30. 사람들이 목조 주택을
짓게 된 계기

31. 건설업체가 안전한
업체인지 알아보는 법

32. 미국식 창호와
독일식 창호의 차이

33. 하자이행보증증권에
대해 알아보자

34. 제주도에 집 지을 때
주의해야 할 점

꿈꾸던
전원주택을
짓다

초판 1쇄 발행 2018년 5월 28일
4쇄 발행 2021년 5월 3일

지은이 이동혁
펴낸이 이광재

책임편집 김미라   **교정** 오지은
디자인 및 일러스트 이창주   **마케팅** 정가현   **영업** 허남

펴낸곳 카멜북스 **출판등록** 제311-2012-000068호
주소 서울 마포구 성지길 25 보광빌딩 2층
전화 02-3144-7113 **팩스** 02-6442-8610 **이메일** camelbook@naver.com
홈페이지 www.camelbooks.co.kr **페이스북** www.facebook.com/camelbooks
인스타그램 www.instagram.com/camelbook

ISBN 978-89-98599-45-4 (13590)

- 책 가격은 뒤표지에 있습니다.
- 파본은 구입하신 서점에서 교환해 드립니다.
- 이 책의 저작권법에 의하여 보호받는 저작물이프로 무단 전재 및 복제를 금합니다.
- 이 도서의 국립중앙도서관 출판예정도서목록(CIP)은 서지정보유통지원시스템 홈페이지(http://seoji.nl.go.kr)와 국가자료공동목록시스템(http://www.nl.go.kr/kolisnet)에서 이용하실 수 있습니다. (CIP제어번호: CIP2018015138)